U0085318

世界哲學家叢書

皮 爾 遜

李 醒 民 著

1998

東 大 圖 書 公 司 印 行

國家圖書館出版品預行編目資料

皮爾遜╱李醒民著.--初版.--臺北市
　：東大，民87
　　面；　公分.--(世界哲學家叢書)
參考書目：面
含索引
ISBN 957-19-2243-9 (精裝)
ISBN 957-19-2244-7 (平裝)

1.皮爾遜 (Pearson, Karl, 1857
　-1936) -學術思想-哲學

144.79　　　　　　　　　87010311

網際網路位址　http://www.sanmin.com.tw

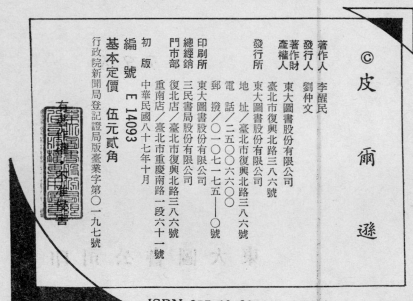

© 皮　爾　遜

著　作　人　李醒民
發　行　人　劉仲文
產作著財權作人　東大圖書股份有限公司
發　行　所　東大圖書股份有限公司
　　　　　　地址／臺北市復興北路三八六號
　　　　　　電話／二五〇〇六六〇〇
　　　　　　郵撥／〇一〇七一七五――〇號
印　刷　所　東大圖書股份有限公司
總　經　銷　三民書局股份有限公司
門市部
　　　　　　復北店／臺北市復興北路三八六號
　　　　　　重南店／臺北市重慶南路一段六十一號
初　版　中華民國八十七年十月
編　號　E 14093
基本定價　伍元貳角
行政院新聞局登記證局版臺業字第〇一九七號

有著作權·不准侵害

ISBN 957-19-2244-7 (平裝)

「世界哲學家叢書」總序

　　本叢書的出版計畫原先出於三民書局董事長劉振強先生多年來的構想，曾先向政通提出，並希望我們兩人共同負責主編工作。一九八四年二月底，偉勳應邀訪問香港中文大學哲學系，三月中旬順道來臺，即與政通拜訪劉先生，在三民書局二樓辦公室商談有關叢書出版的初步計畫。我們十分贊同劉先生的構想，認為此套叢書（預計百冊以上）如能順利完成，當是學術文化出版事業的一大創舉與突破，也就當場答應劉先生的誠懇邀請，共同擔任叢書主編。兩人私下也為叢書的計畫討論多次，擬定了「撰稿細則」，以求各書可循的統一規格，尤其在內容上特別要求各書必須包括（1）原哲學思想家的生平；（2）時代背景與社會環境；（3）思想傳承與改造；（4）思想特徵及其獨創性；（5）歷史地位；（6）對後世的影響（包括歷代對他的評價），以及（7）思想的現代意義。

　　作為叢書主編，我們都了解到，以目前極有限的財源、人力與時間，要去完成多達三、四百冊的大規模而齊全的叢書，根本是不可能的事。光就人力一點來說，少數教授學者由於個人的某些困難（如筆債太多之類），　不克參加；因此我們曾對較有餘力的簽約作者，暗示過繼續邀請他們多撰一兩本書的可能性。遺憾的是，此刻在政治上整個中國仍然處於「一分為二」的艱苦狀態，加上馬列教

條的種種限制，我們不可能邀請大陸學者參與撰寫工作。不過到目前為止，我們已經獲得八十位以上海內外的學者精英全力支持，包括臺灣、香港、新加坡、澳洲、美國、西德與加拿大七個地區；難得的是，更包括了日本與大韓民國好多位名流學者加入叢書作者的陣容，增加不少叢書的國際光彩。韓國的國際退溪學會也在定期月刊《退溪學界消息》鄭重推薦叢書兩次，我們藉此機會表示謝意。

原則上，本叢書應該包括古今中外所有著名的哲學思想家，但是除了財源問題之外也有人才不足的實際困難。就西方哲學來說，一大半作者的專長與興趣都集中在現代哲學部門，反映著我們在近代哲學的專門人才不太充足。再就東方哲學而言，印度哲學部門很難找到適當的專家與作者；至於貫穿整個亞洲思想文化的佛教部門，在中、韓兩國的佛教思想家方面雖有十位左右的作者參加，日本佛教與印度佛教方面卻仍近乎空白。人才與作者最多的是在儒家思想家這個部門，包括中、韓、日三國的儒學發展在內，最能令人滿意。總之，我們尋找叢書作者所遭遇到的這些困難，對於我們有一學術研究的重要啟示（或不如說是警號）：我們在印度思想、日本佛教以及西方哲學方面至今仍無高度的研究成果，我們必須早日設法彌補這些方面的人才缺失，以便提高我們的學術水平。相比之下，鄰邦日本一百多年來已造就了東西方哲學幾乎每一部門的專家學者，足資借鏡，有待我們迎頭趕上。

以儒、道、佛三家為主的中國哲學，可以說是傳統中國思想與文化的本有根基，有待我們經過一番批判的繼承與創造的發展，重新提高它在世界哲學應有的地位。為了解決此一時代課題，我們實有必要重新比較中國哲學與（包括西方與日、韓、印等東方國家在內的）外國哲學的優劣長短，從中設法開闢一條合乎未來中國所需

求的哲學理路。我們衷心盼望，本叢書將有助於讀者對此時代課題的深切關注與反思，且有助於中外哲學之間更進一步的交流與會通。

最後，我們應該強調，中國目前雖仍處於「一分為二」的政治局面，但是海峽兩岸的每一知識分子都應具有「文化中國」的共識共認，為了祖國傳統思想與文化的繼往開來承擔一分責任，這也是我們主編「世界哲學家叢書」的一大旨趣。

傅偉勳　韋政通

一九八六年五月四日

自　序

盛名昔已聞，佳節喜登臨。

級級離平地，步步入青雲。

睢盱及霄漢，騁望攬寰塵。

親知千里目，惟有居高人。

——李醒民：〈元旦登大雁塔〉

　　卡爾·皮爾遜(Karl Pearson, 1857-1936)是十九世紀末、二十世紀初英國的科學巨人和思想巨人。他二十七歲時便當上了倫敦大學學院的講座教授，三十九歲時被選入英國皇家學會。四五十年間，他一直處在理性科學和自由思想的最前沿，在作為客觀知識的「世界3」中聳立起一座座豐碑。

　　皮爾遜的探索興趣、研究領域、貢獻和影響令人眼花撩亂，他的驚人的理智力量和旺盛的精力令人難以置信。他是具有開創性的應用數學家、統計學家、生物統計學家、遺傳學家和優生學家；他也是思想敏銳的科學哲學家和倫理學家，同時是名副其實的歷史學家（他專研過科學史、思想史、宗教史、藝術史、性史、中世紀史等）和功力深厚的民俗學家、人類學家、頭骨測量學家、語言學家；此外，他亦是精力充沛的社會活動家、活躍的社會主義者、人道主

義者、自由思想者和教育改革的倡導者；不用說，他還是一位優秀的教師（他教過應用數學、力學、物理學、天文學、彈性學和工程學、概率論和統計學等課程）、諸多雜誌和叢書的編輯、文藝作品和傳記的作家及律師。皮爾遜的助手在1939年出版的《卡爾·皮爾遜的統計學和其他著作文獻目錄》中，按年代順序，在五個主標題下列舉了648個項目❶。縱觀皮爾遜的一生，我們簡直很難判斷他扮演的哪一個社會角色更重要，他作出的哪一個發現更卓著。難怪皮爾遜的傳記作者和兒子伊岡(Egon S. Pearson)說：

> 我們深信，無論科學的道路可能通向何方，卡爾·皮爾遜都充分擔當起開拓性的工作，真正的進步唯有從此才能繼續下去。❷

難怪頗有名望和影響的霍爾丹(J. B. S. Haldane, 1892–1964)在紀念皮爾遜百年誕辰的演講（該講演對皮爾遜多次進行了坦率的批評）中也不得不認為，卡爾·皮爾遜的誕生使「這個世界變得更美好了」。

---

❶ 其中[1]統計理論及其在生物學、社會和其他問題中的應用(406)；[2]純粹數學和應用數學以及物理科學(37)；[3]文學和歷史(67)；[4]大學問題(27)；[5]通信、評論、科學出版物中的序言和其他短評(111)。還有3篇漏掉了。參見C. Einsenbart, PEARSON, KARL, *Dictionary of Scientific Biography*, Vol. XI, C. C. Gillispie Editor in Chief, Charles Scribner's Sons, New York, 1970–1977, pp. 447–473. 就在這套《科學家傳記辭典》中，皮爾遜條目（26頁）比馬赫條目（12頁）和彭加勒條目（10頁）所占篇幅的總和還要多。

❷ E. S. Pearson, *Karl Pearson, An Appreciation of Some Aspects of His Life and Work*, Cambridge at the University Press, 1938, p. 126. 以下該書簡稱為*KP*。伊岡繼承父業，也是一位統計學家。

儘管他與皮爾遜有許多共同的志趣和研究範圍，但他仍然承認：「我充分地認識到，我沒有公平評判我的論題。擺在我面前的任務是一個不可能完成的任務。現在沒有一個在世的人能夠公正地評價皮爾遜的興趣和成就的廣度。」❸

　　作為二十世紀統計學奠基人的皮爾遜也許未被科學界遺忘，但是作為現代實證論的早期重要人物和現代科學哲學先驅的皮爾遜、作為社會主義者和自由思想者的皮爾遜，好像被學術界和思想界遺忘了。雖說在世紀之交，皮爾遜曾受到馬赫 (E. Mach, 1838–1916) 出自內心的稱頌，受到皮爾斯(C. S. Pierce, 1839–1914)和列寧(V. I. Lenin, 1870–1924)的注意及無情批判，也曾在中國和西方思想界激起漣漪，然而好像沒有認真的研究和嚴肅的探討相伴隨。在皮爾遜身後，除了他兒子提供了一些傳記性的材料以及百年誕辰時發表的數篇一般性的紀念文章外，皮爾遜的豐富思想幾乎未被人詳盡論及。誠如巴斯摩爾 (J. Passmore, 1914–) 在提及英國邏輯實證論的代表人物艾耶爾(A. J. Ayer, 1910–1989)的成名作《語言、真理和邏輯》(1936年初版，1946年再版) 時說：

　　《語言、真理和邏輯》幾乎沒有大陸實證論的讀者不熟悉的東西，但是它在英格蘭卻引起了某種轟動，在這裡大陸所熟知的東西從來沒有得到廣泛傳播，甚至克利福德(W. K. Clifford, 1845–1879)和皮爾遜的實證論似乎也被遺忘了。人們聽到形而上學命題既不真也不假而是無意義的時，

---

❸　J. B. S. Haldane, Karl Pearson, 1857–1957, *Biometrika*, 44(1957), pp. 303–313. 霍爾丹是印度籍（1957年僑居印度）英國遺傳學家、生物統計學家、生理學家、生物哲學和科學哲學的普及者，在30年代他宣稱自己是馬克思主義者。他學識淵博，具有極強的綜合、分析和寫作能力。

感到某種程度上的震驚。❹

　　使我感到震驚的是，在我著手研究皮爾遜時，我跑遍了北京圖書館和北京幾所知名的大學和研究所，翻閱了國外近年出版的相關學術雜誌和新書，居然找不到一本以皮爾遜為研究對象的專著，甚至找不到一篇有分量的論文。我不甘心，還托朋友在香港、臺北查找，仍一無所獲，連英國劍橋的互聯網也沒有有價值的二手研究資料。難怪在1991年重印的皮爾遜的科學哲學名著《科學的規範》❺中，派爾(A. Pyle)雖然撰寫了長篇〈引言〉評介了皮爾遜的哲學思想（該評介也較淺薄），但文中並未涉及像樣的專題研究文獻──也許這樣的文獻根本就不存在。

　　我是從1980年代伊始作碩士論文〈彭加勒與物理學危機〉❻時接觸到皮爾遜的。在我的處女作❼中，我把他作為以馬赫為首的批判學派的代表人物之一──該學派的成員還有彭加勒(H. Poincaré, 1854–1912)、迪昂(P. Duhem, 1861–1916)和奧斯特瓦爾德(W. Ostwald, 1853–1932)──作了簡單的評介。從1980年代末起，我才騰出手來，研讀了有關材料，接連寫了四篇文章。在一篇人物評傳❽

---

❹　J. 巴斯摩爾：《哲學百年·新近哲學家》，洪漢鼎等譯，商務印書館(北京)，1996年第1版，頁786。

❺　K. Pearson, *The Grammar of Science*, Thoemmas Antiquarian Books Ltd., Bristol, 1991. 這是1892年初版的重印本。以下該書簡稱為*GS*。

❻　該文已收入《中國人文社會科學碩士、博士文庫》，將由浙江教育出版社（杭州）於1999年出版。

❼　李醒民：〈世紀之交物理學革命中的兩個學派〉，《自然辯證法通訊》(北京)，第3卷(1981)，第6期，頁30–38。

❽　李醒民：〈卡爾·皮爾遜：著名科學家和自由思想家〉，《自然辯證法通

中，我較為詳細地介紹了皮爾遜的生平、工作和思想，在大陸學術界恢復了他的本來面目，揭示了他的思想底蘊和精神氣質。在〈論批判學派〉❾中，我對批判學派的根本特徵，其代表人物的主要共性和思想差異作了分析和綜合，這實際上也是一篇比較研究論文，據我所知，類似的研究在國外還未曾出現。在論述皮爾遜的科學哲學的論文❿中，我著重討論了三個問題：以感覺論為基石的觀念論哲學，對經典力學的批判，科學事實、科學定律及科學推理和信念。在論述皮爾遜的科學觀的論文⓫中，我評論和分析了皮爾遜關於科學的目的、特性和價值，科學的範圍、方法和分類，科學的想像力和審美判斷的觀點。現在，在翻閱手頭的這些舊論文時，我對它們是不甚滿意的，但它們至今仍是中國學術界僅有的關於皮爾遜的研究論文。

由於霍爾丹的「告誡」有言在先，由於沒有國外的研究成果（我只能在有關專書中尋覓到零星的、點滴的線索）「墊底」，因此當我提筆寫《皮爾遜》時，「心之憂矣，其誰知之？」⓬然而，換一個視角看，這無疑也是對自己的意志和能力的挑戰。老子說得好：「知人

訊》（北京），第12卷(1990)，第2期，頁65–78。

❾　李醒民：〈論批判學派〉，《社會科學戰線》（長春），1991年第1期，頁99–107。

❿　李醒民：〈簡論皮爾遜的科學哲學〉，《自然辯證法研究》（北京），第7卷(1991)，第3期，頁60–65, 59。

⓫　李醒民：〈論皮爾遜的科學觀〉，《大自然探索》（成都），第13卷(1994)，第1期，頁93–98。該文完稿於1990年1月，被一家名叫《科學學研究》的雜誌的負責人不負責任地丟失了。由於作者寫作時從不起草底稿，故只好根據回憶和原有資料重寫，從而在四年後才得以面世。

⓬　《詩經・魏風・園有桃》。

者智，自知者明。勝人者有力，自勝者強。知足者富。強行者有志。不失其所者久。」⑬我並不奢望本書能「銜華而佩實」⑭、「辭約而旨達」⑮，但是由於知己知彼，加上奉力強志久為主桌，我想無論如何不會使讀者失望的。不過話說回來，跨出第一步畢竟是艱難的，所能達到的高度也是有限的。我多麼希望國外學術界能像「再發現」迪昂⑯那樣，對皮爾遜也來一個「再發現」。只有這樣，才能提供相互借鑒、彼此砥礪的機會，才能把學術研究逐步引向深入。

撰寫本書前，我在收集資料時曾遇到諸多困難。好心的葉錦明博士（香港科技大學）和郭貴春教授（山西大學）分別幫我在香港和英國劍橋查找文獻，胡新和副研究員（中國社會科學院哲學所）也助我一臂之力，尤其是方萬全研究員（臺北中央研究院歐美所）給我複印、裝訂了精美的兩大冊皮爾遜原著《死亡的機遇》，在此我深表謝意。借本書出版之機，我還要對我的父母李濟生(1908–1981)和姚玉潔(1909–1991)深表懷念之情。他們是中國社會底層最勤勞、最老實、最本分、最儉樸的農民，無怨無悔地辛苦一生而無絲毫奢望。「維桑與梓，必恭敬止。」⑰謹以此書敬獻雙親，以報答和告慰二老的養育之恩和在天之靈。

李醒民
1997年9月26日上午於北京中關村

---

⑬ 《老子·三十三章》。

⑭ 劉勰：《文心雕龍·徵聖》。

⑮ 《世說新語·文學》。

⑯ 李醒民：《迪昂》，東大圖書公司印行（臺北），1996年第1版，頁iii–iv。

⑰ 《詩經·小雅·小弁》。

皮 爾 遜

目 次

第七章　皮爾遜思想在中國

第一章　卡爾・皮爾遜：百科全書式的科學家和思想家

> 美文看不厭，呵氣過兩遍。
>
> 細細品餘味，深深觸宿願。
>
> 當慕仙鶴舞，豈懼頑石絆。
>
> 勞其筋骨者，明珠摘王冠。
>
> ——李醒民：〈喜讀徐遲《哥德巴赫猜想》〉

皮爾遜把知識和真理視為人生最值得追求的東西，是人能夠獲得的最高愉悅(*EF*, pp. 74, 12)，他善於把研究的透徹性和興趣的廣博性和諧地融為一體，從而成為一位在二十世紀不可多得的百科全書式的學者。

皮爾遜在科學和學術活動中有兩個十分顯著的特徵。其一是把兩種遺傳性狀——用他自己的話來說，即「頑強工作的能力和在他人占有的領域漫遊的能力」(*KP*, p. 2)——奇妙地結合在一起。其二是道德力量始終引導和伴隨著理智力量，也就是說，他具有為知識和真理獻身，為思想自由而奮鬥，出自愛心迷醉科學和學術的精神情操和生活信條。皮爾遜的成就能達到他人難以企及的深度和廣度，

顯然與此有關。要知道,真正的科學巨人和思想巨人既不是單薄的
「專門家」,也不是僅憑純粹的智力就可以成功的。

1.1　走上人生的旅程

　　卡爾·皮爾遜1857年3月27日生於倫敦,上有哥哥阿瑟(Arthur
Pearson, 1855–?),下有妹妹艾米 (Amy Pearson, 1859–?)。他的
雙親都具有約克郡(Yorkshire)的血統。父親威廉·皮爾遜(William
Pearson) 的家族是北賴丁 (North Riding) 谷地的自耕農,屬貴格會
(Quaker)教派。母親范妮·史密斯(Fanny Smith)的家族是海員水手
和商船船長,他們從赫爾 (Hull) 駕駛自己的船出海。皮爾遜一生後
四十年的暑假大都是在北賴丁度過的,故人的溫情和鄉間的靜謐給
他心靈帶來寧靜、平衡、慰藉和滿足。他喜歡在緊張而嚴肅的研究
之餘,漫步在田間的小徑和山澗的溪谷,與大自然心心相印地交流。
但是,他似乎從未強烈地感受到大海的召喚。

　　父親威廉是內殿法學協會❶會員,是有資格出席高等法庭的律
師(barrister)和英國王室的法律顧問(Q.C.)。他才幹出眾,工作能力
很強,在退休前升任大法官法庭(the Chancery Courts)庭長,並以此
名滿全英。他對歷史研究興趣十足,並擁有自己的藏書室。他去世
時留下許多未發表的筆記,其中涉及到盎格魯撒克遜編年史
(Anglo–Saxon Chronicle)、末日裁判書❷、約克郡史等論題。皮爾

---

❶　內殿法學協會(the Inner Temple)是倫敦四所擁有檢定律師權力的法學
　　協會之一。

❷　末日裁判書 (Domesday Book) 是 1086 年英王威廉一世頒布的全國土
　　地、財產、牲畜和農民的調查清冊。

遜後來在回憶父親時說：

> 在冬季和夏季的開庭期，他凌晨四時起床，讀他的辯護狀並
> 準備他的法庭演講。晚上七時回家，九時上床睡覺。只有在
> 休庭期我實際上，才能見到他，此時他像一個活躍的孩子，
> 以使我們驚訝的精力打獵、釣魚、駕船。(*KP*, p. 3)

父親的職業、興趣和習性對皮爾遜有明顯的影響，至於母親的潛移
默化，我們由於缺乏原始資料不得而知。

俗話說：從小見大，三歲看老。皮爾遜幼兒時的一件小事就以
雛形的形式包含著他後來一生的諸多個性特徵。據皮爾遜的同事朱
莉婭·貝爾(Julia Bell)講，她曾問他，什麼是他能記起的第一件事
情。他回答說，那是他坐在高椅子上，正在吮吸自己的大拇指。有
人告誡他，不要這樣作，否則大拇指會萎縮下去。他立即把兩個大
拇指併在一起，久久地端詳、比較。他自言自語地說：「我看它倆
一般大小，我分辨不出我吮吸的大拇指比另一個小些。我懷疑他是
不是正在騙我。」❸ 在這件軼事中，我們不難發現皮爾遜日後下述個
性特徵的萌芽：不盲信權威，訴諸經驗證據，相信自己對觀察資料
的解釋，以及對在道德上不老實的人的非難。

皮爾遜在家裡受啟蒙教育直至九歲，1866年進入倫敦大學學院
中學。他一開始似乎顯得有點脆弱，這也許是由於雙親過慮而嚴加
管束所致。其結果，他在1873年因健康原因不得不休學。接著的一

---

❸　H. M. Walker, PEARSON, KARL, *International Encyclopedia of the
Social Science*, D. L. Sills Ed., Vol. 11, The Macmillan Company &
The Free Press, New York, 1968, pp. 496–503.

年是在希欽(Hitchin)和家庭教師一起度過的。他在後來回憶這位家
庭教師時說：

> 他不是一個壞教師，但卻沒有能力管理一伙不想學習、其愚
> 蠢易於發展為惡習的孩子。也許我從他那裡獲得的最有用的
> 知識是欣賞動力學，從他的學生那裡學會了養狗，這對我後
> 來的生活很有用。是年年終，我勸服父親讓我赴劍橋，在勞
> 思(E. J. Routh) 手下作一個「四足獸」(beast)幹活。……勞思
> 對我說：「在進入學院前我們有一年時間，我們將用這段時間
> 致力於讀一些對榮譽學位考試(the Tripos)來說並非特別重要
> 的科目。」 他開始徑直地講解彈性理論。……把我引進拉梅
> (G. Lamé, 1795–1870) 和其他人的論文。(*KP*, p. 3)

　　在這裡，我們不難看到皮爾遜後來的人生旅程的有關線索：對
動力學的思考和批判，對彈性理論的興趣和探討，飼養實驗用狗並
做白化體小獅子狗與黑波美拉尼亞狗雜交的遺傳研究。事實上，在
皮爾遜早期受教育的過程中，存在著日後得以發展的種種跡象：異
乎尋常的興趣範圍，非凡的理智活力，以爭論為樂事，拒斥他認為
是錯誤的指導權威的意志和決心，賞識學問和知識，為真理挺身而
出，自我表現的衝動。但是沒有一點跡象表明，他對死記硬背有什
麼好感。

　　1875年，皮爾遜以第二名贏得劍橋國王學院的獎學金。在劍橋
的四年大學生活給他留下了美好而醇香的記憶。那是他一生中最幸
福的日子：「有友誼的歡樂，有鬥爭的歡快，有作輔導教師的歡洽，
有在數學中以及在哲學和宗教中追求新光明的歡暢。」❹在國王學

院，他參與了一個有三四十人的小社團，有機會與其他大學生和教師廣泛接觸，共同討論哲學、歷史、宗教、道德、社會等廣泛的問題。這不僅擴大了私人友誼的發展，而且也開闊了他的視野和思路。皮爾遜告訴我們：布龍寧 (O. Brouning) 把他引向但丁 (Dante, 1265–1321)、盧梭 (J.–J. Rousseau, 1712–1778) 和歌德 (J. W. von Goethe, 1749–1832)；布拉澤羅(G. W. Brothero)是一個能夠在具有中世紀思想的院長和精神勃發的大學生之間把握平衡的人。在此期間，皮爾遜閱讀了不少思想家的原著，探究了宗教思想史和有關神學概念。尤其是，他被斯賓諾莎(B. de Spinoza,1632–1677)的著作強烈地吸引住了，斯賓諾莎的哲學思想和生活信條在很大程度上影響了他的人生旅程的方向。他在晚年這樣寫道：「直到今日，我只能說，斯賓諾莎是獨一無二的哲學家，他提供的上帝概念無論如何與科學知識是相容的❺。」(*KP*, p. 4) 在博覽群書的過程中，他與劍橋大學圖書館專家布雷德肖 (H. Bradshaw, ？ –1886) 結下了忘年之交，這一友誼對他走向成熟起了至關重要的作用。與此同時，帕克 (R. Parker，後來當上了常設上訴法庭的法官並被授予勛爵稱號) 和麥考利(W. H. Macaulay，後來是學院的數學講師、指導教師和副院長)的友誼也使他在幾年後的智力漫遊中受到同情和勸告，使他的科學激進主義有可能保持在一個適度而合理的界限內。

在劍橋，他雖然旁聽過欽定的大學神學教授的自由講演，但對英王1441年在大學強制推行的正規神學講演極為厭惡，因為此類講演往往是老生常談，味同嚼蠟，毫無新意。由於關心宗教問題而又

---

❹　同前注❸。

❺　斯賓諾莎的上帝指的是自然界（神即自然），即在存在事物的有秩序的和諧中顯示出來的上帝。

不滿強制，他首先拒絕出席正規神學講演，繼而反對強迫的學校禮拜儀式，從而向校方權威發起挑戰。他這樣回憶當時的情景：

> 我到指導教師那兒說：「我將再也不參加大學神學院的講演。」他看上去驚呆了：「它是學院的無情規則。」「那麼我將去另一所學院。」「這是前所未聞的。我們將不給你離校證。」「凱厄斯的費勒斯(Ferrers of Caius)先生已經同意接收我，不要離校證也行。」「這件事必須交由學院委員會處理。」它被交給委員會處理了。在頑強鬥爭之後，強制性的正規神學講演被放棄了。(*KP*, p. 4)

在多年之後，皮爾遜也許只能回憶起「鬥爭的歡快」，但是從他父親所寫的信中推測，在當局未作出決斷前，這個充滿戰鬥激情的、剛剛成人的小青年也曾流露出沮喪和煩惱。皮爾遜不滿的只是強制和強迫，其實他對宗教的精神、教義和歷史一直興味盎然，充滿研究和發現的衝動。他打贏了這兩場戰鬥，大學的規則改變了，而他卻在自願的基礎上參加禮拜儀式和自由的神學講演。這種敢於反對錯誤的權威，崇尚自由的精神，高舉批判的武器，追求有價值的東西的個性特徵，貫串在皮爾遜的整個人生旅程中。

不要忘記，皮爾遜在劍橋國王學院主攻數學，他的導師是數學家勞思，而勞思被認為是劍橋歷史上最成功的導師之一。他在導師的言傳身教中，對導師產生了摯愛之情。皮爾遜後來經常談到從數學老師勞思、伯恩賽德(W. Burnside)和弗羅斯特(Frost)處受到的激勵（他們使他對應用數學和彈性理論產生了濃厚的興趣），描述與其他傑出人物的接觸。他在談到關於史密斯獎學金考試時說，該考

試連續四天在四位主考官家裡進行。斯托克斯(G. G. Stokes, 1819–1903) 是英國最偉大的數學物理學家之一，他的講演十分精彩。麥克斯韋(J. C. Maxwell, 1831–1879)也是最偉大的物理學家，但卻不善言談和講課。凱利 (A. Cayley, 1821–1895) 是律師和數學家，他發明了矩陣理論和 n 維空間幾何學。托德亨特(I. Todhunter)那時剛剛出版了《概率的數學理論的歷史》。皮爾遜沒有考取，但他在回答托德亨特的一個考題時寫出的證明比前人的更好，被托德亨特以讚許的評論寫進未完成的手稿《彈性理論的歷史》。這件事對皮爾遜數年後的工作和研究產生了直接影響❻。

1879年，皮爾遜以數學優等生接受了文學士(B.A.)學位，同年在劍橋數學榮譽學位考試中獲一等合格者第三名。他幾乎立即就動身前往德國求學和遨遊。

1.2　「新維特」的智力漫遊

從1879年到1884年的五年間，對年輕的皮爾遜來說，是其思想發展的極其有趣、極其重要的時期。他在取得學士學位後，首選的目標是德國的海德堡和柏林。他早年至少和雙親去萊茵河地區遊覽過一次。在海德堡，他在克文克(Quincke)指導下研究物理學，但也在菲舍(Kuno Fischer, 1824–1907)❼的指導下學習形而上學。在柏

---

❻　我們將在1.3 中詳述。

❼　菲舍是德國哲學家和教育家。1852年在出版的《邏輯和形而上學體系》中創立了新康德(I. Kant, 1724–1804)學派的思想，他的有關萊辛 (G. E. Lessing, 1729–1781)、席勒 (F. Schiller, 1759–1805)、歌德的論著對美學作出了貢獻。他還贊同黑格爾的思想，並在十卷本《近代哲學

林，他在布龍斯(Bruns)和莫姆森(Mommsen)指導下攻讀羅馬法，但也參加杜布瓦－雷蒙(E. H. Du Bois–Reymond, 1818–1896)關於達爾文(C. R. Darwin, 1809–1882)主義的講演。不久，他對德國民俗學、條頓民族史前語言、中世紀和文藝復興時期的德國文學、宗教改革史、德國人文主義和路德(M. Luther, 1483–1546)的特性、社會主義和婦女問題發生了濃厚的興趣。1880年4月5日，國王學院給他提供了研究會員基金（一直持續到1886年），這使他在多年內獲得了經濟獨立。他利用這個機會隨意在地理的和智力的王國裡盡情漫遊，尤其是在倫敦固定了大本營後，他頻頻出訪德國。他在德國賽格(Saig)的黑森林地區找到一處寧靜的住所，在1880年到1890年間常去那兒研讀和寫作。他能講一口流利的德語，與當地人保持著融洽而密切的接觸，就像晚年他在祖籍地約克郡的谷地與村民相處一樣。在德國最初的大約一年時間，他也涉獵了德國社會主義領導人卡爾·馬克思(Karl Marx, 1818–1883)和拉薩爾(F. Lassalle, 1825–1864)的思想，從而成為一位熱情的社會主義者。他把達爾文主義和社會主義融合在一起，形成了他的社會達爾文主義的新變種。大約在此期間，他開始用 K 代替 C 拼寫他的教名（即把 Carl 改為 Karl）。這可能是對德國文化的欽慕，也可能是對Karl Marx（卡爾·馬克思）的特殊尊敬，因為他後來就馬克思主義多次作過講演，並認為馬克思的一本書是他在德國發現的最富有顛覆性的文獻。

大學畢業後，父親的職業無疑是皮爾遜的想望。1880年11月，他從德國返回倫敦，住在內殿法學協會的哈考特 (Harcourt) 大樓 2號，在林肯法學協會❽的議事廳攻讀法律，並在翌年取得律師資格。

史》(1852–1893)中對從笛卡兒(R. Descartes, 1596–1650)到叔本華(A. Schopenhauer, 1788–1860)的哲學家的思想提出新的詮釋。

這也許是送給他父親的禮物，也許是作為未來保證生計的手段，很可能是兩種動機兼而有之。奇怪的是，他從未在持有律師執照後開過業——理智漫遊無疑對他太有吸引力了。1881年，他還在劍橋獲得法學士(LL.B.)學位，次年又獲得文學碩士(M.A.)學位。

這個時期是皮爾遜智力勃發和思想活躍的時期，年輕人的求知熱情和進取精神淋漓酣暢地表露出來，其中不免帶有涉世不深的一絲茫然傷感和智慧的痛苦。這種複雜而深沉的情感在他匿名(以Loki為筆名，Loki在北歐神話中是破壞和災難之神)出版的處女作《新維特》❾(1880)得到充分的體現，其中還夾雜著若干詩句和異國情調的生動描繪，讀來引人入勝。像歌德的《少年維特之煩惱》一樣，《新維特》也是以書信體——假借年輕人阿瑟(Arthur)在德國漫遊時寫給未婚妻埃塞爾(Ethel)的信——寫就的。在簡短的前言中，他說明了他的寫作意圖：「發表下述信件只有一個理由，即它們真實地反映了寫信的他的精神，因而必然在某種程度上反映了他的正在通過同樣鬥爭的一代人的精神。它們不值得批評家注意，而僅僅求助於那些對於十九世紀的萎靡思潮失去信心的年輕生命的同情。」(*KP*, p. 8)這年11月，有人在《劍橋評論》上對這本書發表了一篇同情和理解的書評，它也許是作者的一位好朋友寫的。

---

❽　林肯法學協會(Lincoln's Inn)也是倫敦一所擁有檢定律師權力的法學協會。

❾　維特(Werther)是歌德書信體小說《少年維特之煩惱》(1774)一書中的主人公，他因失戀而自殺。它的真正主題並不是失戀，而是十八世紀的所謂狂熱——偏愛絕對不幸的結果。少年維特熱愛大自然，熱愛純樸的鄉民，反對封建習俗和官僚貴族。他的清純的感情、高尚的理想與鄙陋的社會現實格格不入，處處遭受打擊和失敗。皮爾遜為他的處女作起名《新維特》(*The New Werther*)，顯然含有深意。

　　寫信者阿瑟追求這樣的生活信條，他轉向過去和現在的許多哲學和宗教體系以及科學的歷史，他只好逐步地放棄了。在下邊的帶有一絲迷茫和痛楚的引文中，我們似乎也能夠隱約窺見皮爾遜試圖構築他自己的哲學的衝動和宏願：

> 依我之見，不要期望聽信任何體系或方法；時間似乎太短暫了，而相比之下世界則太浩瀚了！我從科學奔向哲學，從哲學奔向我的老朋友詩歌；此時，在被許多思想體系弄得精疲力盡之後，我覺得我重返科學時變得實際。你難道永遠試圖設想，世界上存在的一切都值得了解嗎——宇宙中沒有一個課題不值得研究嗎？文學中的巨人，多維空間的秘密，玻耳茲曼(L. E. Boltzmann, 1844–1906)和克魯克斯洞察自然的真實的實驗室之嘗試，康德的宇宙理論，胚胎學的最近發現以及這些發現對於生命發展的使人驚異的敘述——多麼浩瀚無垠，令我們難以企及！當我在這裡的山坡漫步時，一種羞愧感湧上我的心頭：我不了解植物學和地質學；儘管我可以以愛戀的目光凝視鮮花與岩石，但是我對包含在鮮花中的生命史一無所知，對包含在岩石中的宇宙史一竅不通！於是，我的頭眩暈了；我感到我們的生命太渺小了，我們的能力太微弱了。不僅能夠說「我不知道」，而且能夠使自己滿足於那種無知的人，才是最幸福的。(*KP*, pp. 8–9)

阿瑟發自肺腑的心聲難道不正是皮爾遜敏感心靈的真實寫照嗎？在大自然中和智力王國裡漫遊的皮爾遜面對大千世界——波普爾 (K. Popper, 1902–1994)的世界1和世界3——的確感到痛苦，但是這種

痛苦是智慧的痛苦，它的背後則隱藏著深奧的幸福。至於那些本來無知卻又沾沾自喜的幸運兒，他們是永遠也不會體驗到這種深沉的情感和深邃的意蘊的。

處於迷惘和隱痛中的阿瑟並沒有自暴自棄，消沉下去，他奮起抗爭，下定決心：

> 我希望把我的一生獻身於這個問題，……即神性的東西和人性的東西的結合，在人神耶穌基督中導致它的象徵化之存在的情感。為此目的，我必須研究偉大的世界精神思想什麼，並獲知他們的行為的動機。(*KP*, p. 9)

但是，以往哲學家的著作沒有使他滿足：「失敗、虛幻的希望和失意多得不可勝數！然而，這一切並非完全無用，因為我們獲悉，人在他推理之前，必須更多地了解大自然的路線；只有當他發現她的更普遍的規律時，他才能夠說明它們為什麼存在——它們的理智起源。」(*KP*, p. 9)正是在科學研究中，似乎展現出通向未來的希望：

> 人類似乎瀕臨新穎的和輝煌的發現。牛頓(I. Newton, 1642–1727)為簡化各種行星運動所作的事情，必然是現在為把各種孤立的數學物理學理論統一為一個整體要作的事情。而且，在純粹數學中被探索的領域依然多麼茫無際涯！符號中的每個一致都是真正的真理的象徵，只要人具有詮釋它的能力。僅僅給出與自然意義一致的符號，也許深藏在它的涵義中的自然律就是結果。(*KP*, p. 9)

這段話還包含著皮爾遜的科學統一和符號論的思想萌芽，而且也許在此時，他已暗自決定，把研究數學和自然科學作為主攻目標，而把其他諸多愛好作為業餘漫遊的領域。但是，強烈的興趣還使他不斷涉足廣闊的人文天地。1882年春，皮爾遜在南城會社就「德國的社會生活和思想」作了十次講演，其目的是追溯從最早期到1500年德國人的理想的興衰,這個時期包含著德國統一原則的成長和式微，這在神聖羅馬帝國和神聖天主教中體現出來。在同年後期，他在漢普斯特德(Hampstead)就「十六世紀的德國社會生活和思想」作了十二次講演，該系列講演主要涉及宗教改革時期。在這些講演之後，皮爾遜接連發表了〈德國的人文主義〉(1883)、〈明斯特市的上帝的天國〉和〈馬丁・路德：他對德國物質和智力財富的影響〉(1884)，這一切以及後來的一些講演和文章，都收集在《自由思想的倫理學》(1888)中。在此期間，他還就德國耶穌受難劇(Passion–Play)收集資料，這在大約十二年後成為《死亡的機遇》第二卷(1897)的主體。這個關於西方基督教進化研究的龐大課題涉及到宗教史、藝術史和社會史的豐富內容。

　　同類研究是1882年出版的另一部匿名著作《三位一體：十九世紀的耶穌受難劇》。該出版物受到較多的注意，也招致了一些敵意的批評。該書有翔實的歷史材料和富有啟發性的思想，也浸透了作者的激情──它大部分是用詩體寫成的，書中有許多象徵集中在責任、愛和理性的相互影響上。作者在序言中談到該書的範圍時說：

> 現代科學和現代文化使我們擺脫了舊的神學框架；要讓它們留意，在消除人的神性時，不要忘記神的人性。(*KP*, p. 9)

皮爾遜之所以要匿名出版他的兩本著作，在於二書都攻擊了基督教權威，起碼是缺乏正統觀念。假若署上真名，肯定會給作者帶來一連串的麻煩，影響他在許多機構任職，甚至影響在不信仰宗教的學院的任職。有趣的是，有些批評者竟未想到發覺皮爾遜的叛逆和異端傾向，也許他多少使用了春秋筆法，從而收到「障眼法」的奇效。

皮爾遜關於邁蒙尼德(M. Mainmonides, 1135–1204)和斯賓諾莎的研究也在繼續著。在1880年至1883年，他就該課題在《劍橋評論》發表了三篇論文，在《心》發表了一篇文章。

到1883年，阿瑟的煩惱似乎逐漸消除了。是年3月6日，他在南城會社發表了「自由思想的倫理學」的講演，這是接著幾年發表的系列講演中的頭一講。這是一篇充滿閃光思想、嚴密論證、生活激情和優美文辭的講演，從中可以看到講演者的社會哲學和人生信條業已形成。皮爾遜也許在拒絕以往的教條時在某種程度上也教條地斷言了他自己的哲學真理，也許在他這位自由思想者的信條中也有智力偏執的危險，但是他本人卻否認這一點。為此也沒有必要過多地怪罪他：假若他在自己的判斷中沒有這樣自信的信念，他能獲得如此之多的成就嗎？不管怎樣，他的哲學和信條都是經得起研究和批評的。這一講演系列在1883年和1887年間大都以單行本刊印了，後來則匯集在同名著作中。

除了這些實質性的工作和研究之外，川流不息的信件、文章和評論發表在《學園》、《雅典娜神廟》和其他刊物上，其中許多都涉及到路德——路德誕辰四百週年紀念活動在1883年舉行。在這些出版物中，我們發現他對他認為是錯誤的東西給予有力的抨擊，同時也遭到有力的回擊。他嚴厲批評不列顛博物館的格倫維爾(Grenville)圖書館中的路德陳列，指出「目錄的引言和敘述是英國學術界

的污點」。他在答覆中被告知:「在吹毛求疵和胡說八道之間只不過
相距一步之遙」。他抨擊阿諾德(M. Arnold, 1822–1888)⑩尊奉路德
是「明晰透徹的另一個榜樣」, 反唇相譏說路德是「維滕堡的克里
昂」(Cleon of Wittenburg)⑪,並批評另一個作家錯拼了最後一個
詞⑫。他從而被人描繪成「令人敬畏的人(和十分能幹的作家)
K. P.⑬」。

這些筆戰在我們面前呈現出一個年輕人英姿勃發、揮斥方遒的
逼真形像:乾脆、果斷、自信、性急,以異乎尋常的敏銳發現問題,
渴望火速行動,把世界迅速矯正。他需要有一位年長的智者約束他
的激情,平衡他的矯枉過正。皮爾遜的忘年摯友布雷德肖適逢其時
扮演了這種角色。他在當時寫信給皮爾遜:

> 我一點也不希望袒護博物館的無知。但是,……當一個人想
> 以他較深刻的知識去幫助,使這樣的陳列變得更有趣和更有
> 教益,而又像你作的那樣浪費他的精力寫文章給《雅典娜神
> 廟》時,這使人自然而然地產生如下印象:他的主要目的是
> 讓世人看一下,他知道的比他所說的被交托保管這些財寶的
> 白痴要多得多。認識你的人也知道,你懷有的目的並不是那

---

⑩　馬修·阿諾德是英國維多利亞時代的優秀詩人、評論家。

⑪　克里昂(Cleon, ？ –前422)是雅典商業階級的第一個著名代表人物,曾
　　為雅典民主派的領袖。在伯羅奔尼撒戰爭中,他力主進攻。公元前427
　　年在攻陷叛離雅典的米蒂利尼時,他提議處死所有公民,把婦女兒童
　　變為奴隸。

⑫　據查有關地名辭典,可能是把維滕堡 (Wittenburg) 錯拼為維滕貝格
　　(Wittenberg)或維滕貝爾格(Wittenberge)。

⑬　這是卡爾·皮爾遜姓名的縮寫,他本人也常如此署名。

樣的，但那卻是一般人引出的可以寬恕的推斷。你就此所寫
的每一件事都顯得如此異常缺乏智慧（我所謂的智慧並不意
指知識和靈巧，這二者都得以充分顯露）；但是使我痛心的
是，它完全與你寄給我的論述自由思想的論文如此背道而馳，
正如你所知道的，這篇論文比我能夠表達的任何言詞更為使
我高興。你在你的身上蘊藏著強烈的溫文爾雅，把這種溫文
爾雅具有的巨大功能讓像在博物館職員處發現問題那樣有害
的剛愎自用耗費掉，那是最令人痛心的。(*KP*, p. 7)

布雷德肖在信中還約皮爾遜面談一下，他告誡他忍耐和透徹在研究
工作中的重要性,而他則心悅誠服地理解了他的智慧和批評的價值，
他把他的信交給大學時代的好友布拉澤羅閱讀和引用就是明證。

　　皮爾遜從心底裡感激布雷德肖在思想上和學術研究中對他的
寶貴幫助，盛讚布雷德肖是「對我們一代最有影響的人」。他曾這
樣回憶說：「我在我的大學時代認識布雷德肖。他是完美的圖書館
專家，但是更重要的，是年青而魯莽的人的指導者。在我1880年到
1886年從德國返回後，他作為一個學者對我影響越來越大。他到我
在內殿法學協會的房間探訪，我們一塊參觀不列顛博物館的畫廊，
這都是值得紀念的事情。他沒有直接教導我集中於一點，他作為一
個健全的圖書館專家樂於陪同我到任何領域去，但是他向我表明，
什麼是真正的作品的本質。當我想起亨利・布雷德肖時，下面的詩
句總是浮現在我的心頭：

　　　他以他的美妙的技藝吸引我一無所長的青春，
　　　對造物主具有敏感的鑒賞力，

超越了天國，更超越了我們的才智⑭。(*KP*, pp. 5-6)

布雷德肖1886年去世給皮爾遜留下了難以彌補的損失和創傷，他此後很少再去劍橋。他在送葬日掩飾不住內心的悲痛，覺得自己永遠不能再回故地了。「感時花濺淚，恨別鳥驚心。」⑮再返失去布雷德肖的劍橋，豈不令他觸景生情，傷悼無限！

年輕的皮爾遜不可避免地成為社會主義者。在那些智力漫遊的日子裡，他把正在發展的生活哲學與道德的和社會的東西聯繫起來，把社會的東西與公眾的福利和幸福聯繫起來。這種思想傾向顯然與他對德國早期的社會生活的研究有關，因為那時參與到社會變革中的許多方面與我們今日在行動實踐中發現的東西是同類的。他星期天義務在索霍(Soho)周圍的革命俱樂部就社會主義、拉薩爾和馬克思以及其他社會問題發表講演，為社會主義讚歌集撰稿，並相信這些讚歌會被高歌頌揚。他在三十年後回憶起那時的景況時說：

> 當時我作為大學的新手，是各種工人俱樂部——政治的、社會的俱樂部，偶爾也去革命的俱樂部——的成員和經常的講演者，其時在倫敦這類俱樂部很多。對我來說，現在回想的那個時期還是一個十分偉大的智力活躍的時期。克利福德(W. K. Clifford, 1845–1879) 只是剛剛去世，赫胥黎 (T. H.

---

⑭ 這是錫德尼(P. Sidney, 1554–1586)的長篇散文傳奇故事《阿卡迪亞》(*Arcadia*)中的詩句。錫德尼是英國文藝復興時期的標準紳士。他是理想主義的政治家、勇敢的軍事領袖，又是當時最佳的散文作家以及詩人。

⑮ 杜甫：〈春望〉。

Huxley, 1825–1895)還處在戰鬥的路線上，卡爾・馬克思正
在完成《資本論》並正在組織革命政黨的前哨小爭論。在社
會民主聯盟誕生時，我即使未援助也可能在場；而且，可能
聽了公共生活兄弟會最後的悲痛的告別會，當時一部分同志
更喜歡討論中的而不是實踐中的社會主義的費邊❶政策。許
多東西從那時倖存下來，一些事情況沒了。但是對我來說，
那是一個智力異常活躍、熱情格外奔放的時期。工人想了解
達爾文，他們想知道拉薩爾，他們想發現當時科學的或神學
的——如果你願意的話也可叫反神學的——思想對他們自己
的社會問題和政治問題有所影響。他們不願接受阿諾德・湯
因比 (Arnold Toynbee, 1852–1883)❶的解決方案，但他們總
的來說對他卻洗耳恭聽，……

這是一個充滿新觀念和新理論的青年學子與剛剛覺醒的工人階級的
思想碰撞和情感交流，他覺得他從他們中間獲得的知識要比他傳授
給他們的多得多。在與工人群眾的接觸中，在社會底層的調研中，
龐大社會問題的真實存在給他留下了難以磨滅的印象：勞動的地位，
變化中的婦女狀況，兒童與民族的未來等等。他逐漸領悟到：「這

---

❶　費邊・馬克西姆斯(Fabius Maximus,？–前203)是羅馬統帥、政治家。
　　在第二次布匿戰爭（前218–前201）初期，採用拖延戰術，為羅馬爭
　　得恢復力量的喘息時間，終於對漢尼拔率領的迦太基入侵軍發動了反
　　攻。因此「費邊政策」或「費邊主義」成為緩步前進或謹慎小心的同
　　義詞。

❶　阿諾德・湯因比是英國經濟學家、社會改良家。歷史學家、《歷史研究》
　　的作者阿諾德・約瑟夫・湯因比(Arnold Joseph Toynbee, 1889–1975)
　　是他的外甥。

些社會問題的解決從來也不會通過高談闊論達到；進化原理不能通過通俗講演或通過討論俱樂部有益地應用到人類社會，更不用說用政治辯論或哲學推理能解決社會問題了。」⑱皮爾遜能達到這一切實屬不易，要知道當時義務教育並不十分普遍，還沒有工人黨，婦女還滿足於客廳聚會或秘密地進入學術講演廳。

皮爾遜的數學才能並未因各種活動而休閒，他對科學的熱愛也未因眾多漫遊而減弱。在這一時期，他曾在劍橋工程工場給大學附設的函授班講熱學，也曾受委託代理數學教授德魯(W. H. Drew)為劍橋國王學院和倫敦大學學院的高年級大學生講授數學。據他的朋友麥考利講，他的數學工作的第一個著名片斷是小球在液體中脈動的理論，這相當於麥克斯韋類型的球諧振研究。1883年有兩篇論文付印，它們是〈球體和橢球體在液體媒質中的運動〉和〈簡論無限彈性體的扭曲〉。從這些論題我們不難看到，皮爾遜已經為物理宇宙的定律苦苦思索。

1881年，皮爾遜申請曼徹斯特歐文斯(Owens)學院數學講座教授，但未獲成功。1883年，他又向倫敦大學學院提出謀取純粹數學講座教授的申請，還是沒有結果。他和他的家人都對失敗感到沮喪，對未來的不確定性頗為憂慮。但是，超凡的才華畢竟使他有脫穎而出的機會：1884年6月9日，年僅二十七歲的皮爾遜被任命為倫敦大學學院應用數學和力學講座教授。皮爾遜大學時代的好友帕克——他們曾在內殿法學協會共用一間辦公室——在寫給皮爾遜的母親的信中這樣讚揚她的兒子：

---

⑱　K. Pearson, *Nature and Nurture, The Problem of the Future*, Published by Dulan and Co. Ltd., 1910, pp. 1–3.

我總是覺得可以擔保,他會在某一天被人們感覺到他的價值,並得到實際上適合於他的東西。……現在我們能夠認識到,他有三四年完全自由的、被數學之外的其他研究占據的時間,是多麼偉大的一件事;我並不意味著它無助於他眼下的成功,而且無疑地,它將使他成為一個更幸福、更有用的人,使他能夠避免經常看到的和令人擔心的任何狹隘性的感染,具有這種狹隘性的人使自己唯一地投身於一種引人入勝的追求。此外,偉大的觀念往往是在它們與之相關的專門課題的範圍之外受到啟示的,卡爾正隨著這樣的觀念重返科學,這些觀念正在被努力完成,並使他在有一天像克利福德或任何其他前驅一樣聞名於世。當我看到你焦慮時,我想事先告訴你這一點,因為他也曾為他的計劃的不確定性焦慮過;現在,你永遠不必再焦慮了,不僅你有一個我們都為之驕傲的兒子,而且這個人達到了這樣一個位置:其他人不能不讚賞他,他使他自己在有用的工作中發現了幸福。(*KP*, p. 15)

1.3　年輕有為的應用數學和力學教授

　　應用數學和力學教授職位被稱為戈德斯米德教席(Goldsmid chair),這是克利福德曾經就任過的教席。皮爾遜代理德魯教授在大學學院講課期間,結識了該校的肯尼迪(A. Kennedy)。正是肯尼迪勸說他放棄法律重返數學,並為他贏得戈德斯米德教席助了一臂之力。皮爾遜任職後,又與肯尼迪共用一個階梯教室,他也常到肯尼迪在1878年創建的全英第一個實用工程學生實驗室去,促進了應用

數學和力學系與力學系的密切合作。

在走馬上任的頭六年，年輕有為的皮爾遜教授就顯示出他頑強工作的作風、傑出的教學才能、令人驚嘆的創造和多產。應用數學和力學教授的職責包括講授近代幾何、畫法幾何、投影幾何以及靜力學、動力學和力學。他在教學中發現，用幾何學方法和圖示方法例證和闡明物理學定律和概念十分有效，否則要使沒有受過複雜數學訓練的心智接受抽象理論是很困難的。其中某些作法是從他的前任亨里西(O. Henrici)那兒學來的，但是後者卻熱情稱讚皮爾遜把圖示方法的應用遠遠擴展到他所設置的界限之外。皮爾遜的一位學生在晚年回憶說：

> 卡爾·皮爾遜在解決任何問題中所邁出的每一步都是明晰的和易於領會的。要是我沒有記錯的話，結果是合意的和值得高度信賴的，以致最為數學化的問題都能夠用圖示處理——與純粹數學比較——最容易地解決和形象化。 ⑲

皮爾遜發展的這一有效方法在《科學的規範》的第六章討論運動時也得以充分體現，他在此用路程圖、時間圖、速度圖或速矢端跡等幾何圖示法，把比較複雜的運動學概念和定律清清楚楚地呈現在讀者面前。他在一個腳注中似乎為他的優先權作了小小的辯護：「人們普遍認為，時間圖歸功於伽利略(Galileo Galilei, 1564–1642)；我不知道依據什麼權威。速度圖出現在他的《對話》中，但是我不認為其中有任何東西能夠稱之為時間圖。」(*GS*, p. 257)

---

⑲ K. Pearson, *The Grammar of Science*, Fourth Edition, London: J. M. Dent & Sons Ltd., 1937, p. ix.

皮爾遜所教的工程班級很大（起初四五十人，後擴大到近百人），但他的管理能力和講課藝術卻征服了人心，使得偌大的教室秩序井然。他後來在給兒子的信中談及講大課的情形時說，要用你的課程的趣味和揭示它的方式把握年輕人的興奮點，這就需要能力和靈感的意識，此時失敗就意味著騷亂，這並非危言聳聽。皮爾遜為之自豪的是，該校化學教授拉姆齊爵士(Sir William Ramsay, 1852–1916)在向一個同事談到班級混亂時說：「你知道，皮爾遜、你和我是唯一在學院內能使大班保持絕對安靜的人。」皮爾遜一直追求講授的明晰性和精確性，他不久就不滿意流行教科書的定義，例如質量（物質的量）和力（運動的原因）的定義，他極力設法使學生擺脫這些形而上學的混亂和羈絆。他的工程班的一個學生迪恩斯利 (H. Deanesly)這樣回顧當時的一些印象：

> 在解決任何問題時，卡爾‧皮爾遜使每一個步驟、每一個階段都十分清晰，都容易領悟（沒有適用的教科書）；愚蠢的記錄在考試作業中沒有用場。……我與卡爾‧皮爾遜三年的接觸，幾乎持續五十年影響了我的工作。(*KP*, pp. 16–17)

皮爾遜把大量的時間投入到學院的教學工作，顯示出高度的責任感和敬業精神。誠如奧姆斯比(M. T. M. Ormsby)教授所說：「關於卡爾‧皮爾遜的教學，最打動我的事情是，他作為一個講解者的明晰性，並把非同尋常的意識貫串在他的工作中。例如，在我與他在一起的時期內，他幾乎始終如一地把全部時間投入到每一個繪圖班級，甚至對一年級學生也是如此，除非情況絕對不可避免，我認為他一分鐘也沒有漫不經心過。」(*KP*, p. 17)

皮爾遜上任不久，他就接受了他的倒數第二位前任克利福德的未完成遺著的編輯出版任務，這幾乎耗去了他所有的閒暇時間。克利福德擬議中的著作是《向非數學者說明數學科學第一原理》，他計劃寫六章：數、空間、量、位置、運動、質量。1875年，他口授了「數」和「空間」兩全章、「量」的第一部分以及稍後關於「運動」的幾乎整章。他只看了頭兩章的校樣，但未作最後修改。他在逝世前不久表示，希望該書能在仔細修改後出版，並更名為《精密科學的常識》。在克利福德1879年3月去世後，修改和完成遺著的任務委託給羅 (R. C. Rowe)。羅只作了部分編輯工作，不幸於1884年10月溘然長逝，出版公司懇請皮爾遜繼續這一未竟之事業。皮爾遜明知這是一件並非輕鬆而且具有重大責任的任務，但他出於對科學負責和對克利福德本人的尊敬，毅然受命，知難而進。

皮爾遜手頭只有「數」、「空間」、「運動」三章的校樣和對應的半打頁數的手稿，在審查了這些遺著和諮詢了克利福德夫人後，他重新排列了錯放的章節。對於頭兩章校樣，他盡可能保持原樣，只是偶爾在必不可少的地方添加了腳注。第三章「量」的後半部以及第四章「位置」完全是他動手撰寫的。在第四章討論空間曲率時，他猜想空間也許確實具有從一點到另一點變化的曲率。我們甚至可以更進一步把「在我們命名為物質運動的現象中實際發生的東西」歸因於空間曲率的變化（這一著名的可能性是克利福德教授1870年提出的），為此他提出「空間位移」波和「空間扭曲」的概念。他的結論是：

　　空間不是統一曲率的假設，還有它的幾何學特徵可以隨時間改變的假設，可能或不可能在未來的物理學中起重大作用；

可是，我們不能拒絕考慮它們是物理現象的可能說明，因為它們是與對某些幾何學公理普適性的流行的教條主義信念——由對歐幾里得（Euclid, 活動時期約公元前300）的天才的一味崇拜的許多世紀而激起的信念——針鋒相對的。

對於第五章「運動」，他認為部分是清楚的和簡潔的，部分好像是作者也不會容許貿然付印的；他覺得自己沒有權力推倒重寫，但卻進行了顯著的修正和更改，加入了關於運動定律的討論。對於最後一章「質量」，他不了解克利福德的意圖和就該課題所寫的任何東西，只能在參照克利福德1873年在皇家研究所講演中的一句話（「沒有一個數學家能夠給出在目前力學教科書中所使用的關於物質、力、慣性的語言的任何意義」）和所寫的一張小紙條（「力根本不是一個事實，而是使近似該事實的東西具體化的觀念」）的情況下，表達他自己的觀點：「與它們結合在一起的觀念即物質和力的名詞要完全從科學中消除掉——事實上把所有的動力學還原為運動學。」❷⓪ 於是，克利福德把握得「清楚和有獨創性的」，但卻「未被流傳的」、「獨一無二的」思想片斷，被皮爾遜發揚光大了。

《精密科學的常識》於1885年出版（似乎出了兩個版次），1899年又出了第三版。皮爾遜的工作量是相當大的，光是增寫的篇幅就占全書將近一半，一百個插圖中有八十個是皮爾遜繪製的。但是皮爾遜並未在封面或扉頁署名，就是在他寫的「序」（2月26日）中，也只是在末尾僅署 K. P.。他誠摯地寫道：「在它們中無論有什麼價

---

❷⓪　W. K. Clifford, *The Common Sense of the Exact Sciences*, Second Edition, London: Kegan Paul, Trench, & Co., 1885, pp. v–x, 224–226. 該書共 x+271頁。

值，都歸功於克利福德；無論什麼是薄弱的或含糊的，都歸咎於我自己。」 在這裡，面對皮爾遜的高尚人格和高潔情操，我們不禁想起他的一段名言：

> 科學與神學或哲學一樣，就熱情的創造與自我約束和自我發展的理想的建立而言，是人格影響的領域。沒有一個人僅僅出於理智的力量而不通過相當於道德力量的東西去指導和伴隨，就在科學中變得偉大。在理智能力的背後，存在著對真理的獻身，對自然的深沉同情，為一個大目標而犧牲所有小利益的決心。 ㉑

《精密科學的常識》的魅力是巨大的和永恆的。據羅素 (B. Russell, 1872–1970) 講，他在十五歲從家庭教師那裡得到該書時，曾「興味盎然、欣喜若狂地以理智的明晰讀了它」， 即使在五十七年後重讀時，他還具有「第一次讀它時所賦予他的全部青少年時代的熱情」。在 1946 年出版的新版本中，羅素在「序」中評價皮爾遜的功績時說：

> 無論如何，卡爾·皮爾遜如此充分地吸收了克利福德看待數學的方式，以致他能夠執行這項任務而不在讀者中產生任何不連續的意識。因此，該書能夠作為一個整體來對待，而不需要奮力把編者的工作與作者的工作分離開。

羅素還特別指出：該書明確拒絕把「物質」和「力」作為在物理學

㉑　同前注⑲, p. viii.

中使用的概念，這歸功於卡爾‧皮爾遜，但是在克利福德的筆記中有某些條款，並且明確地在他的思維路線上。紐曼 (J. R. Newman) 在「引言」中這樣寫道：「皮爾遜這位著名的數學家和遺傳學家與他共同具有科學基礎的觀點，皮爾遜決定作為獻給克利福德的禮物修改他的手稿並完成它，添加了大量的新材料。因此可以想像，該著作表達了克利福德的判斷，像他本來希望的那樣圓滿地完成了它。」❷❷

　　與此同時，在1884年夏，在劍橋大學出版社理事勞思的建議下，已故的托德亨特的彈性史手稿又放在皮爾遜的案頭，由他編輯、完成。《彈性和材料強度理論的歷史》❷❸第一卷 (924頁) 於1886年出版，它覆蓋了從伽利略到聖弗納特 (Barré de Saint-Venat) 即從1639年到1850年的工作，其中後半部的正文是由皮爾遜執筆撰寫的。皮爾遜還作了如下事情：統一了術語和記號，校正了謄寫筆誤和其他明顯的錯誤，插入相互參照的條目，偶爾引入評論和腳注，編製了附錄和索引。為了保證它作為一個發展史和已經完成的東西的指南這一雙重目標，皮爾遜傾注了大量心血，竭力使之完美無缺。他明白，為了不僅僅使科學史的學生感興趣，統一而不是沿用各個作者的術語和記號，就是絕對必要的，但這卻是一個十分冒險和繁難的任務，而且工作量很大。他也清楚地意識到這樣作的不利之處，

---

❷❷　W. K. Clifford, *The Common Sense of the Exact Sciences*, Edited and With a Preface by K. Pearson, Newly Edition, Alfred A. Knopf, New York, 1946, pp. v–vi, lix.

❷❸　I. Todhunter, *A History of the Theory of Elasticity and of the Strength of Materials, From Galilei to the Present Time*, Edited and Completed by K. Pearson, Cambridge: At the University Press, Vol. I, 1886, Vol. II, 1893.

因為專題論文具有歷史的而非科學的興趣，它的語言往往是它的歷史價值中最有特色的部分[24]。所幸的是，皮爾遜在編輯中妥善地處理了這個問題，使科學學生和歷史學生都能方便地使用它，並從中受益。

第二卷分上、下兩編（762頁和546頁），於1893年出版。由於托德亨特略去了所處理的課題的物理分支或技術分支的專題論文（這部分內容占第二卷的三分之一）， 加之該卷大部分超越了托德亨特研究的時期，因此皮爾遜必須查找和研究與該課題有關的1850年以降的主要理論的作者和1860年以降的所有其他作者，這涉及到數百個作者的數百篇原始論文，他還要仔細分析其中複雜的數學推理和承前啟後的關係。除了托德亨特遺留下的極少數片斷外，第二卷幾乎全是皮爾遜一手完成的。皮爾遜事後在1893年6月7日所寫的「序」[25]中說：他低估了他的材料的廣度和他自己的能力。如果說這句話的前一半是不折不扣的實情的話，那麼後一半無疑是謙遜之詞。事實上，這項工作充分證明了皮爾遜具有作為一個應用數學家的傑出才幹和對付艱苦工作的堅忍不拔的毅力。在此之前，他還單獨出版了一本科學史著作《巴雷・德・聖弗納特的彈性研究》[26]，後來這些內容成為托德亨特著作第二卷上編的一部分。編輯和完成《精密科學的常識》、《彈性和材料強度理論的歷史》， 以及他在同一時期就相關(correlation)問題在數學雜誌發表的若干研究論文，牢固地確立了皮爾遜作為一個應用數學家的聲望。

---

[24]　同前注[23], Vol. I, pp. vii– xi.

[25]　同前注[23], Vol. II, Part I, pp. ix–x.

[26]　K. Pearson, *The Elastical Researches of Barré de Saint–Venat*, Cambridge University Press, 1889.

　　很難說皮爾遜在 1884 年之後繼續就歷史和社會問題的研究花了多少時間。《自由思想的倫理學》中的七八篇講演是在1885–1887年間發表的，但是可以肯定，他在當教授前就為這些研究積累了大量資料。例如，1887年出版的《聖容之布：論中世紀耶穌受難像的歷史》❷ 就是在布雷德肖的建議下開始研究的，布雷德肖還幫助他搜集材料，難怪他把這本用德文寫成、在斯特拉斯堡出版的書題獻給布雷德肖。該書是所謂的基督聖容之布 (Veronica portraits of Christ; 據傳說，耶穌基督在背負十字架赴 Calvary 途中，St. Veronica 遞給他一條布巾以拭額頭之汗，其容貌即印於布巾上，遂成為奇蹟) 研究的集大成。皮爾遜把它看作是對德國雕刻史研究的貢獻，它的確是倫敦大學學院的教授對藝術史的第一個有價值的、精湛的學術研究成果。

　　《自由思想的倫理學》初版於1888年，1901年經修改再版。該書由過去八年撰寫或發表在雜誌和小冊子中的三組文章組成。第一組「自由思想」包括五篇文章：〈自由思想的倫理學〉(1883)，〈物質和靈魂〉(1885)，〈對科學的糟蹋〉(1887)，〈自我克制的倫理學〉(1883)，〈市場的和研究的熱情〉(1885)。皮爾遜如下概述說：

　　　　本書頭五篇論文闡明今日理性存在對物理世界和理智世界可能都適用的觀點。它們倡導——我必須以某種程度的成功聽任讀者判斷——理性的熱情和理性的道德基礎。它們堅決主張懷疑的幾乎神聖的性質，同時強調科學研究和歷史研究是通向知識的唯一道路，通向正確行為的唯一可靠的嚮導。自

---

❷　K. Pearson, *Die Fronica: Ein Beitrag zur Geschichte des Christus-bildes im Mittelalter*, Karl J. Trübner Strassburg, 1887.

由思想者的立場在某種程度上不同於不可知論者的立場。後者斷言某些問題在人的解決能力之外，而前者滿足於說在這些方面他現在不知道，但注意一下過去，他能夠不給未來的知識設置界限。他相信相繼幾代人的漸近研究會解決大多數問題，其間他不容許神話掩蓋他的無知。自由思想者不是無神論者，但是他強有力地否認迄今提出的任何上帝的可能性，因為它們之中的每個觀念由於與某個思維規律相矛盾而包含朦朧性。他進而認為，在我們的知識和我們的智力發展的目前狀態下，試圖創造一個首尾一貫的上帝注定要失敗。(*EF*, p. x)

第二組即「歷史」也有五篇論文：〈邁蒙尼德和斯賓諾莎〉(《心》，No. 31)，〈邁斯特爾・愛克哈特 (Meister Eckehart, 約 1260–1327/1328)，神秘主義者〉(《心》，No. 41)，〈德國的人文主義〉(1883)，〈馬丁・路德〉(1884)，〈明斯特市的上帝的天國〉(1884)。這組文章是從自由思想的立場來看涉及過去的思想和生活的一兩個階段。頭兩篇文章與第一組論文中的觀點密切相關，後三篇表明在所論及時期變革社會的力量在許多方面與我們目前在行動中發現的力量同類。研究人、民眾領袖、烏托邦主義者和狂熱者都急於在十六世紀的德國發揮作用，記下他們各自努力的成功和失敗無疑具有借鑒和啟示意義。由於皮爾遜掌握的歷史資料很多，所以他在選擇材料時頗費周折。

在皮爾遜看來，本書最後一組「社會學」論文最可能遭到嚴厲的批評和反對。它們是：〈社會主義的道德基礎〉(1887)，〈社會主義：歷史和實踐〉(1884)，〈婦女問題〉(1885)，〈在遠古和中世紀

德國性關係概略〉（一部分發表在1897年的《死亡的機遇》），〈社會主義和性〉(1886)。這組論文處理變得越來越緊迫的人生歷程問題，英國對外貿易的下降和工人現狀迫使皮爾遜關注經濟問題和社會改革，而這一切已深入到目前社會生活和家庭的真正根基。正因為這些問題與個人行為和家庭秘密密切相關，所以坦白地講解既顯得必然卻又甚感困難。也許對後代人來說，自由討論這些對勞苦大眾來說迫在眉睫的問題不再會使「社會」感到驚訝，但在當時皮爾遜則是冒著被責罵和被攻擊的危險的。他之所以甘冒風險，是因為他看到，偏見和虛假的謙遜不足以制止民間運動，也不能滿足急切的民間需要，而強有力的起作用的力量則很可能變革社會觀念，動搖社會的穩定性。為了通過逐漸的、連續的變化有可能把這些力量約束在安全的渠道，使社會從我們十九世紀的文藝復興和宗教改革的困難中再次變得強大而有效，這一切正是研究人的責任。皮爾遜相信，這種可能性將在很大程度上依賴於今天與他們的同胞大眾的感情和需要保持接觸的人文主義者，否則我們的社會很可能會被把它的精神指導委託給救世軍❷、把它的經濟理論交託給社會民主聯盟的民主所毀滅。他特別強調，本組最後一篇關於性的論文是嘗試性的，它努力指出問題而不是提供最終的答案；其意圖是誘導少數熱心的男人和女人去研究和討論，為未來的社會改革者和政治家鋪設道路。

---

❷　救世軍(Salvation Army)是國際基督教慈善組織，其組織形式與活動方式類似於軍隊，總部設在倫敦。救世軍的締造者是循道會牧師布思(W. Booth, 1829–1912)。他從1865年開始在倫敦東區進行福音傳道，創立一些救濟所，為窮人提供飯食和住所。1878年他把自己建立的組織易名為「救世軍」，並與兒子W. B. 布思將其逐步改造為軍隊形式，老布思終身擔任救世軍最高司令。

在1901年6月為該書第二版所寫的「序」中，皮爾遜回顧了他所關注的社會主義和自由思想的主題在英國的進展。1880年和1881年間在工人俱樂部就拉薩爾和馬克思的學說提出的嚴肅問題，最近二十年通過費邊社❷的出色教育工作獲得了巨大進展，關於這個依然是不尋常的論題發表了相當多的文獻。雖然有時也會遇到個別病態的派生物，但在整體上所寫的東西是富有思想的和健康的，在結論上也是合情合理的。在第一版出版以來的十四年間，社會改革也處在穩定的、即使在某種程度上是緩慢的進步之中，勞動問題和性問題已被認為是當代人的重大問題。在自由思想方面，進展是實在的，但卻不怎麼明顯。自由思想者過分零碎地起作用，而沒有以社團的形式發揮影響，而要方便地作同樣好的工作，需要的正是社團的合力。

《自由思想的倫理學》由於見解深刻、文筆凝練、與時代的脈搏貼近而受到報刊評論的讚譽，被認為是「一本有分量、有創見的書」，「作為有才幹的心智的表達是有價值的，對於有思想的讀者來說它將富有啟發性」。下面我們不妨引用三段有代表性的評論：

> 對當代文獻的極其詳盡的研究使皮爾遜先生以色彩的逼真和深刻的理解描繪了這些記述，把甚至哲學家完全可能容許他

---

❷ 費邊社(Fabian Society)是1883–1884年在倫敦成立的社會主義團體，其宗旨是在英國建立民主的社會主義國家。費邊派信奉漸進的社會主義，不主張革命。G. 蕭伯納(George Bernard Shaw, 1866–1950)和S. 維伯多年來一直是費邊社的主要領袖，1889年該社出版了由蕭伯納主編的著名小冊子《費邊社社會主義文集》。費邊社最初企圖用社會主義思想滲透自由黨和保守黨，後來協助建立了獨立的「勞工代表委員會」，該會於1906年改建為工黨。

自己為之自豪的成就與卡萊爾 (T. Carlyle, 1795–1881)❸⓿的
一些最佳篇章比較，這決不是不合時宜的。

　　皮爾遜教授的文章無論如何是現代思想一個學派的清楚而有
創見的展示，每一個希望理解所有潮流——這些潮流促成了
十九世紀末在某種程度上令人困惑的思想海洋——的人，都
應該讀一下這些文章。

　　他以絕對的無畏，還以完美無缺的老練，探討了社會本性的
所有主題。他不容許把任何社會問題和宗教問題放在合理合
法的討論領域之外，他處理的問題對於種族的福利和心智的
健全來說是至關重要的問題。❸❶

　　不用說，皮爾遜的書也激起了一些人的責難和怨恨。有人以挖苦的
口吻評論說：「皮爾遜先生想把土地國有化，想把資本國有化；他
現在唯有站出來使婦女國有化。」(*KP*, p. 14)同時，由於皮爾遜思想
的激進性和超前性，他也難以為時人理解。要知道，即使在七十年
後，霍爾丹還認為《自由思想的倫理學》「本質上是一部宗教書」❸❷
——這實在是對皮爾遜的宏論和主旨的大大誤解！

　　皮爾遜還是1885年形成的一個小俱樂部的活躍分子。該俱樂部
的宗旨是「以任何方式自由地和毫無保留地討論關於男人和女人相

---

❸⓿　卡萊爾是有名的蘇格蘭散文作家和歷史學家，他在描述人物時有感人
　　的技巧。

❸❶　K. Pearson, *The Grammar of Science*, Part I—Physical, Third Edition,
　　Revised and Enlarged, The Macmillan Company, New York, 1911, p.
　　395.

❸❷　J. B. S. Haldane, Karl Pearson, 1857–1957, *Biometrika*, 44(1957), pp.
　　303–313.

32 · 皮爾遜

互地位和相互關係的一切問題」(*KP*, p. 18)。皮爾遜關於〈婦女問題〉的文章是作為俱樂部的開場論文宣讀的,〈社會主義和性〉是提交給後來的會議的。通讀一下俱樂部的會議記錄簿,人們不禁為這些知識精英打破傳統的勇氣和坦白認真的態度而震驚,因為在那時,傳統的惰性和習慣的阻力還橫亙在關於性科學和性道德自由討論的道路上。誠如霍爾丹所說:

> 在今天,兩個人在結婚前討論人的性生理是正常的。但是在七十年前,它被認為是不恰當的。針對這樣的人作了各種告發和譴責。我絲毫也不懷疑,該俱樂部的男性成員比他們同代人的大多數要少雜亂得多。如果今天與妓女的交往被認為是墮落的,而在七十年前它普遍被寬恕,而且並非罕見地被稱許,那麼我們應該把這大大歸功於像卡爾‧皮爾遜這樣的人。㉝

小俱樂部約有十五到二十個成員。其中有貝贊特夫人(Annie Besant, 1847–1933)㉞,還有俄國流亡者切爾科夫斯基(N. V. Tcherkowski, 1850–1926)和斯捷普尼亞克 (Stepniak, 1851–1895)㉟,瑪麗婭‧夏普(Maria Sharpe, ?–1928)是俱樂部的秘書。瑪麗婭像皮爾遜一樣,出身於不信國教,且因興趣廣泛和思想獨立

㉝ 同前注㉜。

㉞ 貝贊特夫人是英國社會改革家,費邊社會主義者和神智學者。她很早就主張節制生育。她長期住在印度,積極從事教育和慈善事業,參加印度的獨立運動。

㉟ 斯捷普尼亞克是筆名,本名為克拉弗欽斯基(S. M. Kravchinski)。

而聞名的世家。在瑪麗婭的祖輩和父輩中，有詩人、銀行家、埃及學家、《聖經》譯者、地質學家等。她的父親在進入法律界之前本想成為建築師，曾多次到國外度假和旅遊，用他的生花妙筆描繪異域的風情。他有一個藏書室，又與許多大師和藝術家有交往，從而把他對文學和藝術的熱情潛移默化地傳給子女。自達爾文的《物種起源》(1859) 出版以來，科學復興的浪潮深刻地影響了年輕的夏普們。達爾文的《人類由來》(1871)，赫胥黎對進化論的普及，福斯特(C. Foster)關於電的講演，安德森(E. G. Anderson, 1836–1917)❸❻就人生哲學與女士的談心，都曾打動過瑪麗婭年輕的心靈。她1889年6月發表的〈亨里克‧易卜生(Henrik Ibsen, 1828–1906)❸❼，他的男人和女人〉中寫道：

> 我們今日開始認識到生命規律的同一性，我們知道，在未來，科學人❸❽、宗教人、道德家、社會哲學家與詩人、畫家一樣，

---

❸❻　安德森1860年請求到醫學院學習，因是女性而遭拒絕。她下決心自學，後取得醫師執照。她致力於使婦女有權受教育，特別是醫學教育，創辦了一所女子醫學院。

❸❼　易卜生是挪威戲劇家、詩人、現代歐洲戲劇的先驅之一，他具有高超的寫作技巧、敏銳的心理洞察力，善於運用象徵主義和傷感詩情。

❸❽　「科學家」(scientist)一詞是惠威爾(W. Whewell, 1794–1866)1833年在英國科學促進學會於劍橋召開的一次會議上首次提出的。他仿照「藝術家」(artist)一詞，建議用「科學家」稱呼與會者。該詞現今指專門以科學研究為職業的人，可是在當時卻意味著往往缺乏正規訓練，或與研究機構的關係並不密切，但在科學上卻很有能力的人。在此之前，曾廣泛使用「自然哲學家」和「哲學家」來稱呼這些人。法拉第(M. Faraday, 1791–1867)曾對「科學家」一詞的狹窄意義不滿，仍自認自己是自然哲學家。直至二十世紀初，那些不願意被人認為是

都將在藝術家的兄弟會中占有一席之地。在他們之間沒有對抗，他們都借助觀察、選擇和想像性的創造而工作，從而幫助人類完善自身。(*KP*, p. 116)

正是在對文學和藝術價值的鑒賞中，在對科學知識的迷戀和對科學統一的追求中，皮爾遜和瑪麗婭從相逢、相識、相投、相知直至相愛，是共同的志趣和理想把兩顆年輕的心緊緊地結合在一起。1890年，他們幸福地結婚了，婚後生有一子伊岡、二女西格莉德(Sigrid)和赫爾加(Helga)。瑪麗婭精明能幹，除照管小孩和料理家務外，還要臨時充當實驗助手，餵養實驗用狗。她的賢惠的人品和溫良的性格，使她在生物統計學派的圈子裡扮演了維持和平的角色，在丈夫與遺傳學派的論戰中起到了緩衝作用。她的有益的勸告和建議，使他面臨的許多局面變得順暢了。她不是數學家，無法追蹤和鑒賞他的科學工作的細節，但是她卻具有領悟他的工作的目標和方法的廣闊眼界。尤其是，她與他有著相同的人生哲學，都能夠理解生活的真諦：道德是社會的，不道德是反社會的；一個人服務於科學，就像偉大的宗教時代的人服務於教會一樣，因而為科學而科學是值得的。她作為他的知音和賢內助，陪伴他度過了三十八年的人生旅程。

眼光狹隘的專業人員，寧願使用「科學人」(man of science)自稱。後來隨著科學團體意識的增強，「科學家」一詞才流行起來。參見W. F.拜納姆等編：《科學史詞典》，宋子良等譯，湖北科技出版社（武漢），1988年第1版，頁608。

1.4　現代統計學和生物統計學的奠基人

在皮爾遜的辦公室,懸掛著梅瑞狄斯(G. Meredith, 1828–1909)❸
〈記憶中的青春頌〉中的有名詩句：

> 當我們的目光注視鷹時，
>
> 鷹泰然自若地飛向太陽；
>
> 當我們決定抓起弓時，
>
> 箭、手、眼連成一體。

這些詩句也許恰當地概括了皮爾遜在1890年瞄準目標，調轉專業方
向，集中主要精力連續十六年創建生物統計學理論和學派的情景。

　　1890年不僅是皮爾遜科學生涯的轉折點，而且也標誌著統計科
學的真正開端和生物統計學的誕生。這年前後發生了兩件事：其一
是高爾頓(F. Galton, 1822–1911)❹的《自然遺傳》在1889年出版，
其二是倫敦大學學院在 1900 年任命韋爾登 (W. F. R. Weldon,
1860–1906) 為該院動物學喬德雷爾 (Jodrell) 講座教授。《自然遺傳》
概括了高爾頓關於遺傳的相關和回歸 (regression) 概念以及數學技

---

❸　梅瑞狄斯是英國小說家、詩人，一生寫有二十多部小說和許多詩歌。
　　與十九世紀後半葉的英國其他小說家不同，他不注重結構和技巧，而
　　以精彩的對話，充滿機智和詩意的宏偉場面，以及對人物的心理刻劃
　　著稱。他超越其時代，把婦女看成和男子平等的完全獨立的個人。

❹　劉鈍：〈高爾頓──博學的紳士〉，《科學巨星──世界著名科學家評
　　傳2》，李醒民主編，陝西人民教育出版社（西安），頁128–162。

巧方面的工作,明確思考了它們在研究生命形式中的可用性和價值。
在該書出版那年,皮爾遜在小俱樂部讀了一篇論《自然遺傳》的文
章,他被高爾頓的新穎觀念和進路迷住了,因為它們把生物學等諸
多學科引入數學處理的領域,有可能使這些學科成為像物理學那樣
的精密科學。誠如皮爾遜所說:

> 在布雷德肖之後,弗朗西斯・高爾頓走來了。在1889年,他
> 出版了他的《自然遺傳》。他在這本書的引言中寫道:「該探
> 索的這一部分可以說是沿著高水平的道路奔馳,它在未曾料
> 到的方向上提供了廣闊的視野,由此容易傾斜到我們現在必
> 須達到的完全不同的目標。」「高水平的道路」,「未曾料到的
> 方向上的廣闊視野」,「容易傾斜到完全不同的目標」——這
> 裡有喜歡冒險的漫遊者的曠野!我覺得像德雷克(F. Drake,
> 1540/1543–1596)❹時代的海盜一樣——人的一種情態,「不
> 完全是海盜,但具有海盜的果斷的脾性」,因為辭典是這麼說
> 的。我把高爾頓那些句子的意思詮釋為,存在著一個比因果
> 關係更廣泛的範疇即相關——因果性只是它的極限,這個新
> 的相關把心理學、人類學、醫學和社會學帶到數學處理的領
> 域。正是高爾頓第一個使我們擺脫了健全的數學只能應用到
> 處於因果範疇之下的自然現象的偏見。在這裡,首次在生命
> 形式的領域,尤其是在人的行為的領域,存在著達到當時認
> 為的像物理學知識那樣可靠的知識的可能性——我未說確定

---

❹　德雷克是英國伊麗莎白時代著名的航海家。他在海上屢次遭西班牙人
　　劫掠和凌辱,決心報復。後奉女王之命,率船隊出海,有權搶奪西班
　　牙的船隻和土地。

性。(*KP*, pp. 18–19)

　　如果說高爾頓的影響是觀念上的話，那麼韋爾登則對皮爾遜的轉向起到了具體的和決定性的促動作用。他不僅把皮爾遜及時介紹給德高望重的高爾頓，使皮爾遜成為高爾頓思想的皈依者，而且直接求助皮爾遜，敦促皮爾遜擺脫了傳統的應用數學進路，著力發展統計學理論和生物統計學研究。原來，韋爾登早就深受達爾文自然選擇理論的影響，他在1880年代企圖設計一種方法，從研究動植物的總數推導出對它的支持。高爾頓的《自然遺傳》使他深信，最有希望的路線是通過對這些總數的變異和相關進行統計研究，為此他在1890年關於河蝦變異的一篇論文中使用了基本的統計方法，高爾頓審查、修改了它的數學處理和結論。在1891年初接受了倫敦大學學院的任命後，韋爾登開始應用、擴展和改進高爾頓測量變異和相關的方法，尋求支持達爾文「工作假設」的具體證據。但是，在研討的過程中，他面臨越來越多的繁難的數學問題：如何描述非對稱的、雙峰的、非因果的概率分布呢？對於這樣的分布參數如何推導「最佳值」至少是「良值」呢？這樣的「概差」(probable errors)是多少？在一個或多個相關的變種上選擇的結果是什麼？韋爾登自知他的數學能力不足以對付這些問題，於是虛心地尋求皮爾遜的幫助，皮爾遜被韋爾登的活力和渴望深深感染，決意與韋爾登並肩攻克難關。

　　在同一學院的兩位年輕教授（韋爾登三十一歲，皮爾遜三十四歲）有了更多的接觸機會，連午餐桌也變成他們探討和爭論的舞臺：他們在菜單背後計算，用擲硬幣和排麵包團解決問題，這已成為午餐的固定「節目」。韋爾登於1892年和1893 年在《皇家學會會議錄》

中又發表了兩篇論文，最後一篇有這樣的句子：「動物進化問題本質上是一個統計問題，這一點怎麼極力主張也不算過分。」❷韋爾登的三篇論文表明：在幾個當地種族的普通河蝦和岸蟹樣本上測量的特徵標數近似地按照誤差定律分布；這些特徵標之間的回歸是線性的；在不同地方種族中的相應器官的相關係數值幾乎相等，而借助概差測量的特徵標的變化因種族不同而異；在一種特徵標的情況下，分布是反對稱的。韋爾登運用的方法在今天看來雖然是粗糙的，但在當時卻是空谷足音，難怪皮爾遜認為三篇論文在生物統計學基本原理的闡明中是劃時代的，並從中受到激勵和啟示。

皮爾遜和韋爾登之間頻繁的切磋琢磨和終生的莫逆之交，是生物統計學發展和立足的強大力量和支柱。他們不僅共同探討新的數學技巧，而且共同抵禦和回擊反對與攻擊——韋爾登是衝鋒陷陣的勇猛騎兵，皮爾遜則是一門重型大砲。即使當韋爾登1899年赴牛津就任比較解剖學利納克爾(Linacre)講座教授後，他們還保持著經常的通信。皮爾遜每年假期還要赴牛津開會待上幾週，與韋爾登面對面地交流。皮爾遜在1906年4月寫信給韋爾登夫人，深情地回顧他與韋爾登的科學友情：

> 我也未想到他會走完人生的旅程。在他跟前的幾週對我來說是多麼心曠神怡，這使我返回後以新的魄力和新的觀念適應工作。他總是激勵和希望我繼續前進，……(*KP*, p. 52)

就這樣，從1890年代伊始起，皮爾遜在四十年間一直處在統計科學的最前沿。在皮爾遜的前驅中，雖然有人對與賭博有關的問題

---

❷　同前注❸, pp. 496–503.

的概率理論作出了有意義的貢獻，但他們從未依據數據檢驗他們的理論，也從未在其他廣泛的領域加以應用。在十九世紀上半葉，拉普拉斯 (M. P. S. de Laplace, 1749–1827) 和高斯 (K. F. Gauss, 1777–1855)等人提出了觀察誤差概念及其相伴的數學理論，為近代統計理論打下基礎。另一方面，隨著工業革命在歐美的興起和進展，迫切需要各種實用的人口和經濟統計數字，於是統計學會也在此時應運而生，統計員成為一種受人尊敬的職業。儘管如此，在1890年代，人們對專門收集大範圍的科學統計資料和研究數學統計方法還缺乏興趣，也對有關數據沒有作出有價值的解釋。皮爾遜總是堅持實地調查，廣泛收集原始資料，並從中導出統計方法。他本來的目的是想發明一種詮釋生命和進化的方法論，而不是精煉數學理論，但他卻像哥倫布 (C. Columbus, 1451–1506) 一樣發現了科學的新大陸，從而成為現代數學統計學的開山祖。

1890年11月，在便士和麵包團節目開始前，皮爾遜申請並獲准任格雷欣❸(Sir Thomas Gresham, 1518/1519–1579) 學院幾何學講座教授。該學院是由格雷欣爵士在十六世紀末創建的，當時是按照中世紀大學的模式組織的，即便如此，頭一批幾何學教授——其中包括布里格斯(H. Briggs, 1561–1630)和胡克(R. Hook, 1635–1703)——就認為他們的論題是把數學知識應用到物理科學的所有分支。是年12月12日，他也循慣例以〈幾何學對於實際生活的應用〉為題發表見習講演。為了適應城市普通聽眾的口味和需要，為了把自己多年就科學和科學基礎所作的沉思介紹給外界，他在1891年3月和4月以〈近代科學的範圍和概念〉為總題目，在格雷欣學院發表了

---

❸ 格雷欣是英國商人、金融家、皇家證券交易所創建人。經濟學中的「劣幣驅逐良幣」的格雷欣法則就是以他的名字命名的。

七次講演，簡明扼要地介紹了他的科學哲學思想，澄清了當時流行的形而上學思維和混亂的誤解。該講演的提綱勾勒出不到一年後出版的《科學的規範》的藍圖，其中幾個題目直接成為書中的章名。

《科學的規範》先後共有四個版本（詳見本書「主要參考書目」）。第一版由倫敦Walter Scott作為《當代科學叢書》之一在1892年2月出版。作者把它題獻給「倫敦城的前商人托馬斯・格雷欣爵士」，書的扉頁寫有法國哲學家、教育改革家和歷史學家庫辛(V. Cousin, 1792–1867)的名言：「批判是科學的生命」。第一版共有十章，它們是：引言（科學的範圍和方法），科學事實，科學定律，原因和結果、概率，空間和時間，運動的幾何學，物質，運動定律，生命，科學的分類。其中「生命」一章是作者在研讀韋爾登的文獻之前寫的，有兩條思想路線值得引起注意：其一是，我們在生物學中的目標與在物理學中的相同，即用盡可能簡明的公式描述最廣泛範圍的現象；其二是，任何生物學概念如果能使我們在沒有外部矛盾的情況下簡要概括我們的感知經驗，那麼它在科學上便是可靠的。該章後面還顯示出一個科學史家的觀點：研究生命形式的歷史和發展，將會對自然選擇提供最驚人的洞察。關於作者的寫作意圖，他在序言中是這樣陳述的：仔細審查科學的基礎，對現代科學的概念加以批判，重新考慮陳述已有科學成果的語言，清除科學中的形而上學、教條主義、自然神學和唯靈論，通俗地表達關於科學的基本概念（尤其力和物質）的新觀點。顯然，這是「對科學和一般文化的社會價值具有鑒賞力的人」才能完成的任務。作者特別強調指出：

　　如果本書的建設性部分在讀者看來也許是不必要的教條和論戰，那麼作者要請求讀者記住，這在本質上與其說打算反覆

　　說教，還不如說打算喚起和激勵讀者自己的思想：借助引發
　　讀者獨立探究的主張和矛盾，往往最適宜達到這一結果。
　　(*GS*, p. viii)

　　在第一版問世八年、發行了四千冊之後，第二版在1900年1月
由A. & C. Black在倫敦出版。該版本添加了兩章：第十章「進化（變
異和選擇）」和第十一章「進化（繁殖和遺傳）」，它們插在初版第
九章和第十章之間。此外，除在詞語表達上作了一些小改動外（為
使說明明晰），實質性的東西沒有改變。增補的兩章是在孟德爾(G.
J. Mendel, 1822–1884)遺傳理論再發現(1900)之前寫的，涉及到定
量測量的統計方法的描述，以及對於生物學問題的應用。這兩章由
於敘述了剛剛完成或還處於進展中的新觀念和新方法而使人耳目一
新，儘管它們具有過渡性的特徵，但無疑顯示出生物學正在從科學
的概要的部門轉變為精確的部門。例如，皮爾遜在這裡明確指出，
達爾文理論不是缺少說明，而是缺少對說明的定量檢驗，從而其發
展受到阻礙。當生物學家能夠在時間系列上作確定的草圖時，他的
信任將如精密科學的信條一樣有重大價值。作者注意到，他的著作
比預期的受到更廣泛的歡迎，尤其是哈佛大學教授洛夫 (A. E. H.
Love, 1863–1940)也在正確的方向上走出了一條最佳道路，並使用
該書作為他的研究生討論的基本參考書。作者在序中表明：「如果
我沒有較多關注對我的許多批評的話，那麼這不是我沒有研究它們，
而僅僅是我依然──這也許是固執的──深信，相對於我們目前的
知識狀態，所表達的觀點基本上是正確的。」 **44**

44　K. Pearson, *The Grammar of Science*, Second Edition, Revised and
　　　Enlarged, Adam & Charles Black, London, 1900, p. ix.

第三版再次由A. & C. Black於1911年3月出版了第一編即物理學編（紐約麥克米倫公司似也同時出版）。 作者仍把它題獻給格雷欣，但卻這樣寫道：「紀念從前倫敦城的商人托馬斯·格雷欣爵士，這個人的崇高目的是為倫敦創建一所偉大的大學，但是他的命運是，為控制他的慷慨捐款而選擇了不光彩的手段。」 這個版本僅包括了頭兩版的前八章，但是在第四章和第五章之間插入了論「列聯(contigency)和相關——因果關係的不充分性」的章節，並增補了第十章「現代物理學的觀念」——它是由作者的同事坎寧安(E. Cunnigham)教授執筆撰寫的。儘管作者在多年後驚奇地發現，1880年代的「異端已變成今天毫無疑義的、被接受的學說」， 但是他也注意到，「在現代科學的難以理解的奧秘中還存在另外的偶像，即原因和結果範疇」。 這個範疇在「經驗概念限制之外」，「它超越了統計近似而在感知中沒有任何基礎」，新的第五章正是為了傳達作者就「因果性觀念的擴張」所作的思考而添加的。它緊隨在「原因和結果、概率」之後是很自然的，它包含著較多的數學分析，其中所使用的統計方法正處於發展之中。新的第十章討論了物理科學近二十年的危機和進展，涉及到電子論和以太問題，也提及所謂的洛倫茲(H. A. Lorentz, 1853–1928)、愛因斯坦和閔可夫斯基(H. Minkowski, 1864–1909)的相對論。該章所體現的基本思想是與皮爾遜的科學思想一致的，與其他章節的哲學觀點是相同的。例如，在該章開頭有一段是這樣寫的：

> 十九世紀末標誌著實驗知識的進展，要求全面修正關於物質結構的假設和理論。與本書的主要論題一致，我們的概念的宇宙僅僅是我們能夠把所有已知的感覺現象收集進去的最簡

單的邏輯構造，隨著自然事實被揭示出來，科學心智必須準
備審查它們是否適合現存的圖式。若它們適合，則心理圖像
從而就變得稍微更完備一些。若不適合，修正、擴大甚至拋
棄就是必要的了。**㊺**

由於在第二版之後十年，生物學的進展像物理學一樣大，有許多材
料需要添進處理生命形式的章節中，因此皮爾遜原擬接著撰寫第二
編即生物學編，並可望在1911年完成它。但是，高爾頓這年1月在
皮爾遜剛剛寫完第一編時去世，作為民族優生學第一任高爾頓講座
教授的重擔壓在他的身上，加上應高爾頓親屬的請求為死者寫傳記，
從而使得他的夙願最終未能實現。

第四版是在皮爾遜去世後作為《人人圖書館叢書》之一於1937
年出版的，伊岡為之寫了一個較長的引言，介紹了作者的生平概況
和《科學的規範》的內容及版本。在決定再版的形式時，由於編者
因篇幅的理由不可能重印先前版本的全部十四章，又不願嘗試承擔
把有關章節的正文加以比較的危險任務，伊岡在與他父親的幾個朋
友商定之後，決定重印第一版的十章，然而用的卻是第二版的文本，
這是因為該文本與第一版相比改動是輕微的，而且主要是文體方面
的。第四版在開頭重印了第一版和第二版的原序，在最後的附錄二
中印有第三版的原序和四個略去的章的摘要。伊岡這樣選擇的理由
如下：1892年標誌著皮爾遜研究興趣的一個大轉折，是年的版本體
現了皮爾遜已完成的工作的統一性和完備性；對物理學的應用是《科
學的規範》的中心，後來的版本使這一點趨於模糊；四個略去的章
節在內容上更專門（有的還包含有較多的複雜的數學內容）， 且具

㊺ 同前注**㉛**, pp. iv–vii, 152–177, 355–387.

有過渡性質，其中一章還不是皮爾遜親自寫的。因此伊岡得出結論：
「我們認為，沒有後來的添加，在皮爾遜關於科學探究的方法和目
標的描述中，具有持久價值的東西將繼續有效，後來添加的是在科
學發現的新事實基礎上說明這些基本觀念。」 ❹ 正是考慮到這些情
況，由派爾撰寫長篇引言的1991年重印本，選取第一版影印 ❹ 。

　　《科學的規範》是一位正在邁步向前的年富力強的哲人科學家
多年嘗試和沉思的結果。它全方位地論述了科學基礎的根本問題，
是科學哲學的經典篇章，潛移默化地影響了整個一代乃至數代人的
科學思想。它集中體現了皮爾遜的科學認識論和科學方法論觀念，
正如科克爾曼斯(J. J. Kockelmans)所扼要概述的 ❹ ：皮爾遜表明科
學的目標是在可能的知識領域中追求真理，而這個目標只有借助徹
底應用科學方法才能達到；科學方法由仔細和準確的事實分類，對
事實的相關和接續的觀察，借助創造性的想像發現科學定律，以及
最後嚴屬的自我批判構成，其中自我批判的最終標準是，使顯示出
來的洞察對於所有正常構造的人的心智同樣有效。

　　在認識論方面，皮爾遜堅持十分徹底、十分激進的經驗論形式。
按照他的觀點，所有知識最終以感覺為基礎。我們的即時感覺印象
在人的大腦形成恆久的印記，這些印記在心理上構成我們的記憶。
即時感覺印象和聯想的存儲感覺印象的結合導致構象 (construct) 的

---

❹　同前注❶，p. xvi.

❹　K. Pearson, *The Grammar of Science*, With a New Introduction by
　　Andrew Pyle, Thoemmas Antiquarian Books Ltd., Bristol, 1911. This is
　　reprint of the 1892 edition.

❹　J. J. Kockelmans, *Ideas for a Hermeneutic Phenomenology of the
　　Natural Sciences*, Kluwer Academic Publishers, 1993, pp. 29–30.

形成，構象再通過聯想和概括提供了科學方法要應用的材料的整個範圍。我們習慣於把這樣的構象投射到我們自己之外，並稱它們為現象。我們稱之為實在世界的，正是這些現象的總體或構象，而不是影子似的物自體。當時間間隔在感覺印象和被大腦活動充滿的努力之間流逝（這表明作為在大腦中的印記的存儲感覺印象的復活和組合）時，我們便說思考著，是有意識的。因此，知識只可能涉及在即時感覺印象和從它們的推理中發現的東西。把知識一詞用於思維平面之外的事物，則知識是無意義的。

在皮爾遜看來，科學定律與社會法律具有完全不同的特徵，前者不涉及理智的法典制定者，它們也不意味命令和相關聯的責任。科學定律是用心理速記簡潔地描述盡可能廣泛的感覺印象序列。只有在科學定律的意義上談論自然法（自然定律），才有可能涉及其中的『理性』，觀察到這種「理性」在科學定律中被發現具有重大意義，因為正是人的精神把它設置在那裡。顯然，科學定律並不說明我們感知為什麼具有某種秩序，也不說明這種秩序本身為什麼連續地出現。因此，科學所發現的定律並沒有把必然性要素引入我們的感覺印象序列，它們僅僅給出這些變化如何發生的速記的陳述。這樣的在過去發生和重現的序列是我們用因果性概念表達的經驗，這種序列在未來將繼續出現是信念（信仰）的問題，我們用概率概念表達它。其實，這一切也是皮爾遜在《科學的規範》頭四章的摘要(GS, pp. 45, 90–91, 135, 180) 中簡明概括的東西。

《科學的規範》被譯成數種語言（包括兩個中文版），其中的思想和精神的影響遠遠超越了英國和英語世界。數理統計學家奈曼(J. Neyman, 1894–?)曾向伊岡生動地敘述了他在1916 年讀該書時所獲得的深刻印象和所受到的強烈震動，當時他正在烏克蘭哈爾科

夫(Kharkov)大學，在伯恩斯坦(S. Bernstein) 手下學習數學：

我們是一群對正統宗教喪失信仰的年輕人，這不是由於任何
種類的理性思考，而是因為我們教士的愚蠢行為。我們只是
喪失了對官方推荐的「世界觀」的信仰，我們忙於數學，以
致未嘗試去構造新的世界觀。我們沒有擺脫教條主義，事實
上還打算去相信權威，只要它不是宗教權威。

閱讀伯恩斯坦推荐的《科學的規範》是有震撼力的，因為(1)
它以毫不妥協的方式抨擊了各種各樣的權威，(2)它是我們遇
到的第一個嘗試在理性的基礎上而不是在任何種類的教條的
基礎上構造世界觀。在初次閱讀時，正是前一個方面打動了
我們。這意味著什麼呢？我們在任何科學書中不習慣這種口
吻。該書是欺詐，作者是大惡棍，或者他是偉人？但是，我
們自己的老師伯恩斯坦推荐這本書；我們必須再讀它。我們
這樣作了，並最終得出結論：第二種選擇是正確的。

大學中僅有的一本書在許多手之間傳閱，重讀此書對我們有
非常驚人的影響，改變了我們的思維方式。我無法回憶起所
達到的論據的細節，但是我記得我們在相互發覺教條主義時
所具有的歡樂。一個人會說：「你必須承認……」；另一個則
回答：「我為什麼要承認？它是由警察指揮的？難道你不認為
你正在說的只不過是『思維定勢』的結果嗎？」

這是 1916 年暑假的事；在接著的日子裡革命加在我們身上；
在我們的許多會議中，由於沒完沒了地討論政治，因而常常
提起《科學的規範》。不管我們加入「赤色分子」還是「反動
分子」，或者作為一個懷疑的旁觀者站在外邊，它的教導依然

影響著我們的觀點。(*KP*, pp. 21–22)

在這裡，我們不能不想起愛因斯坦和他的摯友們在「奧林比亞科學院」時期(1902–1905) 讀書和爭辯的情景，皮爾遜和克利福德的書也是他們首選的書目。

　　如果說奈曼僅僅是就《科學的規範》在打破舊思維定勢、確立新思維方式方面產生的巨大影響而言的話，那麼巴斯摩爾的學術評論則在學理上言之鑿鑿：「此書的現代性常常使我們吃驚；很多後來作為『邏輯實證論』為人熟知的論題，在這裡得到清楚的闡述。」❹ 霍爾丹儘管以十分挑剔的眼力坦率地批評皮爾遜，但他也承認：「《科學的規範》是一部十分著名的書。⋯⋯依我之見，他與像馬赫和阿芬那留斯(R. Avenarius, 1843–1896) 這樣的同代人相比自相矛盾要少得多。他必須被視為邏輯實證論的奠基者之一。」「我能夠清楚地記得，當我1909年首次讀到他的書時，它在我心上所造成的印象。⋯⋯我個人並不認為皮爾遜的哲學觀點是正確的。不管怎樣，一個首次陳述了重要學說的人，即使該學說後來被拒斥，也是人類思維過程中的一個時刻。」❺

　　在世紀之交，皮爾遜還有兩本以歷史和社會研究為主（其中或多或少也涉及到概率和統計學在社會問題中的應用）的著作出版：其一是1897年出版的《死亡的機遇和進化的其他研究》❺，其二是

---

❹　J. 巴斯摩爾：《哲學百年・新近哲學家》，洪漢鼎等譯，商務印書館(北京)，1996年第1版，頁365。

❺　同前注❸。

❺　K. Pearson, *The Chances of Death and Other Studies in Evolution*, Vol. I and Vol. II, Edward Arnold, London and New York, 1897. 該書全名

1901年出版的《從科學的觀點看民族生活》❺❷。《死亡的機遇》第
一卷有八篇文章。其中〈死亡的機遇〉是1895年作為講演稿在利兹
(Leeds)文哲會宣讀，它探究了中世紀的死神之舞的來龍去脈及死神
與機遇（命運）的關係，對死亡作了概率的和統計的分析。〈蒙特
卡洛輪盤賭的科學方面〉(1894)是對賭博中的概率研究；作者認為，
機遇等價於知識，而不等價於無知，科學的機遇概念是以經驗為基
礎的度量概念，是用許多事件的平均結果的知識代替對任何個別事
件的結果的無知，因此科學有權擁入像蒙特卡洛❺❸這樣的機遇的殿
堂。〈生殖選擇〉是新寫的，作者不滿意關於社會問題的作家，他
們以不嚴格和非科學的方式把諸如自然選擇、遺傳和隨機交配等從
科學中來的術語用於社會進化階段，而對影響人的社會進化的各種
因素卻缺乏適當的數量權衡。〈社會主義和自然選擇〉(1894)是對基
德(B. Kidd)在《社會進化》中所表達的觀點的反駁，作者在論證後
「冒險地作出下述確定的陳述」：

> 在作為進化論而收集在一起的各種事實的定量意義和數值關
> 係被精確地斷定之前，沒有什麼可靠的論點能夠建立在關於
> 文明人的社會的成長之進化論的基礎上。在進化論在它的新
> 基礎上重新校準之前，我們對這些問題依然無知。(*CD1*, p.

為《死亡的機遇和進化的其他研究》，一般簡稱為《死亡的機遇》，該
書兩卷以下分別簡寫為*CD1*和*CD2*。

❺❷　K. Pearson, *National Life from the Standpoint of Science*, Second
Edition, Cambridge University Press, 1905. 該書以下簡寫為*NL*。

❺❸　蒙特卡洛(Monte－Carlo)為摩納哥三個行政區之一，是世界旅遊聖地。
1856年興建賭場，1861年開業。

105)

〈政治和科學〉(1894) 一文批評了索爾兹伯里勛爵(Lord Salis-burg)1894年在牛津的科學促進協會的主席演說；作者注意到，科學人習慣於以他們自己的方式作他們自己的工作，而不關注知識小角落之外的政治和社會思潮的運動；有人雖有精確概覽科學全貌的能力，但他們人數甚少且常常緘默不語；作者倡導作像赫胥黎和克利福德那樣的科學家，既有廣闊的科學視野和發言能力，又能把握科學進步與他們時代的社會運動的關係。在〈反應〉(1896) 中，作者嚴肅地批評了鮑爾弗(A. Balfour)的《信仰的基礎》；他簡要地闡述了他關於科學的基礎的觀點，論證了科學與神學、知識與信仰的涵義和關係。接著的〈婦女和勞動〉(1894) 探討了兩個現代生活中的重大問題——婦女問題和勞動問題；它們以顯著的、幾乎還未被充分評價的方式交織在一起，構成現代思想的基石，並在形形色色的形式下隱蔽著現代社會變革和政治變革的因素。新寫的〈男人和女人的變異〉則尋求回答這樣的問題：測量男人和女人相對變異的最合適的器官和特徵是什麼？如何科學地測量變異？第一卷的最後是〈附錄：宗派的批評〉(1895)，作者作出如下定義：

> 宗派批評家是被他自己的信仰，或者寧可說被他的宗派的信仰沖昏頭腦的人，以致對於他們所批評的人來說，他有意識地或無意識地拒絕每一個對他們來說獨特的特徵。(*CD1*, p. 379)

皮爾遜當然不會把自己計入「宗派批評家」之列的，他在上述三篇

批判文章及附錄中也許正是把矛頭對準他們，「努力從最近對偽科學的、政治的和神學的批評中定義近代科學」(*SD1*, p. vii)。伊岡在他的傳記著作中這樣描繪道：

> 厲害的K. P. 其人再次操起他的長矛，在理性事業中反對用科學的外衣偽裝起來的新頑固和新偏執。皮爾遜的鬥爭勇氣像通常那樣與下述信念結合在一起：他面對的觀念是誤入歧途的和倒退的；它們可能具有的有害影響更加危險，因為它們似乎是由權威支持的；因此，不遺餘力地使這樣的說教喪失信譽正是他的責任之所在。(*KP*, p. 33)

在《死亡的機遇》第二卷中，共收集了四篇文章。在這裡，皮爾遜重返十年前關於德國早期史和民俗學的研究。他在興味盎然地讀了德國語言學家雅各布·格林(Jacob Grimm, 1785–1863)和其弟威廉·格林(Wilhelm Grimm, 1786–1859)的著作後，告訴他的小女兒，他要科學為這樣的智力漫遊和消遣擠出時間。就這樣，他以〈作為女巫的女人〉為題於1891年在薩默維爾(Somerville)俱樂部發表講演，探討了中世紀巫術習慣中的母權的證據以及女巫角色的演變；它向我們表明：

> 道德和社會建制是每一個時代和每一個文明獨有的；成長即使從未是十分急劇的，也總是連續的；它教導我們，那些空談絕對好和壞以及不變的道德準則的人，可能有助於控制現存的社會，但是他們不能改革它。要成功地改革，需要歷史的精神，即這樣的概念：社會建制無論多麼歷史悠久和神聖，

　　無非只有相對的價值，永遠需要調整以及可以自由地調整，
以適應社會成長的需要。(*CD2*, p. 4)

　　新寫的〈骯髒的灰男孩：或漢斯尋找他的運氣〉是德國早期婚姻制
度史的研究和詮釋。〈親族群婚〉起初作為一篇論文在1885年宣讀，
在第二卷中首次發表。這是一篇關於原始婚姻和性關係的長篇研究，
作者立足於一個基本的人類學原則和語文學詮釋方法：對原始人，
行為的主要動機是對食物和性本能的欲求；因此，早期的關係詞彙
的意義必須在它們的負荷者性功能——所有觀念中最原始的——中
去尋找，而不必在他們家庭的或部族的活動中去尋找。這篇論文分
三部分展開：母系時代的文明，關於性和家族關係(kinship)的一般
詞彙，關於性和親戚關係(relationship)的一般詞彙。不難看出，這
實際上也是遠古語言的鉤沉和勾稽。〈德國的耶穌受難劇：西方基
督教進化研究〉是從1883年關於中世紀德國文學的系列講演中抽取
出來而首次公開發表的，它集中論述了這種劇目的統一性、精神、
成長過程、舞臺設備及服裝道具、人物塑造、表演者、內容等。這
篇論文以耶穌受難劇為主線和背景，全面勾勒了德國中世紀的社會
生活和庶民情感，描繪出一幅栩栩如生的民間風俗畫。他想使讀者
對中世紀的表達方式和思維模式感興趣，辨認那個時代耶穌基督的
民間概念和實際的宗教——正是它們作為活躍的社會力量，有助於
塑造其信徒的精神生活和經濟生活。皮爾遜在這項藝術史研究中像
迪昂在中世紀科學史研究❸中一樣，(比迪昂早二十餘年) 批駁了中
世紀是「黑暗世紀」的神話：

---

❸　李醒民：《迪昂》，東大圖書公司印行（臺北），1996年，頁89–107。

那些稱中世紀是「黑暗時代」的人只是表明，他們由於自己的無知而正在忽略像希臘文化本身一樣偉大的文化因子。過去許多世紀的人為未來許多世紀的人贏得了生來就有的權利，而他們卻以盲目的偏見把這種權利的大部分推到一邊。文藝復興應該教導人們理解希臘思想，這一點完全是收穫，而它教導人們廢黜中世紀，則完全是損失了。今天，為了努力評價二者，我們確實足以堅信我們從迷信中解放出來。我們不可能比崇拜希臘諸神那樣更多地再次崇拜中世紀的上帝。(*CD2*, p. 400)

第二卷之後有四個學術性很強的附錄，它們是：〈「青春采邑」(Mailehn)和「少年與少女的夜間幽會」(Kiltgang)〉、〈英國十六世紀的教會劇〉、〈論「耕作」(Tilth)的性含義〉、〈「法院」(Gericht)和「合作社」(Gemmossenschaft)〉。儘管《死亡的機遇》一書的材料五花八門，思想異彩紛呈，但它們卻貫穿著一條主線，這就是皮爾遜在序中所點明的：

努力把所有物理現象和社會現象看作相關聯的成長，並用盡可能簡明的公式描述它們。在沒有斷定進化能夠說明任何事物，但卻接受它作為用來描述我們所經驗的現象序列的寶貴公式的情況下，理性論者現在有真正堅不可摧的堡壘抵禦每一種類型的反動分子。他未被請求去證明進化說明宇宙；他可以僅僅滿足於向他的批評者質疑，為的是產生在描述我們關於現象聯繫的經驗時如此有用的任何其他公式——如此顯著地經濟思維，或者換一種不同的說法，如此充分地實現科

學主旨的任何其他公式。(*CD1*, pp. vi–vii)

《從科學的觀點看民族生活》是皮爾遜1900年11月19日在新城堡 (Newcastle) 文哲會會員面前發表的講演稿，次年在倫敦出版，1905年由劍橋大學出版社再版，同時添加了三個附錄：〈民族的退化〉、〈最近在遺傳方面的工作〉、〈我們目前關於行為遺傳知識的意義〉。皮爾遜把該書題獻給韋爾登，對在友好相處的年代從他那裡學到的一切略表謝忱之意。與先前的有關著作相比，該書更注重實際而不是理想，更關心經驗事實——有時甚至是不合意的經驗事實——而不是理論觀念。作為一個科學家，他覺得有責任告訴統治者和每一個國民：第一，從科學的觀點來看，國家的功能是什麼？撇開自然史方面，國家組織在普遍的生存鬥爭中起什麼作用？第二，科學告訴我們使國家適應它的任務的最好方法是什麼？在皮爾遜看來，每一個民族都是好成分與壞成分結成一團，民族的偉大依賴於它的比較健全的種佔優勢的出生率，並隨著這種優勢的範圍漲落。愛舒適，對責任的錯誤感，暗中為害的新的社會習慣，在我們未認識到它們的影響之前，都有可能削弱更適應和更有能力的種的組分的優勢繁殖能力。皮爾遜通過歷史考察和對自然選擇及遺傳的評價，得出這樣的教訓：高度文明的民族是通過種族與種族鬥爭產生的，在體格和智力上最適者倖存下來。他認為這種生存鬥爭是不可避免的。因此，積極進行民族的體格和智力儲備，通過有意識的行動改善未來健全公民的來源，對作為一個國家的不列顛極為重要，否則民族的前景是黯淡的。

皮爾遜的這篇講演和小冊子引起大眾傳媒的共鳴。它們發表評論和書評認為：「這是一篇犀利的、有啟發性的講演」，「對十分複

雜的和緊迫的問題作了極其有才氣的和有啟發性的概述」。「文章依
據科學路線對愛國主義作了抗辯，每一個有知識的公民，尤其是所
有教育家，都應該一讀。」「國家中產階級和勞動階級中的每一個有
思想的男人和女人，都應該把它放在手頭。」❺不過，我們從該書中
也能看到，皮爾遜在新世紀伊始就對優生學產生了興趣，此外他的
社會達爾文主義也浸透了狹隘的民族主義、愛國主義乃至露骨的種
族主義的思想糟粕。

　　請不要忘記，在世紀之交的時期，皮爾遜主要還是情繫統計學
及其在生物學中的應用的。他在申請格雷欣幾何學講座教授時提出
的教學大綱，就涉及到統計學和概率論，韋爾登的熱情籲請和大力
敦促堅定了他的意志，與麥考利的談話使他決定擴大講演內容的範
圍。於是，「統計學的幾何學」(*KP*, pp. 142–145)三個系列講演(每
個系列各四講) 分別在1891年11月，1892年1月和5月舉行。皮爾遜
認為：統計學是社會事實的數值研究，或是數值集合的研究，不管
它們與物理科學、生物科學還是社會科學有關；統計學是抽象的科
學，該學科分為純粹統計學和應用統計學，純粹統計學是數學的一
個重要分支。在對英國的政治算術學派、德國的國家科學學派和法
國的概率學派作了簡要的歷史敘述後，講演者把全部時間用來講解
資料的各種各樣的圖示方法。該講演材料翔實，內容豐富，闡述明
晰，給聽者留下了深刻印象。

　　在1892年11月和1893年4月間講演的三個系列 (各四講)「機遇
的定律」(*KP*, pp. 145–149) 中，皮爾遜論述了概率論在它與思想和
行為的關係中的基本原理，以及概率論的特別應用。他表明，人的
知識和經驗越廣，他的主觀機遇越接近客觀值。當二者一致時，客

---

❺　同前注❸, p. 395.

觀機遇將是信念的恰當量度。客觀機遇的持久性實際上再次建立在統計學的基礎上。機遇不是與單一事件的發生相關聯的確定值，而實際上是過去經驗的記錄；它不是通過純粹的推理達到的，而是通過觀察達到的。機遇在於我們對細微的平衡的和複雜的原因之無知，而不在於物理自然本身；它與自然界的客觀自由沒有什麼聯繫，而與我們在過去的經驗中分類若干類似的事件的主觀方式有關。從該系列講演中，我們看到，皮爾遜已充分認識到概率論作為科學研究工具的不可或缺的地位，這也標誌著他作為統計學教師的生涯的開始。

在1893年11月和1894年5月間，皮爾遜以「機遇的幾何學」(*KP*, pp. 150–153) 為題，又發表了系列講演。該系列主要講的是誤差理論和頻數理論，內容涉及到一般概念、正態曲線、撓曲線、複合曲線、猜測、手轉陀螺、進化中的概率、人的進化、格雷欣卡和顏色實驗、死亡率和選擇。從這些題目中不難看出，皮爾遜在準備講演時，他的敏銳的心智如何被引向許多未曾料到的新奇問題，一些新術語和新方法（如用標準離差代替均方根誤差）如何逐步引入到統計學之中。就在格雷欣學院的講演結束前後，皮爾遜已更加明確認識到：

> 由弗朗西斯・高爾頓先生開始的、由韋爾登教授和其他人徹底發展的運動，必然以進化論變成定量科學的分支而終結；舊生物學家鬆散的、定性的或描述的推理，必須給精確的數學統計邏輯讓路。訓練有素的生物學家可以發現和列表顯示事實，差不多就像今日物理學家所作的那樣，但是還需要訓練有素的數學家在其上推理。未來的偉大的生物學家將像今

日的偉大的物理學家一樣,是訓練有素的和有教養的數學家。因此在這裡,數學家不管怎樣限制它的範圍,當他觀察到在沒有任何定量理論或統計基礎的情況下首先陳述的、然後又採納它作為處理我們時代的重大社會問題的可靠論據時,他有正當的理由加以干預。(*CD1*, pp. 104–105)

作為數學家的皮爾遜為了集中精力「干預」, 他在1894年毅然辭去了格雷欣講座教授,因為每年準備十二個講演已成為他的沉重負擔,何況他在應用數學系每週還要上十二至十六小時的課程。正是為了騰出更多的時間從事研究工作,皮爾遜設法尋找一個更為寬鬆和自由的研究環境。他分別在1897年和1899年申請牛津大學的薩維利安(Savilian)幾何學講座教授和塞德利安(Sedleian)自然哲學講座教授,在1901年申請愛丁堡大學的自然哲學講座教授,但因種種原因均未成功。直到 1903 年, 倫敦城一家老特許公司德雷珀斯(Drapers)為皮爾遜的生物統計學研究提供資助,從而使他能夠安心地發揮他的才能。我們不知道他是如何獲得資助的,但是可以肯定,他既未諂媚有錢人,也未承諾對公司作什麼有實用價值的研究成果。這項資助一直持續到1931–1932學期, 此時皮爾遜也即將從倫敦大學學院退休。

在皮爾遜的辦公室, 懸掛著安吉洛(M. Angelo)的詩句:

難道你不知道存在這樣的科學:
它要求一個人的全部, 不要讓
他的些微精神由於你心神渙散而空閒?

事實上，從1891年作統計學和概率論的講演時起，皮爾遜就幾乎全身心地投入到生物統計學的理論和實踐的研究。在1893–1901年間，他向皇家學會提交了三十五篇統計學論文，其中 1893年發表的〈進化論的數學論稿〉是同名系列論文❺❻的第一篇，它標誌著皮爾遜在這個方向和領域大規模研究的開始，它們大都發表在《皇家學會會議錄》和《皇家學會哲學會報》上。這些論文描述了現代統計學賴以建立的基礎，不僅對在遺傳和進化中作出發現，而且對引入新研究工具都具有啟發和激勵作用。到1906年，他發表了另外七十篇論文，其中包括統計學在人體測量學和氣象學中的運用，進一步使統計理論和應用具體化了，也使統計學真正成為一門獨立的學科。水到渠成的是，他在1896年被選入皇家學會，並在兩年後被授予達爾文獎章。他也贏得了英國和外國許多人類學和醫學組織的榮譽，但是他從未參加過皇家統計學學會，也未從它那兒得到什麼獎勵。其實，皮爾遜並不十分看重獎賞，他在1912年被授予第一屆韋爾登生物統計學獎時，他特徵性地表達了他謝絕的理由：

> 我充分欣賞選舉團成員們的心願，但是你們知道，我與韋爾登過從甚密，我還能夠感覺到他的所想和所言。在獲得達爾文獎章時，我還比較年輕，它激勵了作為一個年輕人的我，並且使我感到，獎章和獎金對年輕人有幫助，引導他們的精力，告訴他們已受到賞識。皇家學會通常把它的獎章授予已經有聲望的老年人，它給他們一時的歡樂，把皇家學會從選擇的諸多麻煩中拯救出來，但是從科學的觀點看，獎章是無

---

❻ *Karl Pearson's Early Statistical Papers*, Edited by E. S. Pearson, Cambridge at the University Press, 1948.

用的。現在，我所寫下的文字也是W. F. R. W.〔韋爾登〕在
提名我獲達爾文獎時會說的話和會作的事。如果韋爾登獎章
要對科學有效，它就必須去鼓勵年輕人。我現在已經年長了，
不管有無獎章，我都會把我在生物統計學中還能夠作的那點
工作進行到底，但是獎章卻會使一兩個年輕人在那個方向持
續工作。(*KP*, p. 83)

皮爾遜所有上述貢獻的目的不是為發展統計學的理論和技巧
而發展統計學，而是為研究進化和遺傳而發展和應用統計方法的。
不管怎樣，皮爾遜的思想已達到創立觀念的爐火純青的地步，誠如
他向他的女兒和學生時代的朋友所說的：「在三十歲時你擁有你的
觀念，在四十歲時你創立它們，而在二十歲，唉，你正好是狂熱
的!」(*KP*, p. 26)

無論是在研究遺傳、變異和進化等生物學問題，還是後來研究
優生學和人類學，統計方法的發明和運用一直是他的中心議題和主
要手段，這種努力一直持續到他的生命的最後時刻。他對統計學的
主要貢獻有頻數曲線、χ^2、相關、個體可變性、概差、函數計算表
等等❺，其中 χ^2 開闢了統計決策的新紀元。在現代統計學文獻中，
頻頻出現的「皮爾遜積矩」、「皮爾遜相關係數」等就是對他的最好
紀念。在當代邏輯學和科學哲學文獻中，人們也能發現像「奈曼－
皮爾遜模型」、「奈曼－皮爾遜學派」、「奈曼－皮爾遜進路」這樣的

---

❺　這方面的內容相當專門，有興趣的讀者可參閱前注❸，*KP*中的有關部
　　分以及 C. Einsenbart, PEARSON, KARL, *Dictionary of Scientific
　　Biography*, Vol. XI, C. C. Gillispie Editor in Chief, Charles Scribner's
　　Sons, New York, 1970–1977, pp. 447–473.

術語❸。有人這樣評論說：「個體的貝葉斯(T. Bayes, 1702–1761)統計學被視為以奈曼和皮爾遜為開端、由沃爾德(Wald)在統計決策理論的名義下向前推進發展的一個更大的步驟。」「產生統計推理的當代檢驗模式傳統的主流是由弗朗西斯・高爾頓開始，被卡爾・皮爾遜及其同事發展，並被費希爾 (R. A. Fisher, 1890–1962) 首次強固的。……皮爾遜進一步發展了高爾頓的相關係數，發現了擬合良度(goodness of fit)的 χ^2 檢驗，是優生學運動的主導人物。」❸

在生物統計研究中，不僅需要超人的智力和敏銳的數學頭腦發明和推理，而且需要廣泛地收集大量的資料——這是一項極為繁雜和細緻的艱苦工作。為了審查遺傳定律的可靠性，就需要有目的地選取各種各樣的大相逕庭的特徵標。例如，在人中的身高、頭部指標、眼睛顏色、生殖率和壽命；在矮腳長耳獵犬中的皮毛顏色；在蛾子中的翅膀的斑紋；在月桂樹中的刺的形狀；如此等等，不一而足。為了檢視同型性原理對遺傳、對個體和種族變異的影響和關係，皮爾遜動員他的許多朋友和同事利用假期作龐雜的田野調查。例如，從100株山毛櫸中的每一株中數26個葉子的葉脈；類似地數西班牙

❸ I. Levi, Truth, Fallibility and the Growth of Knowledge; Response to Margalit; *Language, Logic, and Method*, Edited R. S. Cohen and M. W. Wartofsky, D. Reidel Publishing Company, 1983, pp. 153–174, 189–195.

❸ L. J. Savage, The Shifting Foundations of Statistics; R. N. Giere, Testing Versus Information Models of Statistical Inference; *Logic, Laws, & Life*, Edited by R. G. Colodny, University of Pittsburgh Press, 1977, pp. 3–18, 19–70. 在這兩篇論文中，也多次出現「奈曼—皮爾遜傳統」、「奈曼—皮爾遜理論」、「奈曼—皮爾遜模型」、「奈曼—皮爾遜說明」的術語和提法。

栗樹葉的葉脈；數雪萊罌粟種子的蒴果的眼點帶（在一組中有4443
個蒴果散布在176個植株上，命名了197478個項目的同類相關表）；
數金雀花莢果中的種子（從120叢中的每一個中取10個莢果）；數相
繼的洋蔥鱗皮的脈絡（有1085個鱗皮屬於200個洋蔥）。其結果，在
95頁的論文中光表格就列了49張。為了驗證高爾頓祖先遺傳定律是
否對智力特徵也成立，皮爾遜認為必須前進一個階梯，即尋求智力
特徵遺傳的精確定量測量，並把它們與身體特徵的定量測量加以比
較。很顯然，智力特徵的測量和比較是一個比身體特徵的測量和比
較更為繁難的任務。為此，皮爾遜精心設計了一個有詳細指導和明
晰項目的問卷，通過學校的教師調查兒童，收回的明細表約 5000–
6000張。由於其他工作的干擾和整理歸併資料的雜多，這項統計處
理拖延了六七年時間。所考慮的身體特徵是：健康狀況、眼睛顏色、
頭髮顏色、頭髮卷曲、頭部指標、頭的長度、頭的寬度、頭的高度
和運動能力；所考慮的智力特徵是：活潑、自信、內省、受人歡迎、
真誠、脾氣、能力和筆跡。皮爾遜還比較了九個身體特徵和八個心
理特徵的雙生子相關，每一組三個係數（兄弟、姐妹、兄妹或姐弟）
的平均值均在0.51–0.54之間。這項調研工作也使他看到，身體和心
理特徵都是遺傳的，從而堅定了他後來積極投入優生學的決心和信
念。皮爾遜本人素有吃苦耐勞的精神，加上他具有激勵同事敬業和
忠誠的才能，從而使他得以順利完成在常人看來不可思議的工作量。
對於同事或學生的大力相助，他或是共同撰寫論文發表，或是注明
幫助者的名字和業績。

　　為了有力地推動生物統計學研究，在皮爾遜的精心策劃下，先
後創立了該學科的實驗室和專業雜誌。皮爾遜在1920年回顧時，把
生物統計學實驗室的建立追溯到1895年，他還描述了它的功能和數

學統計學方法為科學研究開闢新道路的作用：

> 生物統計學實驗室的起源必須在1895年尋找，當時還健在的
> 高爾頓教授給兩三個研究生上第一門統計學的數學理論課
> 程，也許完全是關於現代數學理論的第一門課程，這些研究
> 生之一是劍橋大學統計學高級講師。從那年起，統計學課程
> 就變成年度的；當這種形式的研究領域還幾乎無人問津時，
> 一個此後被承認為「生物統計學派」的學派突然湧現出來，
> 即占據大學學院一個小房間、後來被命名為生物統計學實驗
> 室的工作者群體，出版了長系列的專題論文，形成英國數學
> 統計學學派的基礎。這個學派的目標是使統計學成為應用數
> 學的一個分支，具有它自己的技巧和術語，為的是把統計學
> 家訓練為科學人，拓展、拋棄或確證古老的政治統計學家和
> 社會統計學家學派的貧乏處理，一般地講，把本國的統計學
> 從作為淺薄涉獵者和爭論者的競技場轉變成科學的一個嚴肅
> 分支，從而使得沒有一個人在沒有適當訓練的情況下就能試
> 圖利用它，恰如他在對數學無知的情況下無法試圖使用微分
> 學一樣。這個任務是十分艱鉅的任務，因為這種或那種形式
> 的統計學在幾乎每一個科學分支中都是根本的，就像數學以
> 嚴格相同的方式在天文學和物理學中是根本的一樣。在醫學、
> 人類學、頭蓋測定學、心理學、犯罪學、生物學、社會學中
> 的不恰當的和錯誤的處理必須受到批評，這並不是由於爭論，
> 而是為了給這些學科提供新的和強有力的技巧。戰鬥持續了
> 幾乎二十年，但是現在有許多跡象表明，舊的敵意結束了，
> 新的方法正在處處被接受。(*KP*, p. 53)

誠如皮爾遜所言，生物統計學實驗室後來果真成為統計學的人材訓練中心和在諸多科學領域應用的中心，生物統計學派的基本精神——用高爾頓的話來說就是：「在使任何知識分支的現象服從測量和數之前，那就不能呈現出科學的地位和尊貴」(*KP*, p. 54)——也藉以發揚光大。

關於《生物統計雜誌》的創刊，還有一段曲折的緣起。皮爾遜及其同事經過一個夏季假期的艱辛調查研究，於1900年10月6日向皇家學會提交了前述的關於同型理論的專題論文。生物學家和遺傳學先驅貝特森(W. Bateson, 1861–1926)被選為論文評審人之一，他剛剛皈依不久前被再發現的孟德爾主義。該論文在11月15日宣讀了，但只是大大刪節了的五頁摘要。在接著的討論中，貝特森尖銳地批評該論文的論題是錯誤的，其他在場者也隨聲附和批評它的長度和內容。第二天，韋爾登寫信對皮爾遜說，看來鬥爭是不得不進行下去了，是否可以創辦一種新專業的雜誌呢？皮爾遜熱情地贊同這個好主意，他在12月3日寫信給高爾頓：「貝特森的敵對批評不僅僅針對這篇專題論文，而是針對我的全部工作。……如果皇家學會的人把我的論文寄給貝特森，人們就不能期望把它們付印。這實際上是拒刊通知。這個通知不僅對準我的工作，而且也對準大多數類似的統計方向的工作。」 12月29日，韋爾登寫信請皮爾遜給即將問世的雜誌取個更好的刊名。皮爾遜覆信建議：「未來的科學應該稱為 Biometry（生物統計學），它的正式刊名是 *Biometrika*。」

於是，他們在月底立即發出通告，以謀求財政支持，結果搞到足夠的資金，能支持雜誌若干年。韋爾登、皮爾遜和美國生物統計學家兼優生學家達文波特(C. B. Davenport, 1866–1944)出任編輯，高爾頓同意作顧問編輯。1901年10月，《生物統計：生物學問題的

統計研究雜誌》正式創刊。創刊號的首頁插畫印有達爾文的塑像以及 *Ignoramus, in hoc Signo Laboremus*（無知，為此要孜孜工作），這五個詞勾勒出皮爾遜一生的基旨——「我們是無知的；於是讓我們工作。」❻編輯部文章〈生物統計學的範圍〉這樣寫道：

> 統計生物學將包括(1)以大量統計抽樣為基礎的動植物變異、遺傳和選擇的論文；(2)適用於生物學問題的統計理論發展的論文；(3)為簡化統計算術工作量的數值表和圖解；(4)在其他刊物發表的與這些論題有關的論文的摘要；(5)關於當前的生物統計學工作和未解決的問題的評論。

皮爾遜是雜誌主編，而且實際上多年一直是唯一的編輯。在他的主持下，該雜誌成為生物統計學的核心期刊和有世界影響的一流雜誌。

　　生物統計學派和孟德爾學派代表不同的研究綱領，其分歧和爭論確實在所難免。前者認為，新種的進化是微小的連續變異的影響逐漸積累的結果，這是可以用數學統計學加以處理的領域；而後者（例如貝特森在1894年的出版物中）則堅持，不連續的「跳躍」對新種的進化是必不可少的。分歧的跡象在1890年代就發生在皇家學會的進化委員會。該委員會在1894年成立，目的是促進對有機體遺傳的統計探索，主要由高爾頓和韋爾登發起，皮爾遜在1896年加入該委員會，共同致力於達爾文理論的統計證明。把數學方法引入生物學研究在當時是新奇怪異的，甚至被一些守舊者視為歪門邪道。高爾頓作為主席與批評的洪流作鬥爭，其中許多批評來自貝特森。1897年，包括貝特森在內的另外九個成員被選入委員會，他們不同

---

❻　同前注❸。

情甚至堅決反對生物統計學進路，為進一步合作研究設置了巨大的障礙。1900年，皮爾遜和韋爾登無奈宣布退出委員會，一年後高爾頓也自行辭職。這為日後嚴重分裂和激烈爭論埋下了不和的種子。

當孟德爾 1866 年的長期被忽視的論文在 1900 年被德弗里斯 (Hugo de Vries, 1845–1935)、科倫斯(K. E. Correns, 1864–1933)和切爾馬克(Erich Tschermak von Seysenegg, 1871–1962)復活時，孟德爾「顯性」和「分離」理論的特殊本性顯然與貝特森的觀點一致，他於是變成百分之百的孟德爾主義者，並力圖使全英的生物學家都信奉孟德爾和他的學說。為此，他拒絕發表皮爾遜關於同型理論的生物統計學論文，只是在皮爾遜直接上訴（以普遍原則為據，而不是以個人的不公正為據）皇家學會主席後，該文才於1901年11月12日在《皇家學會哲學會報》發表。其間，貝特森準備了一篇詳盡的敵對批評文章。在貝特森的壓力下，皇家學會秘書把慣例和禮儀拋在腦後，容許印刷貝特森的評論，並在1901年1月14日的會議上散發給會員──這發生在皮爾遜及其同事的專題論文全文到達會員手中之前，甚至是在專題論文的作者未被告知是否接受發表它之前。當時，由於動物學委員會的同意，貝特森的全文在《皇家學會會議錄》發表了，時間又在被批判的論文出版之前。皮爾遜顯然是被這種以勢壓人的不合理作法激怒了，他針對貝特森的批評寫了篇尖刻的答辯文章。他選擇《生物統計雜誌》發表了它，因為他被正式告知：他有答辯的權利，但這樣的權利只給他一次，而不給他進一步答覆的權利。皮爾遜著實感到學術權威的重壓，使他不能不懷疑對手的不友善動機。他常常想發出抗議，但又不願意捲入激情的漩渦，無謂地消耗寶貴的時間和精力。他越來越少地參加科學學會的會議和討論（這也許是他從未成為皇家統計學會會員的原因），　為的是

避免面對面的衝突。他在1907年致信韋爾登夫人：「我們的政策是
穩步工作，繼續為未來而建設。只要孟德爾主義者不進攻我們，我
們就不管他們。」(*KP*, p. 63)然而，皮爾遜漫遊到他人領地的能力，
以及他強調生物學研究需要統計訓練的心智，總使一些人感到不舒
服、不順眼。

　　皮爾遜和韋爾登並不像有些人設想的那樣拒斥孟德爾的觀念，
而是擔心在沒有考慮孟德爾「顯性」和「分離」定律與其他工作的
某些不相容的情況下，過於匆忙地把孟德爾主義看作是完美的福音。
韋爾登和皮爾遜都是高爾頓祖先遺傳定律的忠實信徒：韋爾登認為
孟德爾主義對於祖先遺傳定律來說是一個不重要且不方便的例外；
皮爾遜認為二者不相容，但在某些情況下祖先遺傳定律能夠直接導
致孟德爾主義，他於是力圖把整個遺傳納入單一系統，該系統既能
使兩種理論具體化，又能使祖先遺傳定律占優勢。而在貝特森的眼
中，孟德爾理論是真理，其他一切均屬異端邪說。難怪伊岡認為，
生物統計學派對孟德爾理論的態度是批判的，但並無偏見。正如皮
爾遜在1903年完成的〈論選擇遺傳的廣義化理論，特別相對於孟德
爾定律而言〉中意欲表明的，在兩種研究綱領或進路之間並無基本
的對立，而這一點常常被生物統計學派的批評家和孟德爾主義的擁
護者所忽略。例如，皮爾遜在這篇論文中明確表示：

　　　　於是，我們達到我們如此經常必須堅持的觀點：生物統計學
　　　的或統計學的遺傳理論並不包含對任何生理學的遺傳理論的
　　　否定，但是它自身有助於確認或反駁這樣的理論。就隨機交
　　　配的總體分析地發展了的孟德爾公式，或者與對這樣的總體
　　　的生物統計觀察一致，或者不一致。如果它們一致，便表明

該公式的可能性，但是並未證明公式的必要性。如果它們不一致，這便表明公式是不恰當的。目前的研究指出，在純粹的配子理論中，並不存在與總體遺傳的統計描述中的線性回歸、偏斜分布、祖先相關的幾何定律等廣泛特徵的基本對立。但是，情況顯示，在這裡處理的廣義理論並非靈活得足以說明迄今觀察到的遺傳常數的數值。(*KP*, p. 42)

在此後十餘年，當孟德爾理論已經牢固確立，並被證明適用於幾乎所有有機體的各種性狀之時，生物統計學方法依然有用，還需要用多重回歸技巧處理定量性狀的遺傳，而孟德爾理論對此無能為力。尤其是，費希爾1918年在〈根據孟德爾遺傳假定所預期的親族之間的相關〉中證明，兩種理論是可以調和的，並對其進行了綜合。因此，皮爾遜訃告的作者所堅持的下述神話無疑是令人驚訝的：「孟德爾主義的再發現是對高爾頓和皮爾遜遺傳學說的巨大打擊，似乎使該學說賴以建立其結果的方法失去信用。」(*KP*, p. 50)誠如伊岡此後評論說，雖然孟德爾理論以其簡單性吸引了後來的生物學家，但是它與生物統計學派的觀點是有差異—— 前者相信普遍關係的發現只能通過個體模型結構的知識才能達到，而後者則試圖通過大量資料的統計發現普遍關係——的類似，二者不存在根本的不相容，而是互補的。他分析說，似乎有三個原因消除了雙方合作的機遇：生物學家和數學家之間在觀點上的差異，兩個學派領導人之間在氣質上不相容，最後也許最決定性的是韋爾登的早逝（他本來可起到緩衝作用的）。 韋爾登本質上是一位野外博物學家，他對數學和符號並不具有特殊興趣和固有品味。他雖然是生物統計學的先知，但最終並未堅定地站在該學派一邊。正如皮爾遜所說：

> 生物統計學理論的每一階段的接受只能通過猛烈的戰鬥從韋
> 爾登那裡贏得；首先為它的必要性辯護，其次為它的數學正
> 確性辯護。他並未因他的同情和友誼而被吸引到統計工作中
> 來，他是由於在許多生物推理中察覺到鬆散而被驅趕到統計
> 工作中的；他感到只有通過數學邏輯的嚴格性才能超越絕境。
> (*KP*, p. 35)

對於這場爭論，科學史家丹皮爾(W. C. Dampier, 1867–1952)持「綜合」說，並贊同「關於遺傳的任何完備的研究，這兩派似乎都是需要的」之觀點❻❶。霍爾丹認為，雙方本質上都是正確的，而孟德爾理論在廣闊的方面是正確的。但他又說，皮爾遜信奉基本錯誤的遺傳理論及進化理論，作為結果，他的工作不僅是無用的，而且實際上妨礙了進步，只是他所發明的統計學在無論什麼問題的認真應用中都是基本的。他進而揭示出：「皮爾遜的哲學促使他不去看現象之後更遠的東西。我以為，正是由於這個理由，他從未接受孟德爾的遺傳學，儘管《人類遺傳文庫》和他自己關於白化病的專題論文都包含大量有利於它的證據。」❻❷布萊克默(J. T. Blackmore)認為：「在數學和統計學對生物學的意義方面，皮爾遜肯定是正確的。必須稱讚他長時期奮鬥去說服生物學家了解它們的意義，但在

---

❻❶　W. C. 丹皮爾：《科學史及其與哲學和宗教的關係》，李珩譯，商務印書館（北京），1975年第1版，頁436, 465。作者在此寫道：「生物測量學派持有嚴格的達爾文主義觀點，以為進化是從連續的細小變異而來的。這兩派敵對的意見，以後又綜合起來，主要是靠了費希爾的工作。」

❻❷　同前注❸❷。皮爾遜參與了《人類遺傳文庫》兩卷集的編輯工作，還撰寫了引言性的材料。

1900–1910年間的短時期，他與高爾頓和韋爾登作為統計生物學的領導者，似乎妨礙了遺傳學和生物學中最重要理論的接受。」他還把皮爾遜反對孟德爾主義與馬赫反對原子理論相提並論，並指出皮爾遜「長期不能給孟德爾理論以應有的地位」，在於他固守「從克利福德和馬赫那裡攝拾的思想」⑬。

有人不僅要皮爾遜「對若干不必要的和不良指向的論戰負責」，而且把爭論的根子歸咎於皮爾遜的性格。例如，派爾說「皮爾遜似乎是一個令人生畏的人物。……在爭論中盛氣凌人，對反對者嚴厲苛刻，他的同行與其說愛他，還不如說是害怕他和尊敬他。」⑭但是，據埃爾德頓(E. M. Elderton)小姐回憶，皮爾遜儘管平時忙得不可開交，可是總有時間主動到他人房間和同事談論個人問題，每天至少一次挨著看望每一個人 (*KP*, p. 70)。就連愛挑剔的霍爾丹也說皮爾遜對他最謙和，儘管他倆在許多生物學問題上的看法大相逕庭。也許西爾斯 (D. L. Sills) 的下述評論和分析還算中肯和公允：

> 年輕的生物統計學和統計學學科完全可以從與有組織的群體的這些重大鬥爭中受益，這些鬥爭容許它們打碎漠然、無知、盤踞的權威的強制鎖鏈。皮爾遜是十字軍類型的人，在脾性方面，十字軍參加者需要自信、為他的信念而戰鬥的勇氣和少許理智上的偏執。他是一個盡善盡美論者，對於他認為不正確的觀念和論著缺乏忍耐。而且，他受到法律生涯的訓練，從兒童時代起就以他的父親作為成功的審判律師的榜樣。不

---

⑬　J. T. Blackmore, *Ernst Mach: His Work, Life, and Influence*, University of California Press, 1972, p. 125.

⑭　A. Pyle, Introduction, 同前注⑫。

過，他的第一個想法是獲取真理；如果在理智上意識到錯誤，那麼皮爾遜樂於承認它。他曾在《生物統計雜誌》發表了一篇叫做〈認錯〉（「我們犯了錯誤」）的文章。**⑥**

一位作者的回憶可以進一步佐證這個評論：「我並非總是與卡爾‧皮爾遜一致。當然，一般說來我是錯的，但是倘若我對了並使他信服的話，那麼他總是為之高興，我則繼續走我的路且感覺十分良好。……我的幸運努力之一是拋棄他所考慮的某種探究方法，這種方法行不通，不會給出滿意的結果。我記得對此都有點憂慮。當我提出算術證據時，我們有一次談話；他躊躇了一會接著說：『是的，那必定是正確的──不用說你是對的。』」(*KP*, pp. 73–74) 甚至連皮爾遜的對手貝特森也不得不承認，皮爾遜的作為是為獲取真理。他在1902年2月13日寫給皮爾遜的信中說：「我因為你是一個我所遇到的誠實人和最能幹、最頑強的工作者而尊敬你，我決定不與你繼續爭吵，倘若我能夠避免爭吵的話。我長期以來認為，你也許是我在此刻知道的第一個想在這些問題中獲取真理的英國人。」(*KP*, p. 12)

1.5　二十世紀優生學的先知

1906年在皮爾遜的科學生涯中又是一個轉折點，是年4月13日韋爾登不幸患肺炎早逝，皮爾遜頓時失去了最親密的朋友和最密切的合作者。在痛定之後，皮爾遜考慮到，單靠他孤身一人難以應付孟德爾假設的複雜性和遺傳學的深層問題，因為他既無過多的時間深究、也缺少這方面的訓練，而生物統計學的發展需要第一流的生

---

⑥　同前注**❸**。

物學家和第一流的統計學家的大力合作才行。同時,他也清楚地看到,遺傳理論並不能使從觀察資料的統計分析中得出的某些已確立的事實失去信用。他相信,在社會控制下的動因可以改善未來數代人的體格和智力,這個路向的研究可以沿著統計學的方向發展。雖然充分檢驗的個體遺傳理論可能有助於這種研究,但是不斷複審和修正的假設 —— 孟德爾理論在 1906 年就是這樣的狀況 —— 對於攻克優生學問題還不是可靠的武器。於是,在沒有人可替代韋爾登作為合作者的情況下,他越來越多地把統計方法應用於優生學領域的研究。事實上,他在1900年前後就看到這一領域的發展前景,而與高爾頓日益增長的私人友誼,又直接促動了他的研究轉向。

優生學思想的萌芽可以在許多古代文明中尋覓到。例如,柏拉圖 (Plato, 約前428–前348/ 347) 就說過:「兩性中的最優秀者應盡可能多地結合;而且,如果群體要保持一流的狀態,就應該只養育前者結合所生的後代,而非後者的後代。」❻❻但是,現代優生學的誕生則以高爾頓 1883年出版的《人類才能及其發展研究》為標誌,高爾頓在此書另創新詞 eugenics (優生學) 代替他先前使用過的 viri-culture (人藝學)。 1904年,高爾頓把1500英鎊捐贈給倫敦大學,以便在三年內促進優生學研究,為此專門設立了優生學檔案室。1906年底,首任研究員舒斯特(E. Schuster)欲從事純粹的生物學研究而辭職,已處耄耋之年而且體弱多病的高爾頓自知難以從事這項繁重的工作,於是把檔案室交給皮爾遜掌管,並易名為優生學實驗室,於是它與原有的生物統計學實驗室成為協作伙伴。皮爾遜有點猶豫地接受了新職,因為他心裡明白,他與高爾頓關於優生學的觀

---

❻❻　柏拉圖:《理想國》, 劉勉等譯, 華齡出版社 (北京), 1996年第1版,
　　頁187。

點，包括收集和歸併材料，並不是完全一致的，而且高爾頓渴望迅速取得成果，一下子抓住公眾的想像力。但是他也認識到，除非挺身擔當重任，否則他的前輩的心血和指望就會付之東流。他1907年在牛津大學講演時談及優生學的研究及其意義和社會影響時說：

弗朗西斯·高爾頓在倫敦大學建立了民族優生學研究實驗室，他把這門科學定義為：「研究在社會控制下可以改善或削弱未來幾代人在身體上和智力上的種族品質的動因。」eugenic（優生的）一詞在這裡具有英語wellbred（良種的）雙重意義：本性良好和培育良好(goodness of nature and goodness of nurture)。我們的科學並未打算把它的注意力僅僅局限於遺傳問題，而且也處理環境問題和培育問題。……我相信這樣一天為期不遠：我們將承認高爾頓抓住心理時機斷定它對學術考慮的要求；在這一天到來時，國家將更加感激這個說大學是可以改善或削弱我們種族品質的動因之研究的真正領域。為了變成真正的科學，你必須使我們的研究清除政黨的爭吵、教義的衝突、慈善機構的假概念、或不平衡的感情刺激。你必須用給予其他生物學分支的觀察謹慎和批判精神來處理它。當你發現了它的原理並推導出它的定律時，此時只有此時，你才能夠詢問，它們與流行的道德觀念或盛行的人的情感在多大程度上符合。我自己期待這樣的未來將接受嶄新的愛國主義觀點；個人將更充分、更清楚地認識到個人利益和國家責任的衝突。我預見民族福利將在行動中形成更顯著的因素的時期；有意識的種族培育將妥善處理我們在中止充分純化的自然選擇力量時所引起的疾病；慈善將不

再是雜亂無章的——要求它或是社會權利，或承認反社會的
錯誤。但是，如果我們要建立一個在心智和身體上都健全的
民族，我們就必須在未來以有訓練的洞察而工作：我深信，
真正的啟蒙將只是跟隨在科學地處理種族發展中的生物學因
素之後。⑥

在1907年，民族優生學實驗室遷入大學學院，是年初皮爾遜又
被任命為應用數學和力學系主任。在此期間，除了計劃和實施兩個
實驗室的研究項目以及編輯雜誌和叢書外，他還要給大學理科和文
科學位生教應用數學，也要擔負工程學位生的製圖授課。他還積極
活動，在學院的草坪籌資建造了兩座小天文臺——經緯儀臺和赤道
儀臺，並給天文班晚上講課。他同時致力於發展研究生中心，訓練
嫻熟的統計學家，使統計學真正成為應用數學的一個分支。

最得力的合作者的逝去並未使皮爾遜的創造力萎縮，繁多的教
學和事務似乎也未影響他的研究。在他生涯的最後三十年，他寫的
論文、文章、研究報告、社評以及有關統計學的專著超過三百種。
他還寫了一本天文學書，四本力學書，在各種出版物中發表了七十
篇通信、短評、序言和書評。從1906年開始，皮爾遜及其同事發表
了三個主要的專題系列論文：生物統計學系列，自然退化研究，優
生學實驗室專題論文。這些系列論文的題材涉及關於遺傳的基本資
料的收集和分析，用統計方法著力闡述當時重要的社會問題、優生
問題和學術爭論，以及專門的統計學理論。他還與牛津的特納 (H.

⑥　K. Pearson, *The Scope and Importance to the State of the Science of
National Eugenics*, Second Edition, Published By Dulan and Co.,
London, 1909, pp. 10–12.

H. Turner)合作，用相關方法處理天文學資料。到1921年，數學統計學理論在英國已牢固確立起來，此時皮爾遜已把統計學視為「一門十分廣泛的科學」：

> 數學統計學的目的是在不假定一個變量是其餘變量的單值函數的情況下，處理兩個或多個變量之間的關係。統計學家並不認為，某個 x 將產生單值的 y；不是因果關係而是相關。x 和 y 之間的關係大約在一個帶內，我們必須算出點 (x, y) 將處在這個帶不同部分的概率。物理學家把該帶限制和收縮為線。我們的處理將完全適合生物學、社會學等的模糊性。
> (*KP*, p. 97)

不管怎樣，皮爾遜在 1906 年之後主要關注的還是優生學研究，陸續編輯出版了《民族退化研究叢書》(No. 1–11, 1906–1924)和《優生學實驗室研究報告》(No. 1–29, 1907–1935)。後來的十三種出版物作為《人類遺傳文庫》(1907–1935) 出版，其中收集了大量的家譜系，形成了討論變態、錯亂的遺傳及其伴隨後果的基本材料。優生學實驗室就當時最有爭議的三個論題發表了許多實質性的論文：肺結核、酒精中毒和心理缺陷及精神病的遺傳和環境。與流行的觀念即肺結核能夠通過改善環境而根除的觀念針鋒相對，皮爾遜的研究表明，易感染肺結核與其說是環境還不如說是遺傳，沒有清楚的證據表明，在療養中醫治的病人比在其他各處醫治的病人有較多的康復率。那時另一個共同的假定是，患有酒精中毒症的雙親生的孩子具有心理和身體缺陷。而來自優生學實驗室的研究證明，雙親的酒精中毒症與後代的智力、體格和疾病之間並無顯著關係。後來的

論文進一步得出結論，酒精中毒症更可能是心理欠缺的結果而不是原因。美國的優生學研究機構在1912年宣告，心理缺陷幾乎肯定是隱性的孟德爾性狀，並建議「任何品性中的弱者應該與在該品性方面的強者結婚，強者應該與弱者結婚」。皮爾遜或他的同事列舉統計證據反駁這種斷言。

科學史家丹皮爾對高爾頓和皮爾遜等人的優生學研究基本上持肯定態度。而且，優生學在實踐中也受到某些支持：英國政府在1909年宣告，生育較多子女是健康、賢良公民的責任，希望人人能夠履行；後來還有「制裁低能立法」，對於精神不健全者的出生，已稍加以控制（雖然還不夠）⑱。但是，也有為數不少的醫學權威、政府官員、不明事理和真相的民眾怒不可遏，對皮爾遜發起狂暴的攻擊和謾罵。公開的路線分歧和觀點衝突也發生在比較傳統的優生教育學會（1907年成立，高爾頓是其名譽主席）和優生學實驗室之間。

如果有可能，皮爾遜是會避開爭執的，因為爭論會使與這兩個機構關係密切的高爾頓為難和痛苦，而且對優生學本身的發展和聲譽沒有什麼好處，何況他早在1907年的牛津講演中就提出清除爭吵和擺脫激情的主張。在《優生學評論》第一版的前言中，高爾頓寫道：「在知識的每一個部門有兩類工作者——一些人建立牢固的基礎，另一些人在該基礎上建設如此牢固的東西。」皮爾遜一開始就懷疑，兩類工作者是否能夠完滿地合作，但他相信在不互相干涉對方路線的情況下合作還是可能的。他在1909年2月7日寫信給高爾頓：

---

⑱　同前注⑪，頁434, 439, 440。

最衷心地感謝你十分友好的來信。我完全同意你說的話——需要純粹科學的研究和宣傳。我覺得，前者要求兩個要點：我們不僅要使倫敦大學，而且要使其他大學都相信，(i)優生學是一門科學，我們的研究工作具有最高的類型，像生理學或化學的任何部分一樣可靠和合理；(ii)我們沒有正在感染形成癖好的業餘消遣，除了真理我們沒有想到有什麼終點。如果這些事情能夠實現的話，那麼我們就將發現一門科學，政治家和社會改革家為整理事實都必須求助它。如果把我們朝氣蓬勃的努力與哈夫洛克‧埃利斯(Havelock Ellis)、斯勞特(Slaughter)或塞里拜(Saleeby)的工作混為一談，我們就將扼殺把優生學建成學術學科的任何機遇。請不要認為我太狹隘，或者我不承認這些人已經作出的或可能作出的良好工作。我所說的一切就是，我們無法獲得正在從醫學職業、病理學家或生理學家那裡正在獲得的幫助，如果設想我們特地與這些名稱聯繫的話。不管正確還是錯誤，它都會扼殺作為一門學術研究的優生學。我想望的一切就是，除了堅持作我們的科學研究之外，不要以任何方式敵視優生教育學會，給它以我們能夠給予的任何事實或非經常性的講演，但不要專門以任何方式與它聯繫。為此理由，我相當遺憾X繼續進入它的理事會，因為這造成了聯繫；我認為實驗室和學會不要鍛造這個鏈環——這將不妨害雙方的自由。不管怎樣，我與年輕人的政策是向他們表明我們自己的立場，但無論如何不去控制他們的行動。我將總是非正式地私下準備幫助學會。(*KP*, pp. 62–63)

　　當埃爾德頓和皮爾遜的第一篇關於酒精中毒症的專題論文發表時，公開爭論便不可避免了。學會主席克拉肯索普(M. Crackan-thorpe)寫了封措辭強硬的信給《時報》，反對用統計方法研究優生學：「首先生物統計方法基於『平均律』，而平均律又基於『概率論』，概率論又基於高度抽象的數學計算。由此可以得出，在這個特定的問題中，生物統計研究對個體沒有提供實際指導。」在這種情況下，連高爾頓也覺得必須給《時報》寫答覆信，以表達他對克拉肯索普的異議，他幾乎走到要辭去學會榮譽主席的地步。皮爾遜並不尋求爭論，但是一些人總是對數學家皮爾遜侵入他們的世襲領地耿耿於懷，似乎覺得皮爾遜丟了他們不懂統計學的醜。

　　另一次小摩擦發生在優生學家與倫敦社會學學會之間，該學會曾為優生學或「種族社會學」——研究那些「由選擇固定的和由遺傳傳遞的」人的行為和社會建制——提供過位置。高爾頓曾在此發表演說，強調優生學的中心地位和重要性。但是社會學家不滿優生學家在學會占據顯眼的地位，也反對把優生學凌駕於社會學之上。其實，皮爾遜倒是懷疑和否認優生學是社會學的一部分，強調它的獨立性。在1907年後，隨著優生教育學會的成立和優生學實驗室工作的全面展開，優生學這門科學日益專門化了，因而也日益遠離了普通社會學。

　　皮爾遜還就有關生物統計學問題與費希爾發生爭論，甚至與他的老弟子也多次爭執。堅定不移地追求真理的強烈意願和神聖的使命感是他的科學和學術生涯的主旋律，加上他堅持獨立性和珍視思想自由的激情，從而不可避免地導致他捲入過多的衝突之中。在1914年2月關於〈孟德爾主義和心理缺陷問題〉的講演中，他坦率地表白他甘作「科學的看門狗」——這與赫胥黎作「達爾文的鬥犬」

的精神實質完全一致——的意願和決心。這集中體現了皮爾遜的人生哲學、道德情操和科學良心、科學邏輯，內容十分豐富、感人，我們不妨照錄如下，以饗讀者：

> 隨著年齡的增大，我越來越感到不僅需要黑莓檢查員，也需要科學檢查員，一種科學的看門狗：不僅在科學程序中堅持誠實和邏輯是他的職責，而且他還要告誡公眾提防在我們還處於無知狀態的領域中知識的出現。在這個自我大肆宣揚的時代，當一個人借助插圖說明的日報刊物在二十四小時內就變得著名之時，在科學中也存在著騙子，就像在醫學中存在著江湖郎中一樣。即使在沒有江湖郎中的地方，也存在著在公眾面前作為知識炫耀的、通過種種詭計從共同體那裡獲取它的通行費的無知和教條。在許多方面，受訓練的科學心智即使並不了解專門細節，也能夠提醒公眾，尤其是在最終問題依賴於計算詮釋而定的情況下。按照我的經驗，最終求助於計算是不可避免地要作的事，這種求助卻十分經常地與目前掌握計算的能力成反比。在每一個科學分支，合情合理的方法畢竟是相同的。觀察和把握材料的過程將不同，但是推演合理結論的方法對於所有研究分支都是共同的。它被概括在邏輯推理的理論中，被概括在由觀察事實引出的概念的合理關聯中。不幸的是，在目前並沒有把我們稱之為科學邏輯的理論教給大學的學科學的學生，結果在50%和更多的所謂科學出版物中都故弄玄虛。
>
> 我充分地認識到，由於如此之多的跋涉，看門狗的任務決不是一個歡樂的任務。他被認為是為門爭的樂趣而好爭吵，作

者則難得察看科學爭論的雙方，或難得理解幾乎宗教般的憎恨，這種憎恨是當真正的科學人看到錯誤在高尚的地方傳播而在他身上激起的；他不用說被告知，他不必按他的能力用每一種手段核驗這些錯誤，為的是害怕傷害張三或李四的感情。當錯誤推理是荒謬的時刻到來時，當陳述變得明顯無效的時刻到來時，他們不是站在他們背後的任何觀察資料的力量一邊，而是站在僵死的權威勢力一邊。此時，敞開的唯一道路，清除朦朧的唯一事情，就是嘲笑和諷刺。記住伊拉斯謨 (D. Erasmus, 約 1466–1536)、羅伊希林 (J. Reuchlin, 1455–1522) 和阿格里科拉 (R. Agricola, 1443/1444–1485) [69] 僅僅借助理性為推翻經院哲學而鬥爭的年代吧，而經院哲學則抑制了中世紀大學中的所有健康因素的成長；當時出現了晦澀而尖刻的信函 (Epistolae obscurorum virorum)——由不引人注目的人即經院神學家相互寫的、被認為是永遠有名的信件，在兩三年內，年輕的人文主義者的這些信件的辛辣諷刺就使德國大學擺脫了枷鎖。文藝復興由於卑微者的嘲笑而凱旋——即使基礎必須首先用學術的重砲廓清，邏輯被老一代人文主義者引入鬥爭。對於那些看到今日在科學界發生的變化的人來說，必然在進步中存在著類似文藝復興的意識。

---

[69] 伊拉斯謨是荷蘭人文主義學者，古典文學和愛國文學研究家，《新約全書》希臘文本編訂者，北方文藝復興運動中的重要人物。羅伊希林是德國人文主義者、政治顧問和當時最傑出的古典學者之一，曾與伊拉斯謨等人合作編訂和注釋古典文學和哲學著作。阿格里科拉是荷蘭人文主義者、畫家、音樂家和古典文學家。他的哲學以文藝復興思想為基礎，強調個人自由和自我在智力和體力上的充分發展，對伊拉斯謨產生了影響。

新的科學方法、新的邏輯和精確性標準找到了它們通向前沿的道路，在純粹科學和醫學中，在未來按照舊路線可以作的許多工作只能被看作是教條或自我吹噓。科學家和科學的醫學人在他們能夠保險地斷言他們開始再次觀看之前，都不得不通過說不知道的階段。（*KP*, pp. 65–66）

在從事優生學研究的過程中，皮爾遜進一步加強了與高爾頓的工作聯繫和私人友誼。這種友誼首先建立在晚輩追隨者對前輩大師的尊敬和欽佩上。他多次稱達爾文和高爾頓是偉大的科學先知，他1922年在紀念高爾頓的晚宴祝酒辭中說：

出自達爾文的觀念導致了整個生物科學的重構，出自高爾頓的靈感正在導致科學邏輯中的革命；它們最終必然在統計學在其中起作用的每一門科學中產生復興，我們可以有理由說，每一個現代知識分支都捲入復興之中。（*KP*, p. 108）

在學術上，這位科學大師向皮爾遜提供了強有力的計算形式的概念和偉大的科學觀念——關於自然遺傳的真正知識能夠使人把自己提升到高水準——以及一些敏銳的、有啟發性的思路。而且，這位德高望重的長者像二三十年前的布雷德肖一樣，能及時地向皮爾遜提出明智的忠告。

1911年1月17日，高爾頓百年而去。他生前把自己的遺產捐贈給倫敦大學，作為優生學講座教授的基金。他認為他的繼任者應該年輕、精力充沛，又有統計方法的足夠訓練。看來只有皮爾遜是第一個理想人選，這樣也能使皮爾遜解脫教數學學生和工程學生的「苦

役」，全身心地投入科學研究。不過，他也考慮到皮爾遜迷戀統計
學的研究和研究生的職業訓練，擔心他會偏離優生學實驗室的方向
或忽視優生學教授之責。也許是出於這些想法，他在遺囑中寫道：
「該崗位將授予卡爾・皮爾遜教授，並將讓他自由地繼續他的生物
統計學實驗室。」

就這樣，在1911年夏經過具體協商和安排後，皮爾遜辭去了任
職長達二十七年的應用數學和力學講座教授職位，出任優生學高爾
頓講座教授。同年，生物統計學實驗室和優生學實驗室合併，成立
新的應用統計學系，皮爾遜又出任系主任。五十多歲的皮爾遜像年
輕小伙子一樣朝氣蓬勃，各項事業進展都很順利，他的目標是把該
系辦成主要是研究系而不是教學系。新系的大樓也在 1914 年落成，
本應在翌年入住並充分裝備，但是第一次世界大戰的爆發打碎了他
們的美好計劃。

在高爾頓去世後不久，高爾頓的親屬請求皮爾遜為高爾頓寫傳
記。皮爾遜樂意地接受了，他當時是這麼想的：

> 有人可能說，較短暫的、不怎麼複雜的工作會提供所需要的
> 一切。我不認為是這樣，問題有兩個方面，使得我樂於接受
> 它。……我寫我的敘述，是因為我愛我的朋友，是因為我有
> 充分的知識理解他的目的和他的一生對未來的意義。在過去
> 二十年內，我不得不騰出許多時間在我的專門領域之外勞作，
> 正是這一事實誘使我從一開始就說，如果我在寫傳記中花費
> 了我的遺產，那麼我要把它寫得使我自己滿意，而不管傳統
> 的標準、出版商的需要或公眾閱讀的品味。我將描繪出使我
> 愉悅的尺寸和著色的人物圖像，在每一階段都不管傳播、銷

路、或收益。傳記是吃力不討好的工作，但是人們至少在寫
它時能夠得到歡樂，倘若人們在寫它時嚴格地作為自己的愛
好而與外界無關的話！在這個過程中，人們將學會了解——
熟悉得像任何人能夠了解另一個人那樣——並非一個人自己
的人格；這是在傳記上花費多年的樂趣，在那裡有豐富的材
料，觸及到傳主的心理表露、性格、甚至身體外觀。(*KP*, pp.
81–82)

皮爾遜在寫作中不僅陶冶了情操,而且從審查高爾頓的早期論文(他
過去幾乎未接觸它們）發現了許多有趣的觀念，只是他已來不及進
一步探究了。他希望年輕人能夠通過傳記了解高爾頓，鑒賞他的工
作，從中發掘有啟發性的思想路線。

　　《弗朗西斯‧高爾頓的生平、學問和工作》第一卷和第二卷分
別於1914年和1924年出版，第三卷（兩編）到1930年出版。這是人
物傳記中的宏篇巨制：在1300多個四開本印刷頁中約有170幅整版
插圖。其中第一卷描述傳主的童年和家世，第二卷包括傳主關於地
理學、人類學、心理學的研究，並簡要涉及統計學方面的工作。第
三卷上編的三章是：「相關和統計學對遺傳問題的應用」，「人的鑒
別和描述」，「作為綱領的優生學和高爾頓一生的最後十年」，涉及
傳主在遺傳學、優生學、指紋學、人體測量學領域的成就。在第三
卷下編有高爾頓一系列有趣味的家書和信函，以及書目文獻。其中
上卷篇幅很大的第三章插入了早期優生學實驗室奠基人高爾頓和主
任皮爾遜之間的來往信件,提供了高爾頓和皮爾遜交往的豐富信息。
皮爾遜在第三卷的序中寫道：

在已經來臨的世紀，當優生學原理變成社會行動和政治的平常事情時，人不管他的種族如何，都將需要了解關於十九世紀最偉大的人之一，也許是最偉大的科學家之一可以知道的一切。我力圖把雜多材料加以整理，因為或者這些知識在另一個五十年將要消亡，或者這些知識賴以立足的文獻將有可能分布在許多方向。我必須在我的判斷和能力的範圍內，陳述一下高爾頓的科學工作和他的社會觀念，以致對於評價他的工作和思想來說是基本的一切都將在本書中找到，而不需要涉及廣泛分散的論文以及在將來更為廣泛分散的信件。(*KP*, p. 118)

在1914-1920年間的戰爭及戰後恢復時期，皮爾遜的兩個實驗室不得不中止和放棄原有的研究計劃，轉而為戰爭和政府部門服務：計算炸彈和砲彈軌跡，培訓各類計算人員等。新建的統計學系大樓被傷兵占滿，成為臨時救護和醫療中心，系裡訓練有素的專業人員也四散而去。《生物統計雜誌》由於缺乏資金也一度被迫停刊，多虧幾個熱心朋友的幫助才度過艱難歲月。皮爾遜在對國家的忠誠和對科學的忠誠的張力之間受盡煎熬，他在每天作完十小時計算後精疲力竭，對未來的黯淡前景極度沮喪。只是在他週末回到鄉間別墅，呼吸散發著松林芳香的空氣，眼觀樹木花草生機盎然的生長，仰望鷹鳥高翔和藍天雲彩的變幻，他沉重的心情才得以放鬆。此時，他立即回到書桌前，沉浸在科學的遐想之中，暫時忘卻了戰時的煩惱。大規模的應用統計學調查顯然不可能了，他於是只好轉向純數學，他對統計學理論的幾個相當有趣的貢獻就是在這個時期完成的。雜誌的出版雖然不免脫期，但質量卻依然如故。皮爾遜說：「我感到

自豪的是，只要我可能，我就不在雜誌中顯示出戰爭的痕跡，即它應該像在任何時候那樣編得同樣好。」

經過戰後短暫的恢復和調整，皮爾遜又投身到緊張的工作之中。他通常在晚飯後盡心盡力地準備次日上午的講演，有時則連續數日備課，在門上掛起「沒空」的牌子，不希望人們打斷他的思路。可是在講演開始後，他從不翻閱教案簿，至多只是看一下接著要講的題目。在一小時內，黑板數次寫滿代數式和圖示，這些圖示把複雜的推導化解為簡明而美妙的答案。他有時也在冗長而沉悶的運算中插入一點小插曲，以提起聽眾的興致。他對聽眾的反應十分敏感，時刻關注能否跟上他的思路，歡迎隨時提出有理智的疑問。如果他看到自己寫的方程是錯的時，他會暫停下來沉思片刻，注視著黑板說：「讓我們謹慎點，讓我們細心些。」當得到正確的結果時，他顯出明顯滿意的神情。難怪一位學生說：「卡爾・皮爾遜的方法是從屬於他的個性的——這是他成功的關鍵，他的學生在所有班級都領會到這種敏銳性和興趣。」(KP, pp. 96–97)即使在最後幾年，他還與系裡的學生保持密切接觸，每天至少到實驗室去個把小時，了解情況，解答疑難，聯絡感情。

在1921–1933年間，皮爾遜就統計學史作了系列講演，這是一個涉及統計學發展重要時期以及當時的宗教文化背景和思維模式的極為有趣的課程。皮爾遜早就倡導，大學教師每年應該就他在講演前無需特別準備的論題開設新課程，只有如此才會阻止自己變陳舊，才會與探究的新穎性對話。他身體力行，以慣有的徹底性步入原始資料的海洋，考察當時的社會狀況和思潮（有討論政治算術的宗教論據，數學和神學的結合內容）， 審視統計學家的浩瀚論著，揭示他們的科學思想和方法，描繪他們的生平、個性特徵和成功之路，

評價他們遺產的現代意義和啟發性價值。皮爾遜寫了詳細的講稿，他希望能不久安排出版。他的兒子伊岡後來編輯、注釋了他的講稿，使他的願望得以實現。這也許是皮爾遜最後一部科學史著作。一位科學史家在談到該講演和皮爾遜的科學史研究時說：

> 卡爾・皮爾遜給他的聽眾以廣泛掃視的描述，作為一位科學史家，他完全走在他的時代的前頭。在1920年代和1930年代，在這個領域幾乎沒有幾個作家對他們學科的普遍的文化和宗教背景給予這樣認真的注意。他對托德亨特的批評——責備他集中在內部史而忽略了諸如牛頓自然神學的影響——讀起來彷彿是對現代編史學爭論的貢獻。只是在最近二十年，大多數歷史學家才開始圍繞卡爾・皮爾遜的進路旋轉，而反對托德亨特的進路，在數學學科史中，這種改變比在大多數學科中慢一些。[70]

對於一個科學家來說，年過花甲畢竟離開了創造力的高峰期，而且很難再有所作為。皮爾遜記著布朗寧 (Robert Browning, 1812–1889)[71]的詩句：「當我們想勞作時，那時只有那時，我們卻

---

[70] K. Pearson, *The History of Statistics in the 17th and 18th Centuries*, Lectures by Karl Pearson Given at University College London During the Academic Sessions 1921–1933, Edited by E. S. Pearson, Charles Griffin & Company Limited, London & High Wycombe, 1978, pp. xii–xiii.

[71] R. 布朗寧是英國維多利亞時代最傑出的詩人之一。詩人的天才突出表現在善於運用戲劇獨白，來寫富於感染力的敘事詩和細緻的人物心理描繪。1845 年，他愛上詩人伊麗莎白・巴特雷・布朗寧 (Elizabeth

太老了。」 他也察覺到，他手頭想做的事太多，但有時卻感到力不
從心。一天他對朋友說：「我希望我再變年輕，我希望我變年輕些。」
不管怎樣，皮爾遜在1933年退休之前還作了不少事情，其中不乏有
創造力的真知灼見。這十多年，他特別感興趣的工作有如下幾項：

㈠計算者手冊和統計用表

皮爾遜和他的同事通力合作，通過十分繁重、艱苦的計算，完
成了各種十分準確的計算表的編製工作，主要有《統計學家和生物
統計學家用表》（上編，1914；下編，1931）、《計算者手冊》(1919)、
《不完全 γ 函數表》(1922)、《不完全 β 函數表》(1933)。這些多年
來在兩個實驗中使用的計算表，「似乎對於現代統計學來說是基本
的」 [72]。皮爾遜在《計算者手冊》 [73]的引言中，這樣談到他們編製
的意圖：

> 在過去五年間，大學學院應用數學系為承擔具有物理學特徵
> 的特定戰爭問題而進行了大量的這類或那類計算工作。它的
> 成員因缺乏任何簡單的供計算者使用的教材，更因缺乏顯然
> 必需的輔助表而受到震動。眼下的《計算者手冊》系列將努
> 力填充我們力所能及的這一鴻溝。它本身將不涉及較高深的
> 數學理論，而只涉及計算者的實際困難，或者更恰當地講，
> 只涉及我們在自己的經驗中遇到的困難。

Barrett Browning, 1806–1861)，次年秘密結婚。

[72] K. Pearson, *Tables of the Incomplete Beta–Function*, First Published
1934, Cambridge, Published for the Biometrika Trustees at the Uni-
versity Press, 1956, p. ii.

[73] K. Pearson, *Tracts for Computers*, Cambridge University Press, 1919.

這一系列數表在計算中作用巨大,在美國很快就出現了非法盜印本。霍爾丹在1957年評論說,統計學接著的發展主要以它們為基礎,甚至電子計算機的出現也未取代它們;現在似乎還沒有一個人發現,如何使用電子計算機像皮爾遜利用他的專心的女助手小組那樣有效地工作❼。

㈡狗的飼養和動物房舍

1922年,統計學系終於有了比較破舊的動物飼養房舍。對皮爾遜來說,它未免姍姍來遲,以致他無法實施雄心勃勃的生物統計學研究規劃了。不過,為了日後事業的開拓,他在1930年對它進行了翻修重建,飼養了許多黑、白、紅、黃和花斑狗。每當逢年過節時,他和工作人員一起把圍欄打掃得乾乾淨淨,把幼仔刷洗得漂漂亮亮──愛好秩序和整潔是皮爾遜的天性。他親自和研究人員測量這些狗的鼻子和頭的尺寸,為遺傳和變異研究積累素材。

㈢人類學實驗室

皮爾遜1905年8月在寫給《時報》的信中這樣寫道:

> 人類學的未來無疑在於把自然選擇的基本原理應用於人的問題。毫無疑問,未來的方法將是借助現代統計理論重構人口統計學和人體測量學。從這種立場來審查,在科學的社會學和未來的人類學之間幾乎沒有區別。人類社會的成長和衰落是進化人類學的一章,對人來說也許是最重要的一章。當我們充分地把握人基本上是群居的而不是單個的意義時,國際人體測量學和壽命統計學的研究就變成關於人的自然選擇的研究。(*NL*, p. 65)

---

❼ 同前注❸。

皮爾遜 1880 年代研究遠古史前史和性史、德國古代民俗和語言時，就涉及到文化人類學方面的內容或運用了人類學研究方法（如田野調查等），後來的生物統計學和優生學研究也與人類學密切相關，或者本身就屬人類學範疇（如體質人類學）。1921年，該系的一個工作人員捐贈資金，裝備起人類學實驗室。該實驗室首先著手測量大學學院學生的視力、聽力、判斷、心理靈敏度、力氣等體質測量，保留了廣泛的官能記錄，希望找到這些結果與大學的成就的聯繫。

(四)頭骨測量學

這是皮爾遜計劃長期研究的目標，是由他的業餘癖好發展起來的。他想通過細緻的測量，精確地描繪每一個種族群體的特徵，並在掌握較多資料時與其他種族加以對照，找出其中的關係。統計學系越來越變成顱骨儲藏室，一些來自埃及，一些從倫敦地區得到。到他逝世時，皮爾遜大約收集了七千個顱骨，這具有某種非同尋常的價值。他本人對該學科貢獻是論述人的顱骨的生物統計常數、種族相似性係數、新顱骨坐標圖和個體顱骨研究等多篇論文。他 1922 年曾在英國科學促進協會人類學組發表主席演說，1933年在牛津大學人類學學會作公共講演，並在1932年獲柏林人類學會魯道夫·菲爾紹(Rudolf Virchow, 1506–1582)⑦獎。

在科學生涯的最後十年，他花費了許多時間研究名人顱骨與其肖像之間的關係。他知道這並非完全屬於頭骨測量學範疇，但他認為值得下功夫研究。1926 年，他致力於研究布坎南 (G. Buchanan, 1506–1582)⑦的顱骨和肖像，同時也深入到這個時期蘇格蘭的歷史

---

⑦　菲爾紹是德國病理學家、人類學家、政治家，細胞病理學說的創始人。

⑦　布坎南是蘇格蘭一位重要的人文主義者、教育家和文人。在蘇格蘭宗教改革時期，他對教會和國家的腐敗無能進行了有說服力的抨擊。他

以及宗教改革史。他以異常的透徹性和細微性，借助顱骨和肖像研究了蘇格蘭女王瑪麗 (Mary, 1542–1587)❼的第二個丈夫達恩利勛爵 (Lord Darnley, 1545–1567)❽謀殺事件。他畫出這位不幸的年輕人遇難處的詳圖，並考慮了達恩利勛爵顱骨的斑記的三種可能性：⑴由於梅毒所致，⑵由使他致死的爆炸造成，⑶埋葬後由昆蟲和樹根生長產生。在考慮可能性⑵時，他詳細勘察了達恩利住所的位置和死屍地點的所有證據。在1928年發表的論文的結論中，他傾向於

———————————————

曾是蘇格蘭女王瑪麗的支持者，當她的第二個丈夫達恩利勛爵被謀殺後，他就變成她的死敵。他積極幫助瑪麗的政敵準備控告材料，最終導致瑪麗被處死刑。

❼ 瑪麗是蘇格蘭國王詹姆斯五世與法國妻子吉斯的瑪麗的唯一孩子。五歲時被送往法國，在宮庭長大。她美貌絕倫，性喜音樂和詩歌。與法王亨利二世之子法蘭西斯於1558年結婚，次年丈夫即位，遂成法國王后。1560年法蘭西斯夭亡，她於翌年返回蘇格蘭。英格蘭女王伊麗莎白不承認她為繼承人，後即位也得不到貴族支持。1565年，她與達恩利勛爵結婚，使對蘇格蘭王位感興趣的人大為不快。達恩利生性狠毒殘忍，曾當面殺死她的秘書和心腹，從而使瑪麗懷疑丈夫加害於她。1566年達恩利到愛丁堡郊外行宮養疴，次年2月9日夜，其住室被炸，他潛逃時被人抓住扼死。事件真相迄今不明，很可能是他企圖炸死瑪麗而自食其果。顯然下手的是痛恨達恩利的貴族。三個月後，瑪麗被博斯韋爾勛爵誘姦，遂以身相許。蘇格蘭貴族反對這樣的苟合，迫使二人訣別，正式廢黜瑪麗，並囚禁了18年。1586年，企圖推翻新教女王伊麗莎白的天主教徒把希望寄託在信奉天主教的瑪麗身上，企圖謀殺伊麗莎白。事情敗露後，英格蘭法庭不顧瑪麗是另一國君主，判處她死刑。

❽ 達恩利勛爵是英王詹姆斯一世 (蘇格蘭王詹姆斯六世) 之父。他在1565年7月29日按照天主教儀式與瑪麗結婚，次年6月生子詹姆斯，解決了英格蘭王位繼承問題。

假設(1)。他認為，如果這個假設為真，那麼它便可以有力地說明，從達恩利結婚到謀殺這個時間前後蘇格蘭歷史上的黑暗一頁的許多要害問題。六年後，他在一篇合作研究論文中以同一方式討論了奧利弗·克倫威爾 (Oliver Cromwell, 1599–1658)❼❾的威爾金森頭顱及其與半身雕像、石膏面像和繪製的肖像的關係。這類研究不僅對弄清歷史有用，而且對現實的案件偵破也不無用處。

㈤博物館

按照優生學實驗室的原來計劃，有一個門通向大街，容許公眾在某一天能夠由此去優生學博物館參觀，並從該館進入人類學實驗室。但是校方權威不讓有通向學院的獨立的大門，否定了這個計劃。事實上，在戰後也沒有足夠的資金這樣作。不過，空房子倒是有的，後來通過許多私人捐助逐漸裝備起來。陳列的範圍典型地顯示出系主任皮爾遜的廣泛興趣：大量的統計模型、講義、講演稿、研究論文和著作，眾多展示好遺傳和壞遺傳的照片、圖畫、生物譜系和人的家譜，各種各樣的精神錯亂、手指畸形、先天白內障和血友病、白化病、侏儒、蝦爪畸形的資料和圖片，五花八門的與早期手工製品史、史前埋葬、骨製魚鉤、史前頭蓋骨、各種類型的早期人的複製品有關的專門陳列，形形色色的中國小獅子狗和波美拉尼亞狗及其雜交種的骨骼和皮毛標本，還有諸種測量儀器和研究設備。這個博物館以其內容新奇和富有教益而受到人們的稱讚，它不僅為研究人員提供了一個學習和交流的好場所，也為公眾提供了一個科學普及的好去處。有幸由皮爾遜親自帶領的參觀者，都對博物館的收藏留下不可磨滅的印象。

---

❼❾　克倫威爾是英格蘭軍人和政治家、蘇格蘭和愛爾蘭護國公。他於1649年處死英王查理一世，宣布在英倫三島成立共和國。

㈥《優生學年鑑》

皮爾遜使優生學成為獨立學科的最後努力是在 1925 年創辦了《優生學年鑑》，而且是頭五卷 (1925–1933)的編輯。該刊創刊號的編者按明確規定了雜誌的內容範圍：研究人的種族問題而不涉及其他，其方法是高爾頓在〈優生學的概率基礎〉中所概括的方法，但這並不意味不受理其他從科學觀點處理人的遺傳的論文；所發表的成果應是訓練有素的科學家的工作，而不是宣傳人員和淺薄涉獵者的工作。編者按接著寫道：

> 可以證明，與我們的優生學不同，還存在這樣一種優生學學科,如果人們要把信念放在採納了這個名稱的大批教科書上,那麼證據就會是完備的。然而，這些教科書的大多數只不過是採納了這個名稱，而沒有來自奠基者的任何其他東西；它們把一點生物學與少許遺傳學混合起來，把整體沖淡了的水與許多茶桌上關於根本改善人種的不切實際的清談混合起來。用這樣的方式從來也沒有建立起一門偉大的學科；它必須具有確定的進攻方法——簡言之，是一門簡明的學科——認識到它的問題並掌握如何趨近問題的答案。正是這樣的學科，高爾頓在宣布概率是優生學的基礎時就預見到了。……我們雜誌的目的是，在力所能及的範圍內，促進這一天的即將到來：我們在此日能夠宣布，我們科學的基礎工作被牢固地奠定了，學生的教科書和實際的優生學——應用於民族問題的優生學——於是都將是行得通的。讓我們記住高爾頓在他一生幾乎最後幾年所寫的話，這些話不是絕望，而是明智的謹慎：「當獲得了所需要的充分信息時，此時只有此時，才

是宣布反對削弱我們種族的身體質量和道德質量的習慣和偏
見的『穆斯林護教』戰或聖戰的合適時刻。」這是他創立的實
驗室所導致的精神，本質上將是我們支配這份雜誌的指南。
(*KP*, pp. 106–107)

　　晚年，在戰爭引起的抑鬱和創傷消退之後，皮爾遜身上還殘留
有悲觀主義的痕跡：他不再像過去那麼過分理想主義了，他減弱了
對社會朝向完美的進步抱有的堅定不移的信念，他不像高爾頓那樣
認為優生學會早早凱旋。他就長系列研究論文所起的名稱「民族退
化研究」，也許反映了這種悲涼的心境。1923年，他的視力不斷下
降，給他的工作帶來諸多不便，這無異於雪上加霜。好在1926年夏
白內障手術成功，才消除了他擔心無法繼續工作的積鬱。可是，久
病不癒的妻子1928年3月卻撒手人世，給他以沉重打擊。次年，皮
爾遜與本系的女同事蔡爾德(M. V. Child)結婚，又不倦地投入到緊
張的工作中去。

1.6　尾聲：最後的「退隱思考」

　　皮爾遜長期以來被行政組織、科研管理和教學等任務弄得不可
開交，早就渴望有一天能卸掉各種頭銜，專心從事他所謂的「退隱
思考」。這一天終於來臨了。

　　1932年7月，皮爾遜正式通知大學學院，他要在翌年夏退休。
校方同意他的辭呈，並按他的意願為他在動物學系保留了一間辦公
室。只要有可能，他還按學院的作息時間工作。他正式退休後，校
方經過評議，決定把應用統計學系一分為二：與高爾頓教席相關的

優生學系和伊岡當主任的統計學系，費希爾被任命為優生學講座教授。對於校方的方案，皮爾遜嚴肅地表示不贊成，因為這樣作違背了他和高爾頓的研究進路和基本精神。他擔心，拋開了統計學和概率論方法的優生學會失去其真正的基礎，從其他進路探究優生學無法使優生學成為真正的科學。繼任者費希爾不同情他的許多理想，冷落了頭骨測量學，博物館也逐漸破敗了。難怪霍爾丹在1957年認為，生物統計學最近二十年最好的工作是在法國和印度完成的，其研究的機會現在在印度比在英國多，它將在印度生根開花，並毅然決定自己有責任移居到那裡[80]。

事態的發展使皮爾遜甚感不快，但他還是在退隱思考中找到了歡樂。據不完全統計，他在不到三年的生命的黃昏，寫了一本書和至少三篇重要科學論文。他在退休後不久的9月2日，向德雷珀斯公司理事會和大學學院寫了最後一篇工作報告，總結了他們的統計學研究：

> 在過去四十年，我的目標是建立起該類型的唯一實驗室，在此處應該把新穎的計算用於有關生命形式的問題。這個目的包括數學分析新形式的發展，這通過我散布在世界各地的學生的工作，或者通過那些研究他們著作的人茁壯地成長起來。它將繼續成長，但是它將以應有的比例感成長，如果它與實際需要接觸的話，如果它與人類學、醫學、生物學、遺傳科學和心理科學相聯繫而發展的話。這就是說，倘若我們新的計算沒有變成純粹數學家開拓的領域，那麼它就必須與研究其目的是需要的論題聯繫起來；它必須依然是實踐的科學即

[80] 同前注[32]。

應用統計學。(*KP*, p. 119)

在這個領域，皮爾遜的思想依然是活躍的。他除了不斷修正和補充統計用表外，還在統計學理論方面作出了最後的貢獻：1933年發表了再論擬合良度的論文，1934年的論文包含它的進一步應用，1935年就統計檢驗給《自然》雜誌的兩封信和最後於1936年發表的論修勻法(graduation)的論文。對於皮爾遜的統計學研究，霍爾丹評論說：「皮爾遜的理智發明常常極其普遍，常常具有無法預料的應用。」「皮爾遜通過把奧薩山(Ossa)堆積在佩利翁山(Pelion)之上，而不是通過迫求容易的路線，來進攻奧林波斯山(Olympus)。即使我們—— 他的後繼者—— 相對容易地作出統計理論，即使皮爾遜的數學不再使用了，我們也應該記住，我們正在踩著一位理智泰坦(titan)的腳步。」⑧事實上，不僅在法國和印度有人沿皮爾遜的進路前行，1938年在美國也成立了生物統計學研究所，該所在1945年也出版《生物統計學雜誌》。後來，生物統計學研究的注意力從進化論和優生學逐漸轉移到醫學(尤其是臨床試驗)、生態學以及其他專門學科領域。

皮爾遜在退休後還熱衷於頭骨測量學研究。在1934年發表的關於克倫威爾的頭顱的研究論文中，他指出該文與早先對該課題的研究之間的差別是：作者對贊成或反對真實性沒有偏見；作者把真實

---

⑧　同前注㉜。奧薩山位於希臘東北部，希臘神話中的巨人們妄圖升天擊神，將佩利翁山疊於奧薩山之上，藉以攀登奧林波斯山（據梁實秋《遠東英漢大辭典》）。泰坦是希臘神話中的巨人族中的任何一員，普羅米修斯和阿特拉斯是泰坦。據《簡明不列顛百科全書》載，海神波塞冬之子試圖把奧林波斯、奧薩和佩利翁三山疊起，以攀援到天堂。

性僅僅託付給對頭顱的測量以及它是好還是壞地符合肖像；頭顱的所有者威爾金森 (C. H. Wilkinson) 同意給予作者兩項最大的特權（這對研究是不可或缺的）： 為了把它與半身雕像、石膏面像和肖像加以比較，可以把頭顱保留較長時間，可以自由地陳述作為研究結果而達到的結論。皮爾遜指出，該頭顱的不完全的歷史妨礙證明它是克倫威爾的頭，但是許多人卻在不足以驗明其正身的較少非主要證據上堅持自己的錯誤。贊成正身的概率是令人信服的，任何人也拿不出較高概率的證據確認這個頭是十七世紀另一個被塗香油作防腐處理的、被砍頭的人的頭顱。他通過細緻的考察比較得出結論說，威爾金森頭顱是真正的共和政體護國公奧利弗‧克倫威爾的頭顱。

在剛才敘述的給《自然》雜誌的信中，皮爾遜告誡統計學家，頻率曲線和回歸線的數學方程，評估和檢驗標準的概率分布，評估和檢驗假設的原則，所有這一切都是抽象的數學概念，把它們應用於經驗包含著修与過程。他感到有一種危險：統計學家由於被這些觀念迷住而沖昏頭腦，從而把某些魔術般的意義賦予這些概念模型，把虛假的實在賦予其表面的重要性由於添加了大寫字母 Efficiency（功效）、Power（能力）、Information（信息）、Likelihood（可能）而提高了的名詞和短語。在他看來，這些概念的價值只能存在於它們在感知世界中的有用性；在這裡沒有終極的正確和錯誤，只有較多有用和較少有用，即便在此時，對一個人有較大幫助的東西對另一個人來說可能只有較少的幫助。這也許是皮爾遜留下的最後的統計學啟示，它們顯然是從《科學的規範》延續和發展而來的。

在假期，他大都在薩里郡的金港灣 (Goldharbour, Surrey) 度過，他常常步行十餘英里，興致勃勃地走到山脈的盡頭。在最後三個夏

天，他和妻子重返約克郡北賴丁的溪谷消暑，他的祖先離開此地去荒原的南方謀生。故鄉7月漫長的黃昏，草皮和歐洲蕨沁人心脾的氣味，鮮嫩的石南屬植物的無限生機，使他在倫敦的煩勞煙消雲散。他在1900年7月寫給韋爾登的信真實地流露出他對大自然的熱愛和對故土的眷戀之情：

> 我再次呼吸著純靜的空氣，一再感受到人情味！我的祖先是這些山地的自由民，我的曾曾祖父是一個蠶人，永遠地離開了它們！我應該了解所有繼承物，從未想到用一個法則來表達它，儘管唯有他堅守這塊土地！現在，我不具有大地母親的寬闊而堅實的腳步，無法進行一個飼養實驗！且請想像一下，三百隻綿羊的羊群會意味著什麼！！我不得不請土地和在罌粟地上勞作的父老鄉親原諒！我的父親去年賣掉了祖先留下的田地，因為我們一致同意，一個人應該耕種他自己的土地，而多年一直是把它出租的。我有一個把它變成飼養場的模糊夢想，但我從未清楚地認識到如何把它經營下去。我的父親是比我離耕作更近的一代人，他認為他是我的長者，但是我從未從他那兒聽到有關農業的理論和實踐，而我肯定，沒有什麼東西出自我！我依舊渴望退休後弄一塊土地，飼養或種植些什麼東西。豬或羊，罌粟或蝸牛，對我來說都一樣。即使家雀也會令人興奮，因為我熱切地樂於了解，蛋的斑點是否遺傳！(*KP*, p. 124)

　　1935年，皮爾遜的精力明顯地衰竭了，半個多世紀的頑強而緊張的工作幾乎耗盡了他的全部體力，但是他的心智和心靈還不想休

閃，就像一根將要燃盡的蠟燭，依然熠熠閃亮。直到生命最後的時刻，他還就《生物統計雜誌》的創辦目標和出版情況寫了信函，幾乎看完了第 XXVIII 卷前半部的校樣（該卷在他去世後印出）。1936年4月27日在金港灣，這位從不知道疲倦的哲人科學家的心臟停止了跳動，此時外面的山野正是春光爛漫、生機盎然之時。

幾天後，在倫敦舉行的葬禮上，我們聽到了他喜愛的詩人布朗寧的〈一個語法學家的葬禮〉中的詩句——他曾不止一次地把它贈給親朋好友：

> 這個人沒有決意過日子，
>
> 而是決計去認識——
>
> 這個人葬在那裡？
>
> 在這裡——這裡是他的歸宿，
>
> 這裡氣象萬千，
>
> 濃雲密布，
>
> 電光閃閃，
>
> 星轉斗移！
>
> 讓歡樂驅除風暴，
>
> 讓平和普降甘霖！
>
> 高超的設計必須趨近相同的結局：
>
> 高尚地安息。
>
> 永別了——難道還有比人世間更崇高的東西：
>
> 生與死。 ㊂

㊂　本書作者根據 (*KP*, p. 125) 的英文詩句譯出。

緊接著響起了貝多芬 (L. van Beethoven, 1770–1827) 第七交響曲的第二樂章，其意告訴人們：歡樂驅除了風暴。

　　皮爾遜以自己的真誠和生命為人類的知識寶庫、為人類的文化遺產增添了新的粟粒。如果我們今天在它們中間發現了並非十分正確、並非完美無缺、乃至明顯的漏洞和錯誤的東西，那也沒有必要過多地責備和怪罪他。皮爾遜在談到偉大心智對後世的影響以及後人對前人的態度時說：

　　　　沒有人說在達爾文之前存在進化；沒有人說在納皮爾 (J. Napier, 1550–1617) 之前某人發現對數，輕視者認為，反平方定律是在牛頓之前提出的，一些人相信優生學在高爾頓之前。好了，人們的想像總是天馬行空；但是想像一件事並非值得稱讚，除非我們通過勞動過程研究它如何符合經驗而證明它的合理性，或者使它成為實踐的實在因素。……哲學的新階段，宗教的新階段將逐漸成長而代替舊階段。但是，有教養的心智從來也不會像達爾文那個時代或愛因斯坦那個時代之前的人一樣，以相同的方式看待生命及其環境。語詞的「價值」，我們關於現象的概念的「氛圍」由於由達爾文開始的、現在在愛因斯坦身上達到頂點的運動永遠變化了。(KP, pp. 125–126)

　　　　每一個自由思想者都對過去負有深切感激的義務；他必然充分尊重行動在他前面的人；他們的鬥爭、他們的失敗與成功被視為一個整體，都給他以大量的知識。因此，他甚至對前人的每一個失敗、錯誤的步驟都感到同情。他從未忘記，他

把什麼付給過去智力發展的每一階段。他不能以較大的理由
嘲笑或辱罵這樣的階段，正像他不能嘲笑和辱罵他的祖先或
類人猿一樣。(*EF*, p. 10)

讓我們以上述言論的精神向皮爾遜這位哲人科學家和自由思
想者告別，讓我們對這位行動在我們之前的偉大心智表示理解和尊
重——真正的進步總是在前人的精神財富和思想遺產的基礎上開始
起步的！

第二章　認識論：以懷疑和批判為特徵
的觀念論的經驗論

今夕中秋月，異鄉獨自圓。

悠悠洛渭水，青青華嶽山。

滿盈自有日，剪燭豈無年？

幸得夜夢裡，暗香溢佩蘭。

　　　　　　　　　　——李醒民：〈月夜寄北〉

　　皮爾遜的認識論脫胎於英國土生土長的經驗論傳統。它是沿著貝克萊(G. Berkeley, 1685–1753)、休謨(D. Hume, 1711–1776)的觀念論（唯心論）的經驗論路線發展的，而不是循著培根 (F. Bacon, 1561–1626)、霍布斯 (T. Hobbes, 1588–1679)、洛克 (J. Locke, 1632–1704)的物質論（唯物論）的經驗論的腳步行進的。但是，它也溶入了後者的一些合理因素，從而顯得有點像洛克哲學那樣的「折衷」性質。皮爾遜也從大陸哲學家笛卡兒的懷疑論、康德的批判觀念論和理性論、孔德(A. Comte, 1798–1857)的實證論、馬赫的感覺論汲取了一些有效成分，他又直接受到當時在英國盛行的達爾文的生物進化論和斯賓塞(H. Spencer, 1820–1903)的社會進化學說的強

烈影響，以及克利福德的科學哲學思想的感染，加上他本人的科學
創造和哲學反思，從而熔鑄成他的以懷疑和批判為先導和特出特徵
的，以觀念論自我標榜的，帶有明顯的現象論、工具論和實證論色
調的，屬於經驗論範疇的感覺論的認識論。但是，在劍橋發祥的赫
歇耳 (J. Herschel, 1792–1871) 和惠威爾 (W. Whewell, 1794–1866)
的科學哲學似乎並未受到劍橋出身的皮爾遜的特別關注，這也許是
他們的歸納邏輯不適合他的統計學和概率論的口味❶。

2.1　以感覺印象為基石的感覺論

　　準確地講，皮爾遜的經驗論屬於比較激進的經驗論形式，即以
感覺印象為基石的感覺論 —— 這明顯地受到貝克萊和馬赫❷的思想
的啟示，但無疑有所深化和拓展。

　　皮爾遜早在1886年 —— 是年馬赫的《感覺的分析》出版 —— 就
自稱是「一個比較講究實際的感覺論者」。 他認為他「使用這個詞
一方面排除了畢希納 (L. Büchner, 1824–1899) 類型的物質論的荒
謬，另一方面排除了我們一些新黑格爾朋友的頭腦糊塗的神秘主義。
感覺論者是不試圖得到超越於感覺及其相互關係的東西的人。」(*EF*,
p. 411)在1891年的格雷欣學院的講演提綱中，他已明確地道出了他
的感覺論的主旨：

　　　　以黑板為例；它似乎是一個複雜的感覺群。它的特性在於該

---

❶　　R. E. Butts, *Historical Pragmatics, Philosophical Essays*, Kluwer
　　　Academic Publisher, 1993, pp. 336–337.

❷　　李醒民：《馬赫》，東大圖書公司印行 (臺北)，1995年第1版，頁80–101。

集合。事物的實在性對我們來說在於它的大多數性質（即我
們對它的感覺）長時間是相同的。感官是我們獲得對事物認
識的唯一入口，在我們看來，這與可能感覺的群同義。在我
們自己和外部世界之間的區分是出於方便而非任意；它只是
一個感覺群與另一個感覺群之間的區分。科學所處理的事實
是感覺群。感覺可以被分析且被還原為簡單的要素，而要素
本身不是感覺的直接對象：例如分子、原子、以太都是這樣
的。科學的進步與把我們的感覺還原為越來越簡單的要素、
與發現它們結果之間的越來越易於理解的關係密切相關。
(*KP*, p. 135)

如果說這些言論只是粗線條的勾勒且明顯打有馬赫印記的話，
那麼在《科學的規範》❸中，皮爾遜的感覺論則變得精細和深入了，
而且具有他自己的特色。

㈠感覺只是作為感覺印象為我們所知，感覺印象是思想和
行動的先導。

皮爾遜對「感覺」一詞作了明確的界定，並把他偏愛的「感覺
印象」(sense-impressions) 作為建築他的感覺論的磚塊。他指出，
我們只能說感覺印象素材或者感覺——我們願意把它命名為感覺，
不過與慣常的意義有某種程度的差異。「所謂感覺，我們將相應地
理解為其唯一可知的一面是感覺印象。」他特別強調，在用感覺一

---

❸　皮爾遜的感覺論哲學集中體現在該書的第二章 (*GS*, pp. 47–91)。在該
　　章的參考文獻中，皮爾遜列有馬赫1886年德文版《感覺的分析》以及
　　《一元論者》雜誌第一卷中的兩篇論文〈感覺的分析——反形而上學〉
　　和〈感覺和實在的要素〉。

詞代替感覺印象時，我們的目標將是要表達這樣的意思：對於感覺印象是否由所謂物自體產生，或者在它們背後是否可能存在具有它們自己本性的東西，我們是一無所知或絕對不可知的。(*GS*, p. 82)皮爾遜以黑板和美國國會大廈為例，把感覺印象分為即時感覺印象和存儲感覺印象，或者與之大體相應的直接感覺印象和間接感覺印象加以闡明 (*GS*, pp. 47–50)。他還通過膝蓋碰桌棱的案例分析了感覺的傳輸和感覺印象的形成，通過把大腦比作中心電話局分析了由感覺印象引起的思維和意識的形成和過程。他的結論是：沒有感覺印象，就沒有存儲的東西；沒有接收持久印記的官能，即沒有記憶，就不會有思維的可能性；而沒有這種思維，這種在感覺和行動之間的躊躇，也就不會有意識。鑄造品性和決定意志的過去的訓練、過去的歷史和經驗，實際上都是建立在這一時期或那一時期接收的感覺印象的基礎上，因此不管行動是即時的還是延遲的，都是感覺印象的直接的或間接的結果。(*GS*, pp. 54–55)

㈡外部世界是構象，是感覺印象的世界，本質上受人的知覺和記憶能力的制約。

按照皮爾遜的觀點，實際的外部物體之存在的絕對必要條件首先是某種即時的感覺印象。但是，決定外部物體的實在性的感覺印象事實上可能十分稀少，客體可主要由推斷和結合構成，不過要稱其為實在的而非想像的產物，那就必須有某些感覺印象。若干感覺印象的存在導致有可能推斷其他感覺印象，而且能把這種可能性交付檢驗。在很多情況下，人們建構外部客體主要憑藉過去的各種類型的經驗，這些經驗實際上是存儲在記憶中的過去的感覺印象。如果感覺印象充分強烈，那麼它就在我們大腦或多或少留下持久的感官印記。無論何時相似類型的即時感覺印象重現，這種記憶痕跡便

會以聯想的形式顯示出來。過去的感覺印象存儲的結果，在很大程度上形成了我們所謂的外部客體的東西。這樣的客體主要是由我們建構的，我們把存儲感覺印象群添加到或多或少即時的感覺印象中。兩種貢獻的比例大半取決於我們感覺器官的敏銳性以及我們經驗的長期性和多樣性。皮爾遜採納了勞埃德・摩根(Lloyd Morgan)教授的建議，用「構象」(construct)一詞稱呼外部客體。他的結論是：

> 外部物體一般說來是構象，也就是即時的感覺印象與過去的或存儲的感覺印象的組合。事物的實在性依賴於它作為即時的感覺印象群出現的可能性。(*GS*, p. 50)

皮爾遜進而論證說，外部世界的實在對科學和對我們來說在於形狀、顏色和觸感——感覺印象，它們與在「神經的另一端」的事物大為不同，就像電話的聲音與另一端的電話用戶大為不同一樣。我們被幽閉和局限在這個感覺印象的世界，猶如電話局的接線員被幽閉和局限在他的聲音世界中一樣。恰如他的世界受到他的特定的線路網制約和限制一樣，我們的世界也受到我們的神經系統、我們的感覺器官的制約。它們的特殊性決定了我們建構的外部世界的本性是什麼。正是所有正常人的感覺官能和知覺官能的類似性，才使外部世界對於他們全體來說是相同的或實際上是相同的。(*GS*, p. 76)皮爾遜多次強調這樣的觀點：「外部世界對科學來說是感覺的世界」(*GS*, p. 82)，「外部世界是構象。它是由部分地用即時感覺印象、部分地用存儲印記建構的客體組成的。為此理由，『外部世界』本質上受到人的知覺和記憶能力的制約。甚至假設『物自體』的形而上學家也承認，感覺印象決不像物自體，人的感覺印象如此遠離存

在物，以致整個『物自體』的產物也許只不過是物自體『產生』感覺印象的『官能』的最小部分。」(*GS*, p. 99)

㈢感覺印象是知識素材的本源，科學最終以感覺印象為基礎，科學對超感覺的東西不可知。

皮爾遜認為，心智完全局限於作為知識的素材之本源的感覺印象，而且就其內容而言，心智能夠把它分類和分析、結合和建構，但總是用這一相同的素材，不管是它的即時形式還是存儲形式。科學雖說處理從感覺印象引出的概念，而科學的概念和推理的終極基礎卻在於即時感覺印象。(*GS*, pp. 80–81) 他得出的結論是：

> 科學的領域最終以感覺為基礎。感覺的熟悉的一面即感覺印象激發心智形成構象和概念，這些再次通過聯想和概括給我們提供了科學方法應用的素材的整個範圍。(*GS*, p. 89)

關於超感覺的範圍，皮爾遜坦言，我們可以無益地把它哲學化和教條化，但是我們永遠不能有用地了解它。把知識一詞應用到不能成為心智內容一部分的某種東西，導致該詞的不合理的外延。他進而斷定，人的思維在感覺印象中有它的終極源泉，它不能達到感覺印象的彼岸。(*GS*, pp. 82, 90) 一句話，科學對超感覺的東西是不可知論的❹。

㈣意識、無意識和思維。

在皮爾遜看來，當我們的行動憑藉感覺印象即時地繼起時，我們說該動作是無意識的，我們的行動隸屬於我們把感覺印象歸因的

---

❹　K. Pearson, *The Grammar of Science*, Second Edition, Revised and Enlarged Adam & Charles Black, London, 1900, p. vii.

「外部客體」的機械控制。另一方面，當動作受到存儲的感覺印象的制約時，我們稱我們的行動是有意識的。我們說它是由「我們內心」決定的，並斷定「我們的意志的自由」。 在前一種情形中，動作只受即時感覺印象的制約；在後一種情形中，它受部分是即時的、部分是存儲的印象之複合的制約。我們所謂的意識，即使不是全部也是大部分歸因於存儲感覺印象的庫存品，歸因於感覺神經把信號傳達給大腦時，這些庫存品制約傳給運動神經的信號的方式。於是，意識的度量將主要取決於(1)過去的感覺印象的廣度和多樣性，(2)大腦能夠持久地保存這些感覺印象的印記的程度，或可以稱之為大腦的複雜性和可塑性的東西。(*GS*, pp. 55, 53) 因此，意識是與在大腦中接收來自感覺神經的感覺印象和通過運動神經發送刺激到行動二者之間的時間流逝過程，與具有某種特徵的機制（大腦和神經）結合在一起。在不能發現感覺印象和動作之間的時間間隔的地方，或者在不能發現神經系統的地方，推斷其有意識是不合邏輯的。(*GS*, pp. 69–70)皮爾遜進而斷言：「在超越於類似我們自己的神經系統之外，意識是沒有意義的；咬定所有物質都是有意識的，更有甚者，咬定意識能夠存在於物質之外，則是不合邏輯的。」(*GS*, p. 91)

關於思維的本性，皮爾遜認為，即時感覺印象被視為點燃思維的火花，它使過去的感覺印象存儲的印記活動起來。儘管我們並非總是能夠分辨感覺印象和思維的最終序列之間的關係，也並非總是能夠追溯思維與它由以開始的即時感覺印象的順序，但是可以肯定的是，思維的元素歸根結底是過去的感覺印象的持久印記，思維本身是由即時的感覺印象出發的。思維一旦被激起，心智由於驚人的能動性便從一個存儲的印記過渡到另一個印記，它分類這些印記，分析或簡化它們的特徵，從而形成有關性質和模式的一般概念。它

由直接的、也許可以稱為物理的記憶結合到間接的或心理的結合，它由知覺到構想。對於思維的物理方面和心理方面的真相和二者之間的關係，皮爾遜逕直地承認在目前的科學狀況下是無知的。不過他猜想，二者的區別本質上是質的區別，而不是度的區別。感覺印象以各種可能性導致大腦某些物理的（包括化學的）活動，這些活動被每一個人在思維的形式下僅為他自己所辨識。每一個人都辨認他自己的意識，並察覺到，感覺和動作之間的間隔是被某種心理過程占據的。我們在我們個人自身中辨認出意識，我們假定意識在其他人身上也存在。(*GS*, p. 58) 皮爾遜還揭示出思維存在的可能性的條件是重複或慣例（感覺印象的變化或轉變以重複的序列發生，我們將其特徵概括為慣例）：

> 要使思維是可能的，還有實際的需要，即知覺官能應該總是按相同的秩序重複某個序列。換句話說，重複或慣例是思維的不可或缺的條件；序列的實際秩序是無形的，但是無論它可能是什麼，要使知識是可能的，它自己就必須重複。……思維能力，或者把即時的或存儲的感覺印象的群和序列結合起來的能力消失的條件是，這些群和序列沒有我們能夠藉以分類和比較的持久的要素。(*GS*, pp. 162–163)

在這裡，我們不由自主地想起愛因斯坦對思維的理解：當接受感覺印象出現記憶形象時，這還不是思維；當這樣一些形象形成一個系列，其中每一形象引起另一個形象，這也還不是思維；只有當某一形象在這樣的系列中反覆出現，這種再現使它成為這種系列的一個起支配作用的元素時，才能形成思維❺。請讀者比較一下，這與皮

爾遜關於思維的本性和條件的論述何其相似。

㈤知覺官能和推理官能的共濟 (co-ordination) 和作為投射 (eject)的他人的意識。

在皮爾遜看來，隨著知覺官能的發展，反映官能或推理官能也發展了。轉換和排列知覺的能力，迅速從感覺印象達到合適的動作的能力，被認為是對人的生存鬥爭具有至高無上的重要性的因素。儘管人們目前對兩種官能之間的關係和共濟本性還無明確的了解，但是可以說，知覺官能主要選擇反映官能能夠分析和用簡潔的公式或定律概述的知覺，而且在充分廣闊的限度內，知覺官能的強度好像在一切生命形式中正比於推理官能。無論如何也不服從人的理性的感覺印象的世界，可能十分有害於人的保存。在這樣的環境中，人就像白痴和精神病患者一樣，不能分析或錯誤地分析，合適的動作不會緊隨感覺印象，這種人只有很小的機遇倖存於知覺官能和推理官能是協調的人之中。很可能，某些種類的白痴和瘋狂有幾分返祖現象，人的心智重新回到知覺官能和反映官能不共濟的變異——這種變異大體上在生存鬥爭中已經被消除了。如果這種詮釋是完全正確的，即如果知覺能力能夠如此在進化中形成，以便接受某些感覺印象而排斥另一些感覺印象；進而如果知覺官能和反映官能在共濟中發展，以致前者在廣闊的限度內接受的東西能夠被後者分析，那麼我們就能以某種方式逐步理解，為什麼人的理性能夠用簡潔的公式表達知覺慣例，以及知覺官能為什麼有可能大部地或全部地決定我們的知覺慣例。於是，共濟的反映官能應該能夠用比較簡單的公式描述「外部宇宙」，就顯得不足為奇了。(*GS*, pp. 124–127)皮爾

---

❺ 《愛因斯坦文集》第一卷，許良英等編譯，商務印書館 (北京)，1976年第1版，頁3。

遜總結道:

> 人的反映官能能夠用心理公式表達知覺慣例，這一事實可能
> 是由於這種慣例是知覺官能本身的產物。知覺官能似乎是選
> 擇的，與反映官能共濟地發展的。(*GS*, p. 135)

他把幾何學概念在整體上能有效地描述知覺空間，把幾何學運動的
概念世界的結果與我們對於外部現象世界的知覺經驗密切一致，看
作是知覺官能和推理官能之間一致或同等發展的引人注目的例證。
(*GS*, pp. 206, 286) 在這裡，皮爾遜作為進化認識論先驅的形象不是
顯露出來了嗎？

　　皮爾遜早就論述了當代心靈哲學所關注的他心問題 (*GS*, pp.
59–61)。他明確指出，他人的意識永遠不能被感覺印象直接察覺，
我只能從我們的神經系統的明顯的類似、從在他的情形中和我自己
的情形中感覺印象和動作之間同樣的躊躇、從他的行動和我自己的
行動之間的類似，來推斷他人意識的存在。皮爾遜的推斷是一種行
為主義的和功能主義的推斷，採用的是類比方法，而不是嚴格的證
明。他明白，我們迄今還不能用物理學證明他人的意識。不過他設
想，假如我們的心理學知識和外科手術充分完備的話，我們就可以
通過合適的神經物質的連合，把你的大腦皮質與我的大腦皮質聯接
起來❻，從而我就可以意識到你的感情，承認你的意識是直接的感
覺印象。他預言，這種他人意識物理證實的可能性並不比到恒星旅
行的可能性更遙遠。皮爾遜贊同克利福德把「投射」這個方便的名

---

❻　皮爾遜設想的實驗迄今似未有人付諸實施，但是研究他心問題的其他
　　實驗（比如借助腦電波測量破譯思維語言）仍在嘗試中。

稱給予像他人意識這樣的僅僅是推斷的存在，不過他懷疑客體（可以作為直接的感覺印象到達我們意識中的東西）和投射之間的區別是否像克利福德欲使我們相信的那麼明顯。可以承認，另一個人的大腦的複雜的物理運動對我來說是客觀實在；但是另一方面，假設性的大腦連合難道不能使我們確信另一個人的意識正好像我的意識一樣起作用嗎？因此，沒有必要斷言，意識處在科學領域之外，或者意識必須逃脫物理學的實驗和方法。儘管我們現在離真知還十分遙遠，但是看不到有什麼邏輯障礙阻止我們對今天只是投射的東西在未來會獲得客觀的了解。雖說心理效應並非都能夠還原為物理運動，但它無疑是由物理作用引起的。因此我們可以合理地假定：合適的物理鏈環可以把心理活動的評估由一個心理中心轉移到另一個心理中心。

㈥宇宙的同一在於思維肉體工具的同一。

皮爾遜認為，個人的大腦和感官也許顯著地受到遺傳、健康、訓練和其他因素的影響，但是一般說來，在兩個正常人中，思維的肉體工具是同一類型的機制，實際上不同的僅在於效率，而不在於本質和功能。對於同樣兩個正常人而言，感覺器官也是同一類型的機制，從而把同一感覺印象傳達給大腦。宇宙對所有正常人的類似性正是在這裡。相同的肉體器官接收相同的感覺印象，並形成相同的「構象」。兩個正常的感知官能實際上建構同一宇宙。假如這一點不為真，那麼在一個心智中思考的結果對第二個心智來說就不會正確。因此，科學的普適的正確性取決於在正常文明人中感知官能和推理官能的類似性。(*GS*, p. 57)

此外，皮爾遜還把他的物質觀、運動觀、時空觀、因果觀等建立在感覺論的基礎上，在以後的有關論述中，我們會逐一看到這一切。

2.2 現象論、工具論和實證論的色調

皮爾遜的以感覺印象為基石的感覺論的經驗論，也包含著現象論、工具論和實證論的色調，其實後三「論」本來就屬於比較激進的經驗論的範疇，或是經驗論的變種。

現象論作為一種哲學學說，它把所有關於被感知的或可感知的事物的談論還原為關於實際的或可能的感知經驗的談論，從而反對在現象之幕背後隱藏不可知的客體；因此，它往往也把談論和思考乃至科學限制在現象世界。皮爾遜在現象論的前一種意義上是十足的現象論者，但在後一種涵義上則有所背離。在皮爾遜看來，現象或物理事實是我們把某些與即時的感覺印象結合的構象向外面投射的結果 (*GS*, p. 92)，現象世界是由知覺官能在空間和時間兩種模式下、或在變化的混合模式下區分的感覺印象群的世界 (*GS*, p. 392)。現象的物體的持久性和同一性可能在於個體的感覺印象的群聚，而不在於從概念投射到現象的不可知覺的某種事物的同一性 (*GS*, p. 305)。現象世界和記憶世界之間的區別不在於它們的內容的秩序和關係，而在於在兩種情況中刺激的強度和結合的質，也就是說，在外部的和內部的知覺的逼真性方面存在著巨大的差異，在知覺內容在兩種情況中與之結合的存儲印記的範圍方面存在著顯著的變化 (*GS*, p. 194)。

在對現象或現象世界作出某種界定，並把它們與感覺印象及其世界關聯起來的同時，皮爾遜指出，在感覺印象或現象背後設置它們的源泉，諸如物質論者的物質、貝克萊的上帝、康德的物自體、叔本華的意志、克利福德的心智素材(mind stuff)，只不過是形而上

學的枯燥無味的討論。這樣作無助於有用的意圖，因為它在基於感覺印象的概念領域之彼岸，在邏輯推理或人類知識的範圍之彼岸。假設在我們生活於其中的感覺印象的實在世界之背後的影子似的不可知物，超越感覺印象的幔幕而假定現象世界背後的物自體，是徒勞無益的。(*GS*, pp. 83, 88, 294) 他因而斷言：

> 我們了解我們自己，我們了解我們周圍的不可穿透的感覺印
> 象之牆。在感覺印象背後存在著產生感覺印象的「物自體」
> 這一陳述中，不僅沒有必然性，甚至沒有邏輯。(*GS*, p. 82)

但是，皮爾遜並未把科學和認識局限於現象領域。他說，科學借助不符合現象本身中的實在的概念來描述現象世界(*GS*, p. 206)，它的合法領域是人的心智的整個內容。斷言科學處理外部現象世界的人只是講了一半真理。科學只是為檢驗和證實它的概念和推理的準確性，才訴諸現象世界——即時的感覺印象。(*GS*, pp. 80–81)

　　工具論❼的精神實質是，科學概念、判斷或理論只是描述現象

---

❼　斯卡格斯塔德(P. Skagestad)引用了赫斯(M. Hesse)對工具論的定義：
「工具論是一種特定的科學理論觀，尤其是理論既不真也不假的觀點，但是對於用經濟的形式組織和系統化的觀察而言，它像計算裝置的工具一樣發揮作用。」他指出，工具論堅持科學理論不涉及實體，而只涉及觀察現象，而理論則是觀察現象的速記。他特別表明，世紀之交的工具論典型地作為一連串的觀念的一部分而出現，它彷彿形成認識論中的現象論的經驗論和道德、政治思想中的社會達爾文主義之間的概念之橋。參見 P. Skagestad, Peirce and Pearson: Pragmatism vs. Instrumentalism, *Language, Logic, and Method*, Edited by R. S. Cohen and M. W. Wartofsky, D. Reidel Publishing Company, 1983, pp.

的速記手段和工具，其價值僅僅在於它的經驗有用性或有效性，而不在於它是否符合實在，或者是真是假。皮爾遜就這樣明確表示，概念是描述知覺慣例的寶貴工具(*GS*, p. 299)；科學概念的有效性首先不依賴它們的作為知覺的實在，而依賴於它們提供分類和描述知覺的手段(*GS*, p. 199)。他處處維護這樣的立場：

> 科學是借助於概念的速記描述知覺經驗，這種速記的符號是知覺過程的普遍理想的極限，它們本身不具有嚴格的知覺等價物。(*GS*, p. 312)

皮爾遜一再強調，幾何學乃至所有的科學知識都不是關於「物自體」的知識，而純粹是從我們經驗引出的概念極限的知識，它的符號不具有在我們心智之外的實在性(*CD1*, p. 201)。只要我們把符號化的、但卻不是現象世界的概念投射到現象世界，只要我們力圖發現與幾何學理想和其他純粹概念的極限符合的實在，我們就是無知的並將是無知的。只要我們這樣作，我們就弄錯了科學不是說明、而是用概念速記描述我們知覺經驗之目標。(*GS*, p. 329)不過，皮爾遜並不否認科學真理這一概念,並持有真理符合論的觀點（下一章述及）。

　　實證論是一個頗多歧義的哲學學說，從其祖師聖西門 (Saint-Simon, 1760–1825)、孔德，經馬赫到邏輯實證論者，其意蘊幾經變遷。難怪布萊克默給實證論作了多重界定❽。不過，實證論有一個

263–282.

❽ J. T. Blackmore, *Ernst Mach: His Work, Life, and Influence*, University of California Press, 1972, p. 105. 他給「實證論」下了四種定義。 1.狹義的定義：實證論是孔德的哲學。 2.廣義的定義：實證論是把認識論

突出的特徵：它告誡人們，不要像神學和形而上學那樣超出觀察的範圍，去尋求第一因或終極目的。而且實證論與工具論和現象論有千絲萬縷的聯繫，從剛才的論述中也不難看出皮爾遜經驗論哲學中的實證論因素。

皮爾遜是一位自由思想的推崇者和自由思想者。就他把物質論、無神論、實證論和悲觀主義排斥在自由思想之外(*EF*, p. 7)而言，他是不大贊同實證論的。但是，他卻明確表示：形而上學家和神學家控制不住他們的形而上學傾向，力圖超越可感覺的東西，必定要把他們的概念投射到超越知覺的實在，就像蜘蛛那樣吐絲結網。這種傾向的危險在於，當它從感覺印象的「彼岸」進行到現象世界時，它便頻頻地與我們的知覺經驗相矛盾。無論何時這樣的蜘蛛網塞滿適合科學知識居住的房間，科學的掃帚都會把它們一掃而光。(*GS*, p. 322)他還斬釘截鐵地斷定：第一因對科學來說不存在，科學對第一因一無所知(*GS*, p. 151–153)。在這些表述中，實證論的成分是很明顯的。皮爾遜的實證論思想也充分體現在他的科學方法論、科學觀和社會哲學中，我們在以後的論述中不難看到這一點。

儘管皮爾遜的經驗論是比較極端的感覺論，而且帶有現象論、

的現象論與「科學主義」，即與相信科學技術的進步的合乎需要性結合起來的信念。3.敵對的「定義」：a.實證論是物質論的和無神論的哲學（宗教的反對）；b.實證論是誇大對科學的經驗進路的意義的哲學（理性論的反對）；c.實證論是僅僅集中於細節而犧牲較普遍和較深刻的理解的哲學（黑格爾和整體論的反對）；d.實證論是試圖把數學的、形式的或理想的方式強加給不適合於這類探究方法的課題的哲學（人文主義的反對）。4.最通用的自定義：至少就科學而言，實證論是科學的方法論，它不僅不是哲學，而且有助於使所有哲學成為多餘的。

工具論和實證論的強烈色調，但是他不僅不排斥理性，相反地十分推崇理性或理智，為理性論留有充分的作用空間，強烈地流露出康德主義的情調。皮爾遜從力學分析通過某些深奧的數學過程使我們能夠用幾個簡明的陳述概述大量的感知經驗事實，從預示發達的人類理智在預言未來或描述過去時可以達到什麼中看到,「智力——人類精神——是物理宇宙的主旨」(*EF*, p. 41),「我們的理性似乎是宇宙的君主」❾，因為「自然定律是人的理性的產物」(*GS*, p. 472)。他說：

> 自然的複雜性受我們知覺官能的制約；自然定律的綜合特徵歸因於人的心智的獨創性。自然及其定律的神秘和宏偉在於人的知覺和理性的能力。無論是詩人還是物質論者，都對作為人的統治者的自然虔敬效忠，這些人過分經常地忘記了，他們讚美的秩序和複雜性至少像他們自己的記憶和思想一樣，都是人的知覺官能和推理官能的產物。(*GS*, p. 222)

理性不僅在科學中舉足輕重，而且「理性和知識也是道德行為的唯一因素」(*EF*, p. 121)，必須「運用理性指導種族的本能和社會衝動」(*EF*, p. 14)。皮爾遜指出，在「理性飢餓、想像喝醉」中的心智框架從來也不是有益的,在社會團體中最為無益 (*CD2*, p. 94)。反常的知覺，不論是瘋子的還是神秘主義者的知覺官能，必定永遠是人類社會的危險，因為它損害了作為行為指導的理性的效力之基礎(*GS*, p. 165)。有趣的是，皮爾遜還從進化論的視角考察了理性：

---

❾ K. Pearson, *The Grammar of Science*, J. M. & Sons Ltd., London, 1937, p. 251.

人在生存鬥爭中通過發展更複雜的知覺官能和更完善的推理
能力，統治著其他的生命形式。在他為用簡明的科學公式概
述廣大範圍的現象而發展的能力中，在他關於自然定律的知
識和這種知識使他作出的預見中，存在著人優勝於其他生命
形式——從野獸的殘忍的能力到在顯微鏡下可見的引起某些
可怕疾病的桿菌的無理性的能力——的源泉。正像公牛以角、
鷹以翅膀而驕傲一樣，人也以他的理智力量而欣喜，正因為
這些能力才使他在生存鬥爭中立於不敗之地。(*GS*, pp.
471–472)

事實上，作為經驗論者的皮爾遜雖然充分肯定了感覺經驗在科
學和認知中的地位和意義，但他並未囿於經驗。他明確指出：「概
念並不對應於實際的感覺經驗中的無論什麼東西；它們是概念、理
智觀念，導致知識的正是我們就它們所作的推理。單純的經驗不是
知識；分類的經驗是通向知識的步驟，但還不是知識本身；當把推
理的過程用於從分類的經驗中引出的概念，知識才到來。」(*CD1*, p.
200)他從物理過程和理性過程等價這個人類習得的偉大真理中，甚
至得出理性在某些情況下可以反駁事實的結論：

我們對這一真理的確信是如此重大，以致我們拒絕任何與我
們清晰的推理對立的物理事實之說法。說物理事實與理性對
立，現在就是消滅思維的可能性。我們立即爭辯說，我們的
感覺欺騙我們，事實是錯覺，是所發生的事實的錯誤敘述。
任何與物理定律對立的物理事實也與心理事實對立；我們不
能思考它——它是不可能的。(*EF*, p. 42)

皮爾遜還在理性論哲學中賦予經驗、知識和信念以不同的角色：經驗是被給予的，我們對它的源泉一無所知；知識是一個只能被正確地用於理智結論的術語；信念建立在過去的科學概念與現象一致的經驗所提供的統計的基礎上。他贊同，如果給自然主義、科學和理性論以嚴格意義的話，那麼三者是等價的。(*CD1*, pp. 200, 184)顯而易見，皮爾遜的經驗論及其變種是汲取了理性論的合理因素的，至少是不與之針鋒相對。

2.3 坦率而駁雜的觀念論思想

從前面的有關論述中，我們不難看出皮爾遜哲學的觀念論傾向：外部世界是心理構象，是純粹符號的結構，把符號與指稱物混為一談是形而上學家的最大惡習。他坦率地表白：「健全的觀念論作為自然哲學的基礎，確實正在代替舊物理學家的粗陋的物質論。」❿可以說，下面幾句話集中濃縮了他的觀念論的主旨：「正是人的思想支配宇宙的定律，只有人能夠思想的東西才可能存在。……正是人的精神統治宇宙。」(*EF*, p. 20)

作為一位坦誠的觀念論者，皮爾遜不滿或反對物質論就是順理成章的事了（或者說，他是不滿物質論才皈依觀念論的）。 不過要記住，他反對的「粗陋的物質論」指的是十八世紀在法國復興的機械唯物論和十九世紀在德國流行的庸俗物質論，他特別點了這種物質論在當時的主要代表人物的名字：德國的莫勒斯霍特 (J. Moleschott) 和畢希納，英國的布雷德洛(C. Bradlaugh, 1833–1891)的追隨者。在皮爾遜看來，這種物質論把宇宙描繪成客觀的物質物

---

❿　同前注❹, p. vii.

體的集合，而這些物質物體永久地把某些運動相互強加，把對這些運動的知覺強加給我們。物質論者和用頭碰石牆的「常識」哲學家一樣，都毫無例外地是形而上學家，他們硬說物質是運動著的東西，物質占據空間，以及物質是有重的和堅硬的東西。他們還「從作爲不可破壞的基礎的物質和力之間的固定關係出發」，發現「在事物本身中固有的力學定律」。結果弄得自己漏洞百出，難以自圓其說，從而使這種物質論在邏輯批判的最輕微的壓力下倒坍了。(*GS*, pp. 278, 309–310, 353)

天主教辯護士米瓦特 (St. George Mivart)1895 年在批評皮爾遜時說：皮爾遜偶爾說他是觀念論者，並堅持認爲心智只能知道他自己的感覺；但是他又教條地斷定感覺唯一地通過物質過程產生於物質的中樞神經系統。米瓦特的結論是：皮爾遜這位宗派作家是「炫示的觀念論，……通常人們忽視了它有利於實踐物質論 (practical materialism)」❶。皮爾遜在反駁米瓦特的同時也對物質論作了界定：

> 我所要求的僅僅是，「物質論」一詞將在它的合理的和專門的意義上被使用，即描述從屬於物質的性質開始的某種形式的哲學信念——它將不被作爲一個宗派濫用的術語用於任何一個在他的生活理論中不同於使用者的人。尤其是，當它被應用於其中的生活哲學的主要特徵在於物質觀念在知識領域沒有位置、應該把物質觀念從所有科學處理中排除出去的陳述時，該術語就是不適當的。這個陳述可以爲真或爲假，但是

---

❶　K. Pearson, *The Grammar of Science*, With a New Introduction by Andrew Pyle, Theommes Antiquarian Books Ltd., Bristol, 1911. 參見 A. Pyle寫的〈引言〉。也可參見(*CD1*, pp. 380–388)。

把它的特徵概括為「實踐物質論」只不過是愚昧。(*CD1*, pp. 381–382)

皮爾遜不要米瓦特送給他的物質論桂冠,因為他深知,他的哲學把作為物質論基石的物質觀念從科學和知識中清除出去了。有證據表明,他至少在1882年就對科學中的物質和力的形而上學概念提出質疑⓬;在1885年發表的〈物質和靈魂〉(*EF*, pp. 21–44)的講演中,他已系統地形成了他的關於物質概念的主見。他認為,物質概念是從歷史上保留下來的偏見和教條,是科學的歷史進化中的一件不幸事件。物質是奇怪的東西,是流行的迷信。物質假定最無理由,物理科學完全可以忽略它。他就物質在科學的宇宙概念中所起的作用得出四點結論:⑴物理宇宙的科學觀點基於運動和質量,由於質量是運動變化的比率,因而可以說它僅僅基於運動。從這種觀點推導出來的物理宇宙的合理性理論取決於運動的某些實驗定律。一旦

⓬ 皮爾遜在《科學的規範》第一版序中說:「本書表達了關於科學的基本概念的觀點,尤其是表達了關於力和物質的基本概念的觀點;自從作者首次被要求思考,如何能夠把動力學科學的要素在擺脫形而上學的情況下介紹給青年學生之時,這些觀點就形成了他的教學的一部分。」(*GS*, pp. viii–ix)值得注意的是,他在第二版(1900)中,在「作者首次被要求」之後,添加了「(1882)」。這顯然暗示,他的觀點是先於馬赫的《力學史評》(1883年初版)而提出的。其實,在(*GS*, p. 387)中,皮爾遜就逕直寫道:當作者在1882年為教學目的而研究運動定律時,就達到第八章「運動定律」所提出的觀點,在1884年和後繼的年代為作學院講演又發展了它們。對它的簡要敘述於1885年發表在克利福德的《精密科學的常識》pp. 267–271上,但是作者只是從下面已出版的著作中找到了類似見解的表示,並從細讀它們受到幫助和激勵。在皮爾遜提及的著作中有馬赫的1883年出版的《力學史評》。

承認這些定律，科學就能使最複雜的物理現象變得可理解。(2)關於物質的本性，科學現在完全不可知。不過它認識到，假定能夠發現物質的本性，那麼運動定律就會不再只是經驗的，而變成理性的。(3)依據力學原理說明物質似乎是不可能的，因為這樣作只不過是使粗陋的物質重新依賴也許更小的粗陋的物質，這在實際上並沒有說明。(4)雖然科學對物質完全不可知，但是在我們看來它有權利考慮使物質變得可理解的嘗試。他進而說道：

> 物質問題的解決不是靠靈感，不是靠神話，而是靠訓練有素的心智多年的、也許數世紀的刻苦研究和思考。對於今天人類智力來說是不可能的事，可能對於未來的人類智力就是容易的。每一個問題的解決不僅標誌著人類知識總和的進展，而且也一般意味著人類心智能力的相應擴展。(*EF*, p. 37)

如果說皮爾遜在這裡還為物質問題的未來解決留有餘地的話，那麼他在數年後出版的《科學的規範》則進一步堅定了反對物質概念的立場。他在序中開宗明義：基礎科學教科書中流行的關於力和物質的陳述更為絕望地不合邏輯。在專論物質的一章中，他細緻地分析和批評了一些哲學家和科學家關於物質的朦朧而又違背邏輯的定義：例如黑格爾的晦澀的、思辨的、泥潭式的定義，麥克斯韋用能量定義物質、用物質定義能量的邏輯循環定義，威廉・湯姆遜(W. Thomson, 1824–1907)的物質是受力或施力的東西的定義，泰特(P. G. Tait, 1831–1901) 的物質是占據空間的東西的定義，以及作為不可入的、堅硬的、恒久的、不可破壞的物質的常識觀點。他反駁把物質定義為感覺印象群的源泉或不可知的原因，認為這樣作是無意

義的和無用的。他指出，只有把形而上學家的偶像物質驅除出科學的聖殿，才能消除從經院哲學繼承下來的物質概念的困難 —— 這種困難是由斷言概念符號是現象的但卻是非知覺的存在而引起的。他就「物質」討論所得到的結果是：(1)作為我們感覺印象根基的「物質」是形而上學的教條，而不是科學的概念；(2)在命名法領域，永恒是一個無用的術語；(3)不可毀滅性與某些感覺印象有關，而不是與在它們背後的某種不可定義的事物有關 (*GS*, p. 391)。他本人的理解是：「物質」是感覺印象群，「運動中的物質」是感覺印象的序列 (*GS*, p. 138)。這裡的引號是皮爾遜本人加的，讀者不難理解他的用意。不過請注意，皮爾遜也在概念的或幾何學理想的意義上，而非實在的或投射的形而上學意義上使用物質的術語。於是，「有重」物質將是我們用來表示我們命名為物質的感覺印象群的東西之概念符號的名字，而以太物質將是我們用來描述其他感覺印象狀態、尤其是屬於各種不同物質的群的感覺印象在空間和時間中的相關之符號的名字，從而把「物質還原為處於運動的非物質」。(*GS*, pp. 310–313)

像反對物質論的物質一樣，皮爾遜也堅決反對康德的物自體概念。他強調指出，作為感覺印象背後的「影子」或「幽靈」似的「物自體」沒有必然性和邏輯，我們可以把它哲學化和教條化，但是我們永遠不能有用地了解它。個體的「實在性」並不在於某種影子似的「物自體」， 而在於感覺印象群的持續性。人們假設「物自體」本來是為了闡明感覺印象的持久性和個體性，但情況表明物自體像感覺印象一樣是易逝的。因此，出於實際的和科學的目的定義客體的同一性，我們沒有必要重新依靠關於物自體的形而上學進路。而且，自然定律也並非存在於「物自體」中而與人的心智無關。這樣

一來，假設「物自體」確實是無用的、徒勞無益的。(<i>GS</i>, pp. 82–99)

　　對於科學中的原子（及分子、電子等）和以太，皮爾遜的態度則要寬容和靈活得多，而且用相當多的篇幅把它們作為不連續性和連續性的代表加以討論（例如作為「理想流體」和「理想果子凍」的以太，作為漩渦圈和以太噴射的原子）⓭。他的總的指導思想是：原子和以太在科學中分別與不連續性和連續性概念相關，它們是有價值的輔助概念、理論模型和工作假設，它們作為智力工具發揮作用，其目的是為了經濟地描述感覺印象；在未發現它們的知覺等價物時，而把它們投射到外部世界，並斷言它們是現象世界的實在，那就從科學的牢固基地誤入形而上學的流沙區。皮爾遜提出一個原則性的命題：實在的東西和非實在的東西、以及實在的東西和理想的東西之間的劃分，雖則不那麼截然分明，但卻具有質的差異。海王星由理想的東西過渡到實在的東西，而原子還是理想的東西。當理想的東西的知覺等價物被發現時，理想的東西就過渡為實在的東西，但是非實在的東西永遠也不能變成實在的。因此，形而上學家的概念，諸如康德的物自體或克利福德的心智素材是非實在的（不是理想的），它們不能變成直接的感覺印象，但是關於物質本性的物理學假設是理想的（不是非實在的），因為它們並非絕對地處在可能的感覺印象的領域之外。(<i>GS</i>, p. 50) 他指出，物理學家之所以推

⓭　皮爾遜在他人啟示下提出的一些猜想是天才的：「以太噴射 (ether-squirt) 似乎是能夠描述十分顯著的現象範圍的概念機制。當然，它包含著負物質的概念或以太壑(ether-sinks)；因為噴射到不可壓縮中的流體中的量至少必須與流出量相等。不管怎樣，由於以太噴射和以太壑必須被構想成相互排斥的，因此我們無需驚奇，我們不得不認為我們的宇宙部分是由正物質建造的；負物質或以太壑也許很久以前就從以太噴射範圍向外流出了。」(<i>GS</i>, p. 319)

斷原子的存在，是因為原子假設能使他們簡潔地恢復若干感覺印象，但他們並沒有任何單個原子的經驗。不過，他認為原子像他人意識一樣，也許在某一天會獲得客觀實在性。(*GS*, p. 61) 皮爾遜如下詳細闡述了原子（對以太也適用）概念的引入及其認識論和方法論意義：

> 我們從感官直接地或以存儲的感官印記的形式提供的素材中引出概念。我們就這些概念進行推理，努力弄清它們的關係，用我們命名為科學定律的簡潔陳述或公式表達它們的序列。在這個過程中，我們常常把感覺印象的素材分解為本身不能夠形成不同感覺印象的要素；我們達到不能用感官直接證實的概念；也就是說，我們永遠不能夠，或者至少我們在目前不能夠斷言，這些要素具有客觀實在性。這樣一來，物理學家把我們命名為物質的實物的感覺印象群還原為分子和原子要素，討論這些要素的運動，可是它們從來沒有、也許永遠也不能夠變成直接的感覺印象。物理學家從未看見或感覺到單個原子。原子和分子是理智的概念，物理學家以此分類現象，闡述它們的序列之間的關係。因此，從某種立場來看，物理學家的這些概念是超感覺的，也就是說，它們在目前沒有表象直接的感覺印象；但是讀者必須細緻小心，不要把這類超感覺性與形而上學家的超感覺性混為一談。物理學家以兩種不同方式中的一種或另一種看待原子：或者原子是實在的，即能夠是直接的感覺印象，要不原子是理想的，即是我們能夠藉以系統闡述自然定律的純粹心理的概念。它或者是人的感知官能的產物，或者是人的反映官能或推理官能的產

物。它可以從後者行進到前者，從理想的階段行進到實在的
階段；但是它還沒有如此，它依然只不過是分類感覺印象的
概念基礎，它沒有現實性。另一方面，形而上學家斷言不受
人的知覺官能或反映官能制約的超感覺的東西的存在。他的
超感覺的東西不能立刻成為感覺印象，可是卻具有與人的想
像無關的實在的存在。毋需贅言，這樣的存在包含著未受檢
驗的和不可證明的教條。然而，在物理學家的超感覺的東西
和形而上學家的超感覺的東西之間的巨大鴻溝往往被忽略
了，我們被告知，討論像分子和原子這樣的「物自體」是合
乎邏輯的！(*GS*, pp. 114–116)

　　皮爾遜贊成觀念論而反對物質論，但他並非認為二者水火不相
容、冰炭難同爐，至少在早年是如此。他在1883年的講演中，他對
兩個哲學思想者學派即物質論者和觀念論者之間存在的明顯對立不
以為然；他預言，隨著科學知識的成長，觀念論和物質論之間的所
有差異似乎注定要消失(*EF*, pp. 18–19)。他在1885年的講演剛開始
不久就道出了他的旨意：

　　我本次講演就是要努力表明，觀念論和物質論不可能是對立
　　的心理極，物質和精神 (spirit)不可能是截然不同的實體。因
　　此，它的論題是，科學決沒有在流行的意義上使世界物質化，
　　而是使它觀念化；在我們看來，首次使得把宇宙視為某種概
　　念的而非物質的東西成為可能。(*EF*, p. 23)

皮爾遜進一步論證說，我們不能講出什麼是物質的終極要素；同樣

在目前的知識狀態下，說「物質是意識」或「物質是無意識」也是徒勞的。在這一點我們必然是絕對不可知的，不過我們同時必須記住，一切在靈魂(soul)和素材、物質和心智(mind)之間作出區分的人都是純粹的教條主義者。可能存在區別，或可能沒有區別。我們肯定不能斷言存在哪一個。由於觀念論和物質論遠非是對立的思想方法，因此在可能性的範圍內，它們表示學派的無根據的差異。斷言心智是宇宙的基礎和斷言物質是宇宙的基礎，不是必然對立的命題，因為我們針對相反的心智和物質能夠說的一切，歸根結底是同一事物，或者可能至少只是同一事物的不同表現形式。只要我們對二者中的任何一個的終極要素的本性全然無知，那麼斷言「心智是物質」或「物質是心智」， 純粹是無意義的。二者是只能被實證知識的成長確認或反駁的教條。如果我們關於物質和精神的考慮具有任何價值的話，那麼它將至少導致我們承認，在物理宇宙和心理宇宙的基礎中同樣存在同一要素的可能性。假使我們知道物質和心智的本性，那麼毫無疑問，我們就能合理地創造整個宇宙；每一步都會是邏輯的、心理的過程。如果我們從一個或另一個同樣能夠演繹出整個物理宇宙，那麼這就是物質和心智可能等價的強有力的證據。在外部，物質似乎是作為世界的基礎，每一個世界過程都處於邏輯序列中；在內部，心智描繪了類似的世界，該世界嚴格遵守相同的序列。否認二者具有相似質的終極要素的可能性是困難的。(*EF*, pp. 39–41)

很明顯，皮爾遜試圖為物質和心智找到同一的或相似質的終極要素，把二者最終統一起來，從而消除物質論和觀念論的人為對立，並使之調和。在《科學的規範》中，他似乎沒有在這個進路上繼續前進。不過，他認為物理的東西和心理的東西只在程度上有所差異，而無種類上的區別。物理學和心理學都處理感覺印象之間的關係，

儘管是從不同的立場處理的。在我們自己之外和之內的區分具有任意性，只不過是日常實踐方便的區分。(*GS*, pp. 73–85) 他甚至偶爾說過：「斷言意識能夠存在於物質之外，是不合邏輯的。」(*GS*, p. 91)「幾何學的概念能夠來自物質的宇宙，但是物質的宇宙不能夠來自幾何學的概念。」(*GS*, p. 247)

2.4　鮮明的懷疑和批判特徵

作為對思想進行思想的或反思的哲學，以懷疑為起點、以批判為先導為自己開闢道路，原本就是題中應有之意。難怪笛卡兒的無前提、無定見的哲學認為懷疑是智慧的開端，並提倡無處不懷疑。難怪齊克果 (S. Kierkegaard, 1813–1855) 大膽斷言：哲學由懷疑始，哲學思考之前我們先得有所懷疑，近代哲學由懷疑始❶。

皮爾遜可謂把握了懷疑哲學的真諦和時代的脈搏。他一針見血地指出：「通向知識和最終確信的唯一真實道路是懷疑和懷疑論」(*CD2*, p. 5)，而「常識往往是理智冷漠的名字」(*GS*, p. 290)。他進而揭示出：

　　與不動腦筋的推理、輕鬆的和過分現成的信仰相比，誠實的

---

❶　S. 齊克果：《論懷疑者／哲學片斷》，翁紹軍等譯，三聯書店（北京），1996年第1版，頁26–29。我從趙汀陽著的《論可能生活》（北京三聯書店，1994年版）中也看到類似的思想(頁3, 37, 55, 59)，但卻未注明出處：不知他是借鑒先哲的，還是獨立發現的？我只能納悶，但猜想是前者。《論可能生活》是一本好書，但全書（197頁）只注一個參考文獻（責任編輯的），令人覺得不可思議，且難逃脫「掠人之美」的干係。

懷疑對共同體來說更為健康。懷疑至少是通向科學探索的第一個階梯；達到這一階梯比無論什麼智力進步也未作出要好得多。(*GS*, p. 69)

為此他大聲疾呼：我們不要加入絕望的吶喊——「我們一無所知，讓我們相信一切。」(*CD2*, p. 94)與此同時，皮爾遜也明睿地洞察到，在我們的時代精神——它是一種健康的精神——中，我們習慣於使我們質疑一切事物，要求它們存在的理由(*GS*, p. 10)。他說：

> *母庸置疑*，當一個事件或觀察的真或假對行為具有重大的影響時，過分懷疑比過分輕信更有社會價值。在像當代這樣的本質上是科學探索的時代，懷疑和批判的盛行不應被視為絕望和頹廢的徵兆。它是進步的保護措施之一；我們必須再次重申：批判是科學的生命。科學的最不幸的（並非不可能如此）前途也許是科學統治集團的成規，該集團把對它的結論的一切懷疑、把對它的結果的一切批判都打上異端的烙印。(*GS*, pp. 66–67)

皮爾遜的懷疑不是徬徨猶豫，而是胸中有數；不是有限的、有偏見的懷疑，而是廣泛的、無定見的懷疑；他甚至堅決要求懷疑的幾乎神聖的性質。他說：不管誰吶喊他發現了偉大的真理，我們仍要拒絕聽信任何激情的訴諸，而要求他的信念的理性基礎，不管他的名聲多大，也不管多麼尊重他的權威。在我們發現任何主張存在的理性基礎之前，要拒絕信仰它，儘管它是許多人所堅持的。一句話，認為所有不是基於堅實的理性基礎的事物都隸屬於神聖的懷疑

權利；把所有純粹的信仰作為妄想看待，把未知的東西不是視為教條的領域，而是視為要解決的問題。(*EF*, p. 122)他還要求把訓練懷疑作為教育的內容和責任：

> 如果學生從課堂出來未訓練去懷疑，那麼他的教育就是不充分的。不促進你在每一階段去疑問、去懷疑的教育，就沒有對你盡到它的責任。

但是，他接著立即申明，他對在科學中、在藝術中或者在行動中認為懷疑每一個常規是時髦的人並不抱一絲同情，因為常規的存在就強有力地證明，存在著某種可以說是有利於它的東西——它對行動提供著或者至少已經提供了某種幫助，也可以說提供了某種思維經濟❺。由此可見，皮爾遜的懷疑精神確實是誠實的懷疑，他的懷疑論確實是健康的懷疑論。

皮爾遜的與懷疑精神相輔而行的批判精神，也是富有建設性的。他以庫辛的「批判是科學的生命」為正當理由，在《科學的規範》中把注意力從科學的莊嚴的上層建築移開，轉而以批判的眼光審查它的基礎，對近代科學的基本概念作了系統的批判。他說，作者充分意識到批判之易和重建之難，因此他並不試圖在較輕的任務上突然停住。他並未低估偉大科學家的勞動或近代科學的使命的意義，他對譽滿全球的物理學家的觀點和物理學概念的流行定義質疑，也不能歸因於他的純粹懷疑精神。作者幾乎毫無保留地接受了近代物理學的偉大成果，他只是認為陳述這些成果的語言需要重新加以

❺ K. Pearson, *The Academic Aspect of the Science of National Eugenics*, Published by Dulan and Co., Ltd., London, 1911, p. 15.

考慮。這一重新考慮迫在眉睫，因為物理學的語言已被廣泛地用於生物科學（包括社會科學）的所有分支(*GS*, pp. vii–viii)。皮爾遜還把批判作為科學方法的重要手段和牽制科學想像（這在科學創造中是不可或缺的）的有效力量。他說：

> 成百上千的人都憑他們的想像解決宇宙問題，但是對我們真正理解自然現象有貢獻的人，卻是那些對他們想像的產品慷慨地運用批判的人。正是這樣的批判，才是想像的科學運用的本質，事實上是科學的真正生命線。(*GS*, p. 38)

皮爾遜把他鍛造和錘煉的懷疑和批判的矛頭始終對準傳統、蒙昧迷信、教條主義、唯靈論（或泛靈論）、神學和形而上學。皮爾遜是尊重歷史和前人、理解傳統的意義的，但是他不囿於傳統，並敢於背離和打破阻礙進步的傳統。他讚賞「不怕傳統」和「敢於擺脫傳統暴政」的認識勇氣，敢於承認「我們是無知的」(*GS*, pp. 473–474)。他深知，幾乎所有阻礙人類思想的傳統都不是直接的經驗的產物，而是從過小的經驗範圍進行推理的產物。這些心理概念統治著經驗，甚至被許多人作為經驗事實來接受，例如前哥白尼(N. Copernicus, 1473–1543)宇宙體系就是這樣的概念奴役的傳統❶。他告誡人們，雖然黑格爾哲學威脅要壓制幼稚科學時代已經過去了，但是依然存在著不能漠視的危險，這一危險妨礙科學知識在未受啟蒙的人中間傳播，而且由於懷疑科學方法而迎合蒙昧主義 (*GS*, pp.

---

❶　K. Pearson, *The Grammar of Science*, Part I—Physical, Third Edition, Revised and Enlarged, New York: The Macmillan Company, 1911, p. 165.

21–22)。他表示：

> 科學的範圍是弄清每一個可能的知識分支中的真理。沒有什麼探究領域在科學的合法領域之外。在科學方法和哲學方法之間劃出分界線是蒙昧主義。(*GS*, p. 45)

對於有人提出的「我們能夠通過迷信的地洞進入真理之要塞，或借助形而上學的梯子攀上真理之城牆」， 皮爾遜的回答是明快而簡潔的：「我們必須對這一切人的話充耳不聞。」(*GS*, p. 474)

　　皮爾遜給教條主義下了這樣一個定義：「用神話的東西代替已知的東西，或者至少用想像的產物補充已知的東西的心理習慣——以每一種方式阻礙自由思想成長的習慣。」(*EF*, p. 7) 他既反對把教條式的形而上學概念（例如力）符號化為偶像崇拜，例如用「機械力」統治宇宙，用「活力」控制生命的發展，用「社會力」支配人類社會的成長，因為這樣作沒有引進點滴知識，反而十分經常地引進大量的模糊性(*GS*, pp. 157–159)；他也反對教條和神話總是想在科學還未有效占據的領土設置圍欄和建立強權，從而阻礙科學的未來發展(*GS*, p. 30)。他鄭重地宣告：「科學不是教條；它不具有一貫絕對正確的人權威地宣布它的教導是什麼。」(*NL*, p. 62) 他注意到，任何種類的哲學教條曾在歷史上阻礙了科學的進步；儘管這樣的時代已經一去不復返了，但是教條主義的危險和科學與教條之間的鬥爭並未消失(*GS*, pp. 21–22)。他說：

> 如果讀者詢問在科學和教條之間是否還有戰爭，我必須回答，只要知識與無知針鋒相對，將總是存在戰爭。求知需要費力，

而接受把未知的東西掩蓋在無法確定的東西之中的片語，完全逃避努力在智力上是最容易的。**⑰**

在怎樣解釋宇宙的問題上，機械論與唯靈論此起彼伏，輪番更替，有如脈搏的跳動**⑱**。如果說皮爾遜對前者的批判是有保留的話，那麼對後者的批判則是毫不留情的。他無情地揭示出：自然神學和唯靈論是「偽科學的泥沼」， 通神學或唯靈論是「中世紀的迷信」(*GS*, pp. viii, 68)。無論是物質論者的力的觀念，還是作為原因的意志，都是唯靈論的「幽靈」；二者都把我們帶進感覺印象的彼岸，因而是形而上學的(*GS*, pp. 143–144)。另一方面，通神論者和唯靈論者由於信仰奇蹟而與人類長期經驗的知覺慣例相矛盾，他們是出神入迷者和精神錯亂者，因而他們不能形成一個充分穩定的社會，以便在生存鬥爭中倖存下去。這樣的人會對人類社會構成巨大的威脅，必須清除像唯靈論和通神論這樣的迷信的復發。(*GS*, pp. 165, 228)

皮爾遜雖然對於作為學問和學術的宗教和神學頗有研究興趣，但他既不虔誠地信仰宗教，也不迷信神學，而且對形形色色的神學（如前面提及的自然神學、通神學等）進行了批判。他清楚地了解宇宙體系販子神學家對伽利略 (G. Galilei, 1564–1642) 的迫害和對科學理論的禁絕及後果，也看到劍橋機械學教授斯圖爾特(J. Stuart)耍花招對神學作拙劣辯護**⑲**，因此他明白：神學對科學阻礙的風行

---

⑰ 同前注**❹**, p. viii.

⑱ W. C. 丹皮爾：《科學史及其與哲學和宗教的關係》， 李珩譯，商務印書館（北京），1975年第1版，頁421。

⑲ 皮爾遜寫道：「斯圖爾特的《科學的重要一章》所包含的關於自然規律的特徵的真正真理，被他的神學立場污染了。他說：『我知道，科

程度畢竟江河日下了，但仍不時地限制「科學的合法問題」(*GS*, pp. 24–25, 162)。只要人類智力處在他目前的發展狀態，總會產生神學家和形而上學家，他們還會在某個偏僻的角落像蜘蛛一樣吐絲結網。對他們來說，物質和靈魂都是他們的好場所，他們還可以在此待一些時間。伽利略時代的神學家是強大的和侵略成性的❷⓿，今日的神學家在哀嘆知識的進步時卻無法阻止它，他們即便心有餘也力不足。(*EF*, p. 37) 在談到科學、自然神學和形而上學的關係時，皮爾遜的觀點和態度是：

> 對於實證神學、對於啟示，科學沒有反駁。它在絕然不同的層面起作用。只有當信仰侵入可能的知識領域，侵入實在的層面，科學才不得不嚴厲抗議；只有當信仰代替知識作為行動的基礎時，科學才被迫批判信仰的道德性，而不是批判信仰的實在性。不過，當自然神學和形而上學斷言，理性能夠幫助我們達到某種超感覺的知識時，科學與它們的關係就完全不同了。在這裡，科學是完全確定的和清楚的，自然神學和形而上學是偽科學。……如果婆羅門❷❶相信，世界是由無

　　學的結果不會使整個《聖經》中的任何一件事喪失信譽。」因此，斯圖爾特先生的『科學』與使挪亞方舟喪失信譽的劍橋神學相比，更是無比的倒退。」(*GS*, p. 162)

❷⓿　皮爾遜在1887年寫的〈對科學的糟蹋〉的題記中引用了克利福德的言論：「當神學方法一旦為它的裂解肢體的刑車獲取肉體時，它就變得多麼足智多謀！」(*EF*, p. 45)

❷❶　婆羅門(Brahmins或Brahmana)梵文的原意是神學的掌握者，是印度教流行地區四個中瓦爾納的最高一級。公元前七世紀中葉的印度哲學家耶若婆佉(Yajnavalkya)的唯我論學說有言：「我如一蜘蛛，引絲而布網，

限的蜘蛛的本能產生的，因為對他們來說這是神啟的，那麼
我們可能驚奇，本能和蜘蛛的概念在他們的心智中可能是什
麼，並說他們的信仰對我們而言毫無意義。但是，如果他們
斷言現象世界本身給出從這種怪物的腸內吐絲結網的證據，
那麼我們便從信仰層面行進到理性和科學的層面，並果斷地
摧毀他們的怪想。(*GS*, pp. 130–131)

皮爾遜嚴厲地批評了英國著名物理學家斯托克斯的自然神學觀念，
指出其設計論據重新依賴偉大的物理學定律，其上帝存在的類比說
明只不過是啟示向我們預言的。他揭示出，自然神學的最後立場是
信仰，關於大多數人的信仰可能是什麼的信仰。(*EF*, pp. 62–63)

　　皮爾遜對形而上學傾注了滿腔的懷疑和批判的熱情，是科學王
國中的反形而上學的堅定不移的鬥士。他為《科學的規範》設定的
目標就是表明，缺乏明晰的定義如何導致近代科學的形而上學的朦
朧，如何能夠使動力學的要素擺脫形而上學(*GS*, pp. 454, ix)。在他
看來，形而上學不經受經驗的檢驗，它們是幻想而不是真理，從而
不得不隨著人的實證知識的每一進展而轉變它們的根基。偉大的形
而上學體系雖然閃閃發光，但是在科學的試金石──它的結果對於
所有正常構造的和正式受教育的心智來說是普遍有效的──面前，
它們就變成渣滓，所以我們不得不把它們歸類為想像力的有趣作品，
而不是對人類知識的可靠貢獻。由於形而上學家的癖性之一是各有
自己的體系，這些體系又在很大程度上排斥他們的先輩和同行的體
系，因而形而上學是建在空氣或流沙上的──他們或者從根本沒有
事實的地基開始，或者在事實的準確分類中未找到基礎之前就聳起

世界綿羅開，還即自身出。」

上層建築。(*GS*, pp. 120, 30, 20)

皮爾遜通過對具體的物理學概念的詳盡分析指出，無論我們轉向哪一條道路，質量和力的流行定義，即質量作為物體中的物質的量，物質作為在知覺上運動的東西，力作為改變它運動的東西，只不過為破壞物理學牢固基礎的形而上學洪水危險地打開了閘門。(*GS*, pp. 362, 374) 他形象地比喻說，由牛頓定律開始的物理科學類似於阿拉伯傳說中的巨靈，在形而上學的薄霧中從它待了數世紀之久的用軟木塞塞住的瓶子裡冒出來。當霧靄煙消雲散時，我們將更清楚地看見它的原形，而要把關於物質、質量和力的混亂概念一掃而光，特別需要強勁的風。為此，質樸的拓荒者還得努力工作，幫助廓清阻礙物理科學進步的形而上學概念的莽叢。(*GS*, pp. 385-386)皮爾遜敏銳地察覺到，由於物理學向生物學的滲透，物理學概念的形而上學因素也侵入生物學，侵入達爾文和魏斯曼(A. F. L. Weismann, 1834–1914)二人的理論。生物學家在還沒有發現所謂種質和胚芽的知覺等價物時，就斷言它們是現象世界的實在，就像物理學家把原子和分子投射到現象世界一樣，他們於是從科學的牢固基地進入到形而上學的流沙區。而當他們斷言生命是另一種感覺印象群的根基，並借助物質及其屬性「力」說明生命時，他們只不過是在形而上學的冥河裡打滾，儘管往往是無意識的打滾。皮爾遜建議，只要物理學家像我們信賴的那樣從超越感覺印象的形而上學的廢物堆撤回，那麼仿效他的生物學家也將會從那兒退卻。(*GS*, pp. 392–400)

皮爾遜十分清楚，要滿意地定義形而上學家也許是不可能的，不過現在的作家賦予該詞的意義最終將變得更為明晰。它在這裡通常指這樣一類作家，眾所周知的例子是後非批判時期的康德（當時

他發現,宇宙之所以被創造,是為了人可以有一個道德行動的場所);
後康德主義者,著名的有黑格爾和叔本華,他們甚至在不具備基本
的物理科學知識的情況下「說明」宇宙。(*GS*, p. 20) 皮爾遜同意朗
格(F. A. Lange, 1828–1875)的觀點❷,他認為

> 形而上學家是詩人,常常是十分偉大的詩人;但是不幸的是,
> 他並不以詩人而聞名,因為他用明顯理性的語言表達他的詩
> 篇;因此可知,他易於成為共同體的危險分子。(*GS*, p. 21)

在這裡,危險僅出在形而上學家的用語和越界入侵科學。其實,皮
爾遜並非不分青紅皂白地反對形而上學,他不僅承認形而上學的合
法地位和固有價值,甚至隱含地認為科學是與之相通的。他說,不
要設想科學此刻否認迄今被分類為哲學的或形而上學的某些問題的
存在。相反地,它清楚地認識到,形形色色的物理現象和生物現象
直接導向這些問題。但是,它斷言迄今應用到這些問題的方法是無
效的,因為這些方法是非科學的。在心理學借助觀察和實驗的科學
研究超越它目前的界限而取得巨大進展 —— 這也許需要數代人的工
作——之前,科學只能對大量的「形而上學的」問題回答「我不知
道」。(*GS*, pp. 23–24)

---

❷ 朗格是早期新康德主義的主要代表人物。他把形而上學看作是一種詩
   —— 精神家園的創造,他把康德的「理性世界」改變為「詩的世界」。

第三章　方法論：科學方法是通向知識
和真理的唯一入口

　　日麗和風暖，春光滿小園。

　　欲謝金錢綠，新開薔薇妍。

　　榴花乍吐紅，葡珠忽成串。

　　更喜清秋節，果熟心自甜。

——李醒民：〈屋後小園〉

　　如果說認識論指的是人們能夠認識什麼（知識的本質、起源、範圍和可靠性）的話，那麼方法論則闡明認識的方式和手段。科學方法在科學中的重要性誠如薩頓(G. Sarton, 1884–1956)所言：「在科學領域，方法至為重要。一部科學史，在很大程度上就是一部工具史，這些工具——無論有形或無形——由一系列人物創造出來，以解決他們遇到的某些問題。每種工具和方法都是人類智慧的結晶。」❶皮爾遜甚至早在求學和智力漫遊時期，就十分重視科學方法，接受並認識到「科學方法是一種具有真正學問的方法」❷。在

---

❶　G. 薩頓：《科學的生命》，劉珺珺譯，商務印書館（北京），1987年第1版，頁23。

後來的教學和科學研究中，他系統地思考了方法論問題，並有意識地鍛造了他的科學方法論武器，這一切充分體現在他的科學哲學名著《科學的規範》和相關論著中。

3.1 科學方法的意義和特徵

皮爾遜十分看重科學方法的功能和價值，充分強調它的諸多重大意義。他明確表示：「科學方法是通向絕對知識或真理的唯一入口」和「唯一道路」，「其他方法處處可能導致像詩人或形而上學家那樣的幻想，導致信仰和迷信，但永遠不會導致知識。」「說科學方法是知識的唯一源泉，而又說它在某些領域卻不適用，這表現出輕率的急躁或類似絕望的謙遜。」(*KP*, p. 133 ; *GS*, p. 92) 他進而指出：

> 說存在科學從中被排除、科學方法在其中未應用的某些領域（例如形而上學），即是說有條理觀察的法則和邏輯思維的規律不適用於處在這樣的領域內的事實（若有的話）。這些領域即使確實存在，也必然處在任何能夠就知識一詞給出的各種理解的定義之外。如果有事實以及在這些事實之間觀察到的關聯，那麼我們就具有科學分類和科學知識所需要的一切。如果沒有事實或沒有在它們之間觀察到的關聯，那麼一切知識的可能性便消失了。(*GS*, p. 18)

---

❷　K. Pearson, *The Scope and Importance to the State of the Science of National Eugenics*, Second Edition, Published by Dulan and Co., London, 1909, p. 4.

照此看來，科學方法不僅適用於自然現象的研究，而且也適用有關社會現象的研究，因為在後者中也存在著事實以及事實之間的關聯，也適用有條理的觀察和邏輯思維，有從中獲取知識的可能性。皮爾遜正是這樣想的和這樣作的，他的民俗學、優生學、人類學、頭蓋學等研究就是明證。他說：疾病和健康，強壯和虛弱，理智和愚笨，神志健全和精神錯亂，認真和無責任心，有條不紊的生活和放縱──這一切事情都有助於增強或減弱屬性──不僅必須用言語論據研究，而且必須在統計的顯微鏡下被剖析，如果我們需要認識民族為什麼興衰，如果我們需要了解我們的人民是進步還是退步的話❸。

　　皮爾遜還把科學方法視為科學統一的根據。他多次申明：「科學的統一僅僅存在於它的方法之中，而不存在於它的材料之中。」(*KP*, p. 133)「整個科學之統一只在於其方法而不在於其材料。……形成科學的，不是事實本身，而是用來處理事實的方法。」(*GS*, p. 15)他說，科學突飛猛進的發展使有才幹的科學家也難以概覽科學的全貌，且無暇辨認他所致力的子群與整體的關係。在這裡，科學家就像建築工人一樣，把自己的石料搬運到工地，但並不了解整個龐大建築的總體規劃。這個偉大建構的比例超越了任何個人的認識範圍，可是它還是具有它自己的對稱和統一，儘管它的建設方式是雜亂無章的。這種對稱和統一在於科學方法。(*GS*, pp. 15–16)

　　尤其值得注意的是，皮爾遜把科學方法看作是訓練公民的心智和思想框架的有效手段❹。他說：對事實的清楚認識，對它們的結

---

❸　同前注❷, p. 14.

❹　數年前，我曾在〈應該大力弘揚科學精神〉（北京《科技日報》，1990年10月23日）寫道：「儘管具體的科學方法形形色色、五花八門，但

果和相對重要性的評價，傾向性的自由，這一切對於形成健全的判斷而言都是完美的公民所需要的。這種形成判斷的方式是近代科學的方法。(*KP*, p. 133) 科學方法的特質在於，一旦它變成心智習慣，心智就能夠把無論什麼事實轉化為科學 (*GS*, p. 15)。在詳細論及科學方法所提供的有效訓練時，他這樣寫道：

> 一個人自身習慣於整理事實，審查它們的複雜的相互關係，並依據這種審查的結果預言它們不可避免的關聯——我們稱這些關聯為自然定律，它們對每一個正常的心智與對個體研究者的心智同樣有效❺——我希望這樣的人將把他的科學方法帶進社會問題的領域。他將不滿意僅僅是皮相的陳述，不滿足僅僅訴諸想像、激情、個人偏見。他將要求推理的高標準、對事實及其結果的洞見，他的要求不能不充分地有益於共同體。(*GS*, p. 11)

基本上分屬三個大類：經驗方法（觀察、實驗、測量等），理性方法（邏輯、數學、統計等），臻美方法（審美判斷、形式化、對稱等）。這三種方法顯示出科學的實證精神、理性精神和美學精神，能夠潛移默化地使人們樹立求實、尚理、愛美的思想情操。」也可參見《科技導報》（北京，1993年第4期）對原稿的轉載。

❺ 皮爾遜在另一處說：「當我們說人的存在時，我們正在涉及一個類，這個類在正常的文明條件下具有幾乎相同的知覺官能和反映官能。因此，毫不奇怪，正常人知覺相同的現象世界，用許多相同的方式反映它。自然定律的『普遍性』，科學方法的『絕對有效性』，依賴於一個人的心智與第二個人的心智之知覺官能和反映官能之間的類似性。人的心智在一定限度內都是一種類型的構想和轉換機制。它們只接受特定種類的感覺印象，……」(*GS*, p. 121)

為此皮爾遜提出，要對科學方法有某種洞察和對科學價值有某種鑒識，僅讀一些標準的科學著作是不行的，而要堅持不懈地每週花四五個小時致力於學習科學的任何一個有限的分支，這樣在一兩年或再多一點時間即可達到目的。他不見得非要精通某一學科，但是必須徹底地認識某一小群事實，辨別它們的相互關係和科學地表示它們的關聯的公式或定律。正是以這種方式，心智才會逐漸浸透科學方法，從而在形成判斷時擺脫個人偏見——這是理想公民的條件之一。(*GS*, p. 14)

　　皮爾遜把科學方法的特徵概述為：⑴仔細而精確地分類事實，觀察它們的相關和秩序；⑵借助創造性的想像發現科學定律；⑶自我批判和對所有正常構造的心智來說是同等有效的最後檢驗。(*GS*, p. 45)他強調指出：

　　　事實的分類以及在這種分類的基礎上形成絕對的判斷——獨
　　　立於個人心智的特性的判斷——本質上概括了近代科學的範
　　　圍和方法。科學人的首要目的在於在他的判斷中消除自我，
　　　提出對每一個心智與對他自己同樣為真的論據。(*GS*, p. 7)

皮爾遜十分明白，科學方法不同於以信仰和啟示為其特徵的神學方法，也不等價於哲學方法。哲學方法似乎並非基於由事實分類開始的分析，而是通過某種內部深思達到它的判斷的。因此，它具有易於受到個人偏見影響的危險傾向，從而導致不可勝數的對抗的和矛盾的體系。科學方法則不同，當不同的個人研究相同的事實範圍時，也可以導致實際一致的判斷。(*GS*, p. 23)

　　皮爾遜推崇達爾文、法拉第、拉普拉斯、牛頓以真正的培根原

則工作，他似乎不滿意像穆勒 (J. S. Mill, 1806–1873) 和杰文斯 (S. Jevons, 1832–1882) 這樣的在純粹概念領域內思辨的哲學家的假設一演繹法。這些科學家都是以事實的分類開始的，並進而促進了理論化與分類的聯合，而那些哲學家則無理地輕蔑了培根方法。(*GS*, pp. 39, 41)關於事實分類涵義，他是這樣講的：

> 讀者必須仔細回想，分類並不等價於收集。它意指同族事實的系統結合，意指不是收集所有事實，而是收集相關的和決定性的事實❻。(*GS*, p. 93)

而且必須充分承認，事實的分類常常大量地受想像及理性的指導。同時，無論是由科學家本人還是由先前的工作者作出的準確的分類，在科學家能夠發現定律之前，必然存在於科學家的心智中。(*GS*, p. 41)皮爾遜還注意到，在任何領域未認清空間關係之前，在我們能夠分開知覺事物之前，我們便沒有區分、比較、分類的基礎，便沒有富有成果的科學知識(*GS*, p. 195)。與此同時，同一性在分類中起著十分重要的作用，是我們眾多的科學的分類的基礎。(*GS*, p. 201)

在皮爾遜看來，科學思維和科學創造並不是單調的機械程序，而是充滿了想像力和審美感❼。他說：

❻ 讀者可把皮爾遜的觀點與彭加勒關於「事實的選擇」的論述加以比較。彭加勒認為，由於事實為數無限且變化迅速，必須有所選擇。我們應該選擇有趣的即一再復現的事實，也就是簡單的事實，簡單的事實可在兩種極端情形（無窮大和無窮小）下找到。當規則確立後，一致的事實就無意義了，此時則要全力找尋例外的事實。參見H. 彭加勒:《科學的價值》，李醒民譯，光明日報出版社（北京），1988年第1版，頁352–358。

在我們人的存在中，有一種無法用形式的推理過程滿足的要
素；它就是想像的和審美的側面，詩人和哲學家求助於這個
側面，科學要成為科學的，也不能無視這個側面。我們看到，
在從已分類的事實推導關係和定律時，想像不能代替理性。
但是訓練有素的想像還是實際上導致了所有偉大的科學發
現。在某種意義上，一切偉大的科學家都是偉大的藝術家；
沒有想像力的人可以收集事實，但他不能作出偉大的發現。
(*GS*, pp. 36–37)

皮爾遜繼續寫道：在事實已被精心分類，它們的關係和秩序也被仔
細追尋之後，科學研究的下一階段是什麼呢？毋庸置疑，它是想像
的運用。某個單獨的陳述、某個簡明的公式——整個事實群看起來
是從中流出的——不是純粹的編目人的工作，而是具有創造性的想
像的人的工作。它們在我們的心智中代替了孤立現象之間的廣大範
圍的關係，我們稱其為科學定律。這樣的定律由於使我們的記憶免
除了單個關聯的麻煩，從而使我們以最小的智力勞累，把握錯綜複
雜的自然現象和社會現象。因此，定律的發現是創造性的想像的獨
特功能。但是，這種想像必須是訓練有素的想像。首先，它必須評
估事實的整個範圍，這要求導致單一的陳述；其次，當定律被達到

---

❼　愛因斯坦對科學美的重視、對想像力的強調，似乎受到皮爾遜的影響，
　　因為他在「奧林比亞科學院」時期(1902–1905)讀過皮爾遜的《科學的
　　規範》。例如他說：「想像力比知識更重要，因為知識是有限的，而想
　　像力概括著世界的一切，推動著進步，並且是知識進化的源泉。嚴格
　　地說，想像力是科學研究中的實在因素。」　參見《愛因斯坦文集》第
　　一卷，許良英等編譯，商務印書館（北京），1976 年第 1 版，頁 284，
　　568–571。

時——這往往似乎只是天才的被喚起的想像——它的發現者必須用每一種可信的方式檢驗和批判它，直到他肯定，想像沒有使他造成虛假的東西，他的定律與它所恢復的整個現象群真正一致。想像的科學運用的基調正是在這裡。(*GS*, pp. 37–38)

此時已進入科學研究的第三階段,即自我批判和檢驗的階段。皮爾遜把自我批判視為想像的科學運用的本質，他推崇法拉第對想像產品的慷慨批判態度:

> 世上不知有多少思想和理論在科學研究者的心智中通過，但卻被他們自己的嚴厲批判和敵對審查在緘默和秘密狀態中壓碎了；在最成功的情況下，沒有十分之一的建議、希望、意願、最初的結論被實現。(*GS*, p. 38)

皮爾遜讚賞達爾文和牛頓勤奮地收集事實和細緻地分類事實，運用訓練有素的想像探索定律，並把想像與自我批判完美地珠聯璧合。

關於定律的檢驗，皮爾遜認為，通過有條理的觀察和仔細的推理而得到的知識，必須與我們過去的經驗以及未來可能的經驗和諧一致。(*GS*, p. 45) 科學的觀察和實驗應該由盡可能多的觀察者重複，以便保證結論對所有正常人都有效。但是涉及大量動物生命或痛苦的實驗則不宜屢屢重複，即使這些實驗是在有預防措施的條件下進行的。(*GS*, pp. 65–66) 他關於科學定律的檢驗的總的觀點是:

> 我們對任何定律的真、對描述的充分性之唯一最終的檢驗，我們的理智敏銳得足以達到一個擴展到它聲稱概述的整個事實範圍的唯一證據，就是把公式的結果與事實本身即歷史的

　　觀察或物理實驗加以比較。這種檢驗是標誌把科學假設和科學定律分開的一切，隨著我們感知能力的每一增強，科學定律本身必定重新回到假設的地位，必須把它重新交付經驗檢驗。(*GS*, p. 120)

　　關於科學想像，還有一點有必要加以討論。皮爾遜一方面說「科學定律是創造性想像的產物」(*GS*, p. 43)，另一方面又說「科學定律是事實的理性分析的產物」(*GS*, p. 120)，這兩種說法是否自相矛盾呢？其實，只要弄清皮爾遜的意旨，疑問即可煥然冰釋。皮爾遜所說的想像僅在靈感和頓悟降臨時的相對短暫時間內起作用，這是理性思維暫時中斷的時刻，時間雖短，但其作用則是關鍵性的和不可或缺的。而在此前和此後，則是大量艱辛的理性分析和科學推理。因此，科學定律實際上是理性和想像共同活動的產物，二者各司其職，缺一不可；而且沒有理性思維，想像也只能是詩人的或形而上學的天馬行空，毫無科學成果可言❽。也許皮爾遜正是在這種意義上認為：

　　　　沒有通向真理的捷徑，除了通過科學方法的大門之外，沒有獲得關於宇宙知識的道路。分類事實和依據事實推理❾的艱

---

❽　彭加勒後來對此有生動的自身體驗的描繪和理論探討。他說：「關於這種無意識的工作條件，還可以說明如下：如果一方面有意識的工作在它之前，另一方面有意識的工作又尾隨其後，那麼它就是可能的，而且肯定是富有成果的。」參見前注❻，頁374–386。

❾　皮爾遜詳盡地討論了「推理的科學有效性」(*GS*, pp. 67–69) 和「合法推理的準則」(*GS*, pp. 71–73)。他說，在科學上有效的推理是每一個在邏輯方面受過訓練的正常心智都能夠導出的，倘若該心智具有推理

苦而無情的小徑，是弄清真理的唯一道路。最終必須訴諸的，是理性而非想像。(*GS*, pp. 20–21)

3.2　科學事實和科學概念

皮爾遜在《科學的規範》中雖有「科學事實」一章，但該章主要是論述他的感覺論的認識論的，並未較多地或逕直地討論科學事實。不過，他的下述觀點是明確的：科學事實的領域最終以感覺為基礎，本質上是心智的內容 (*GS*, pp. 89, 91)。在他看來，事實是在我們的經驗進程中共同或相繼發生的感覺的質，然而只有這樣的感覺印象達到概念水平或至少達到知覺水平，它才能夠變成科學的素材或科學事實⑩(*GS*, p. 63)。皮爾遜雖然說過「科學事實或現象」(*KP*, p. 135)，但這裡的「現象」不過是向外投射的構象；他雖然也說過「科學所處理的事實是感覺群」(*KP*, p. 135)，但這樣的感覺群必須達到應有的水平。他的結論是：

> 科學的素材對應於心智的所有構想和概念。我們把某些與即
> 時的感覺印象結合的構象向外面投射，並說它們是物理事實

賴以立足的概念的話。而且，還必須克服科學界的惰性，摒棄下述流行的假定：支持一個陳述為真的最強論據是它的假定沒有證明或不可能證明。

⑩ 把皮爾遜的觀點與彭加勒的下述看法比較一下是有趣的：「科學事實只不過是翻譯成方便語言的未加工的事實而已。」參見前注❻，頁313–322。

　　或現象；另外的由存儲的感官印記通過分離和協調的心理過

程而得到的構象，我們習慣於稱它們是心理事實。(*GS*, p. 92)

在這裡要注意的是，作為即時感覺印象和存儲感覺印象的組合的構象無疑達到知覺的水平，而且物理事實與心理事實的區分在皮爾遜的眼中也只有相對的意義。

　　皮爾遜特別強調科學事實的實在性，並以此作為與非科學和偽科學的「事實」的劃界標準。他以中世紀的煉金術、占星術和巫術為例說，由於人們不知道星星如何施加它們的善惡影響，也不了解女巫如何使村子所有牛奶變藍的過程，便誤以為占星術和巫術的伎倆都是事實。今天我們對星星如何影響人的生存或女巫如何把牛奶變藍依然毫無所知，但我們學會把那些事實看作非實在的，是未受訓練的人的心智的愚蠢想像。我們獲悉不能夠科學地描述它們，因為它們包含著自身是矛盾的和荒謬的概念。煉金術的情況有所不同，在這裡實在的事實被錯誤地分類，被不一致地關聯起來，即關聯不是由理性的方法導出的。只要科學帶著真分類和真方法進入煉金術，煉金術就轉變為化學。今日冠以唯靈論名稱的現象範圍在很大程度上就是非實在的、出於未受訓練心智的愚蠢想像和出於返祖的迷信傾向的事實，它們的非實在性使它們互相矛盾。(*GS*, pp. 26–29)

　　關於科學概念，皮爾遜則論述頗多。他認為，科學概念在感覺印象中有其終極起源，它們是通過心理概括過程從感覺印象中抽取或分離出來的。心智通過分類和分離獲得概念，但這些概念卻廣泛地遠離能夠直接證實的感覺經驗，心智的內容在任何時刻都與此時刻實際的或可能的感覺印象的範圍差之千里。(*GS*, p. 62) 這樣來自感覺印象而又不同於感覺印象是如何達到的呢？他相信是通過把在

知覺中不具有這樣的極限過程在概念中推進到極限達到的，也就是說，這樣的過程能在知覺中開始，但卻不能在知覺中結束 (*GS*, pp. 217, 229)。例如，幾何學中的點、線、面概念，物理學中的原子和以太概念就是如此得到的。因此，皮爾遜心目中的科學概念，實際上即是源於感知的概念的理想極限。在這裡，正是想像力馳騁的天地，因為不可知覺的東西並非因此就是不可構想的❶。他的總看法是：

> 我們的概念的基礎無疑在於知覺，但是我們在想像中能夠把知覺過程進行到其本身不是知覺的極限；我們進而能夠結合存儲感覺印象群，形成與在我們的知覺經驗中的事物並不對應的觀念。(*GS*, p. 197)

　　皮爾遜多次強調科學概念與知覺（或感覺印象）乃至知覺等價物的差異。他指出，我們一旦從感知的東西到概念的東西，便構造了一個模型的宇宙而不是實在的宇宙，而概念的宇宙只是我們能夠把所有已知的感知現象收集進去的簡單的邏輯結構。他抱怨人們囿於習慣，忘記了自己的創造能力，把概念轉化為在他感知背後的、對他自己來說是外在的實在❷。他批評華萊士 (A. R. Wallace,

---

❶　皮爾遜認為這一評論是更為必要的，因為它似乎與休謨的健全的懷疑論針鋒相對。他在腳注中列出休謨的《人性論》第二章「論空間和時間觀念」。參見 D. 休謨：《人性論》，關文運譯，商務印書館（北京），1980年第1版，頁39–84。

❷　K. Pearson, *The Grammar of Science*, Third Edition, New York: The Macmillan Company, 1911, pp. 154, 356, 167.

1823-1913)在《自然選擇》中大大混淆了知覺和概念(*GS*, p. 484)。他提出了科學方法的一個基本準則：

> 不管概念作為描述知覺慣例的工具可能多麼寶貴，但是在它的知覺等價物被實際揭示出來之前，也不應該把現象的存在歸因於它。(*GS*, pp. 298-299)

亞歷山大(P. Alexander)分析說，皮爾遜把知覺視為存儲的感覺印象的「物理聯繫」，把概念視為它們的「心理聯繫」，這似乎意味著，感知僅僅是印象的共同呈現(copresentation)，而概念是關係的「辨認」❸。

關於概念的科學有效性，皮爾遜提出了兩點要求：它必須是首尾一貫的，它必須是能夠從正常人的知覺中演繹出來的。半人半馬的怪物或希臘神話中的人神不是一致的，而是自相矛盾的概念，因為只要我們定義了人的生理和心理特徵，它們在解剖學上便是不相容的。即使個別心智達到對他來說首尾一貫的概念，也未必具有科學的有效性，例如色盲用一種顏色（綠色）描繪薔薇的花和葉，因為這不能從正常人的知覺中演繹出來。然而要注意，概念並不因為沒有從大多數正常人的知覺中演繹出來而失去有效性，例如個體起源於雌雄細胞結合的概念。而這些人只要受到恰當的觀察方法的訓練，則可在適宜的環境中從知覺中引出這一概念。(*GS*, pp. 64-65)

談到超越於知覺經驗範圍的純粹理想的概念，皮爾遜表示，只

---

❸　P. Alexander, PEARSON KARL, *The Encyclopedia of Philosophy*, Vol. 5 and 6, P. Edward, Editor in Chief, Macmillan, Inc., U.S.A., 1967, pp. 68-69.

要它們有助於我們簡明地描述和分類我們的知覺，能幫助我們在心理上存儲作為未來行動指導的過去經驗，就是有效和有用的概念。只有當我們斷言每一個概念在知覺中具有明確的配對物，並忘記科學僅僅是自然的速記而不是自然本身時，休謨在幾何學結論中發現的悖論才存在。(*GS*, p. 193)幾何學的面和物理學的原子概念無論哪一個都沒有知覺的確實性，即在實在事物的世界中不存在。但是作為概念，二者是同等有效的；它們雖未包含在感覺印象本身之內，但是推理官能卻能發現和發展它們作為分類不同類型的感覺印象和用簡要的公式概述它們的相關和序列的手段。同樣地，赫茲 (H. Hertz,1857–1894) 實驗似乎並沒有在邏輯上證明以太的知覺存在，但是借助以太比借助迄今實驗已證明的東西可以描述更廣泛的知覺經驗，從而大大增加了以太這一科學概念的有效性。(*GS*, pp. 208–215)因此，皮爾遜得出結論說：現象和概念模型之間的適合性不是必然性的檢驗，而是有效性的檢驗(*CD1*, p. 210)。他如下刻劃科學概念的一般性質：

> 幾何面、原子、以太只存在於人的心智中，它們是區分、分類和概述感覺印象的狀態的「速記」方法。它們不存在於感覺印象的此岸或彼岸，而是我們推理官能的純粹產物。(*GS*, p. 214)

這樣的科學概念不管是通過知覺的聯合達到的還是作為一種極限，他認為它們的科學價值在每一種情形中都必須通過它們能使我們分類、描述和預言現象的廣度來評判(*GS*, p. 200)。由於作為表示知覺官能產物的概念主要受個體的種屬即人的知覺官能的制約，因此它

們的本性最終要用生物學的探究，尤其是心理學的探究來闡明。
(*GS*, p. 389)

　　為了強調科學概念對知覺實在的邏輯獨立性和科學概念是人的心智的偉大創造，皮爾遜提出概念即符號的大膽思想。這一思想極具現代性。愛因斯坦關於概念是人的「思維的自由創造」和「理智的自由發明」，概念對於感覺經驗在邏輯上的關係「不像肉湯同肉的關係，而倒有點像衣帽間牌子上的號碼同大衣的關係」的見解❹，是與皮爾遜的思想相通的。皮爾遜在1885年說，他雖然在這個時期拋掉了在現象的物質和力中具體化的物質論，但是他還與大多數物理學家一起沒有辨認出運動的概念特徵。他沒有認識到整個科學是描述，物理學概念是符號。他還把它們視為現象實在的圖像。(*EF*, p. 44) 即使在 1891 年 3 月 5 日關於「科學概念」的格雷欣講演 (*KP*, pp. 136–137) 中，他也未明確講概念是符號。這一現代性思想的正式提出和闡述是在一年後出版的《科學的規範》中。

　　皮爾遜表明，科學概念是「人的心智的產物」。在經驗證明概念的極限或結合能夠變成知覺實在之前，科學不能像形而上學或神學那樣要求它的概念存在於感覺印象之內或超越於感覺印象。科學概念的有效性首先不依賴於它們作為知覺的實在，而依賴於它們提供分類和描述知覺的手段。「它們是科學借助其描述現象宇宙的符號。」(*GS*, p. 199) 他以純粹圖示的方式所假定的我們物理宇宙的概念模式的要素——以太單元、原始原子、化學原子、分子、粒子、物體——就是這樣的概念符號 (*GS*, pp. 337–340)。

---

❹　同前注❼，頁409, 314, 345。

皮爾遜進而詳論了概念描述與現象世界的關係。他說：概念模型不僅概述了我們現在的知覺，而且也能使我們向後回溯過去的和向前追尋未來的科學因果關係序列。在我們能夠把概念模型與我們的知覺經驗比較的地方，二者在所有方面的一致成為我們斷言該模型能夠用來描述非可知覺的過去和未來的唯一基礎。只有當我們的概念描述的符號被作為知覺的根基看待時，或者被轉換為我們確實可以描述為現象慣例的「超科學原因」時，才出現形而上學的困難和悖論。(*GS*, pp. 420–422)他的結論是：

> 科學的符號不是「物自體」，它們也不是知覺，不僅如此，作
> 為一個法則，它們甚至也不是作為具體的和實際的現象的等
> 價物。它們是實際經驗的概念極限，當依據它們從推理中導
> 出的結果被應用在現象領域中時，它們需要謹慎的詮釋和仔
> 細的質疑。(*CD1*, p. 203)

3.3 科學定律和機械論（力學主義）

作為一位律師和法理學家、法學史家，皮爾遜在「科學定律」(*GS*, pp. 92–135)一章中用大量的篇幅從討論law❶一詞的涵義和民

---
❶ law可譯為「法、規律、法則、定律」等。「自然法」的概念比民法要

法、自然法的歷史沿革開始。由於 law 的多義引起了大量的混亂，他詳細論述了科學定律（或自然定律）與民法（及道德法）的聯繫和區別。在皮爾遜看來，民法和科學定律都是人類理智的產物。但是，二者包含廣泛的差異：民法僅對個人或個人的共同體適用，它包含命令和責任，它能被修正或被廢除。科學的法則對所有正常的人都成立，只要他們的知覺能力和推理能力依然沒有實質性的變更。這兩種觀念的混淆是由於在自然法和精神世界或道德世界的法之間尋找類比的「混亂不堪的推測」產生的。為此他寧可用「概述事實群之間的關係之簡要的陳述或公式」來代替「科學定律或自然定律」。(*GS*, pp. 97, 104)他概述了他的結論性的看法：

> 科學定律與民法具有截然不同的性質；它不包括理智的制定法典者，命令和相應的責任。它是用心理速記簡潔地描述盡可能廣泛的我們感覺印象的序列。(*GS*, p. 135)

談到科學定律的產生和來源，皮爾遜斷言它是人的想像的結果，是人的理智的產品，而不是「死物質」的固有的慣例(*GS*, p. 132)。他的有關見解雖有貼近觀念論之嫌，但確實道出了人類精神認識自然的神奇魅力和偉力，以及科學理論的「創造」或「發明」而非「發現」的性質。在皮爾遜看來，無論是知覺序列本身，還是它的描述，都未包含任何定律的存在。知覺序列必須與其他序列比較，分類和概括必須緊隨其後；必須形成概念和觀念這些心智的純粹產物，此

古老得多(*GS*, p. 105)。關於「自然法」，還可參見吳忠：〈自然法、自然規律與近代科學〉，《自然辯證法通訊》（北京），第7卷(1985)，第6期，頁25–33, 4。

後才能給序列範圍以描述，這樣的描述因其簡明性和綜合性是名副其實的科學定律。(*GS*, p. 103)他認為，科學定律與其說應該與在人之外的物理世界相關聯，還不如說應該與人的創造性的想像相關聯；與其說是外部世界的因素，還不如說是人的心智的產物 (*GS*, p. 44)。科學定律實際上在人們表達它之前並不存在，該詞未與人的心智結合時無任何意義。科學定律是與由人的知覺和推理能力形成的知覺和概念關聯的；除非與這些東西結合，否則它是無意義的；它是某些感知和概念群的關係和秩序的概要或簡明的表達，只有當人闡明它時，它才存在 (*GS*, p. 98)。皮爾遜強調，不僅達到科學定律的過程是心理的，而且定律本身在達到時包含著自然事實或現象與完全處在這些特定領域之外的心理概念之結合。沒有心理概念，就不會有定律；只有當這些心理概念首次與現象結合時，才能形成定律。與其說萬有引力定律是牛頓發現的支配行星運動的法則，還不如說他發明了簡要描述我們稱之為行星運動的感覺印象序列的方法。這個公式的陳述與其說是引力定律的發現，還不如說是引力定律的創造和發明❶。(*GS*, pp. 103–104)他進而重申：

---

❶ 愛因斯坦可能受到皮爾遜這一看法的影響，他也認為科學理論產生於「發明」而不是「發現」，並批評馬赫沒有看到概念形成中自由構造的元素。參見《愛因斯坦文集》第三卷，許良英等編譯，商務印書館（北京），1979年第1版，頁475。美國科學史家A. I. 米勒對此評論說：所謂發明，愛因斯坦意指精神跨越以感覺和材料為一方，以概念和公理創造為另一方這二者之間的基本鴻溝。愛因斯坦把發現定義為按照已經現存的模式或智力圖像整理經驗材料。儘管愛因斯坦有時也交替使用發明和發現，不過他認為發明是通向創造性思維的路線。科學家是發明還是發現理論的問題涉及到經驗材料對他們思維影響的廣泛程度。他得出結論說：「創造性在科學中的作用強調發明高於發現，

自然定律被視為心理速記的概要,對我們來說它代替了我們感覺印象之間序列的冗長描述。因此,定律在科學的意義上本質上是人的心智的產物,它離開人則無意義。它把它的存在歸因於人的理智的創造能力。人把定律給予自然的陳述比相反的陳述即自然把定律給予人更有意義。(*GS*, p. 104)

皮爾遜在駁斥「自然定律存在於『物自體』而與人的心智無關」(*GS*, p. 99) 的說法時,也強調自然背後無理性。他指出,在如此之多的哲學家和神學家(乃至科學家)中廣為流傳的「理性存在於現象背後」的見解是目的論的論點。他揭示說,只要人開始由他的感覺印象形成概念,結合、分離和概括它們,那麼它就開始把自己的理性投射到現象,在他的心智中以心理速記的形式描述感覺印象序列的簡明概要或公式代替過去的現象聯繫的感官印記。他開始把科學定律即他自己的理性的產物,與純粹的現象聯繫即胡克 (R. Hooker, 1553/1554–1600) 和斯多葛學派(Stoics)涵義上的自然法混淆起來。因為他把他的感覺印象投射到他自己之外,忘記了它們本質上是受他自己的感官官能制約的,所以他無意識地割斷了他與自己的理性產物的聯繫,把它們投射到現象,不料在再次發現它們時,反而驚奇什麼理性把它們放在那兒了。許多模糊思辨的根源就在這裡,在於自然法一詞的雙重涵義。皮爾遜斷言,我們在自然現象中發現的理性,確實是由我們具有關於它的一些經驗的唯一理性即人

___

而知識結構強調發現高於發明。發明類似於符號遊戲,在這種遊戲中信息伴隨它們的意象被同化到圖式中,圖式僅在某種程度上與意象相關,……」參見 A. I. Miller, *Imagery in Scientific Thought*, Birkhäuser Boston, Inc., 1984, pp. 4, 310.

的理性放在那裡的。人的心智在分類現象和闡明自然定律的過程中
把理性的要素引入自然，人在宇宙中發現的邏輯只不過是他自己的
推理官能的反映。因此，斯多葛學派尋求自然中固有的未知的或不
可知的理性是非科學的。(*GS*, pp. 109–111)

　　皮爾遜關於我們在自然定律中發現的所謂理性和邏輯原來是
人的理性和邏輯的觀點，以及我們的知覺慣例是我們知覺官能的產
物的觀點，也是對康德的人為自然立法的觀念——「理智的（先天）
法則不是理智從自然界得來的，而是理智給自然界規定的」 ❶ ——
的新穎解讀。他對科學定律來源的達爾文式的（進化認識論的）解
讀也很新穎：

> 從現象導出定律的推理能力對於所有精神來說都是可靠的。
> 正常的知覺官能和推理官能也許是同一種類型的機器，但是
> 後者究竟為什麼能在對前者的感覺中發現任何定律呢？這兩
> 種官能之間的關聯還不清楚，可是在人的進化中，他的感知
> 官能顯然隨著他的推理官能逐步發展。沒有秩序或規律感覺
> 的人就像白癡一樣，沒有篩選感覺資料和依據它們進行推理
> 的能力，他就不會在生存鬥爭中倖存下來。發瘋可能是一種
> 返祖現象，此時感知本領官能和推理官能不協調了。這兩種
> 官能的平行發展，給予我們通過理性過程譯解現象可能性的
> 線索。進一步的線索也許在於最複雜的感覺材料到達我們感
> 官通道的真正簡單性。(*KP*, p. 135)

---

❶　I. 康德：《任何一種能夠作為科學出現的未來形而上學導論》，龐景仁
　　譯，商務印書館（北京），1978年第1版，頁98。

　　皮爾遜還零散地但卻頻繁地論及科學定律或自然定律的特徵和本性，其中包括普遍性、客觀性、相對性、經濟性（簡單性）、描述性和概然性等。他提出，科學定律是「某種普遍有效的東西」。哲學的或宗教的準則——不論是貝克萊的觀念論、休謨的懷疑論、或中世紀神秘主義者的捨己——的教導者不管可能多麼確信，也不管這些準則如何被合理地證明，但實際上它們均訴諸個人的氣質，或按照個人情緒的同情而取捨。科學定律則能被每一個理性的心智接受，只要他理解它的術語並分析了它所概述的事實。(GS, pp. 93–94)他指出，「科學定律的普遍性這一絕對特徵」是相對於人的理智而言的，它受到下述條件的制約：受知覺官能的制約，即外部世界、現象世界實際上對所有的正常人來說必然是相同的；受反映官能的制約，即結合和邏輯推理的過程、存儲的印記和概念的內部世界對所有正常的人來說必然是相同的。自然定律的普遍性正依賴於不同人的這兩種官能的類似性。(GS, p. 121)從而，一個人的定律等同於另一個人的定律(KP, p. 11)。

　　皮爾遜在就正常人講科學定律普遍性的同時，也先於邏輯經驗論在主體間性的意義上談論科學定律的客觀性，因為科學定律在獨立於個人的偏見和狂想的意義上、在對正常人有普遍有效性的意義上是客觀的。他說：「自然定律具有完全獨立於系統闡述、證明或接受它的人的心智的有效性。」(GS, p. 93)「力學理論的唯一客觀要素在於類似的兩種人類心智的知覺官能和推理官能。」(GS, p. 353)。

　　皮爾遜討論了科學定律的相對性問題，他主要不是在定律需要不斷修正以使之日趨精確的意義上、而是在定律受知覺官能的制約的意義上討論這個問題的，即自然定律乃至自然對於察知它的官能來說是相對的。他論述說，如果自然對人而言受到人的知覺和記憶

官能的制約，那麼自然定律也受到這些官能的制約。它與超出和超越人的某種東西無關，而只與人的知覺官能的特殊產物有關。熱力學第二定律就是自然定律相對性的一個絕好例子。該定律概述了廣泛的人類經驗，也就是在我們的感覺印象中觀察到的廣泛的序列。但是，該定律對麥克斯韋妖來說則不成立❶，儘管這個精靈具有的知覺官能與我們自己只有程度的差異而無質的區別。麥克斯韋妖察知的自然是某種與我們的自然大相逕庭的東西，這在較少的範圍內對動物界、甚至對不同的發展和文明階段的人來說大概也為真。兒

---

❶ 為了使非物理專業的讀者理解其涵義，我們不妨錄下皮爾遜引用的麥克斯韋討論這個問題的整段話：「在熱力學中最佳確立的事實之一是，在一個用殼層封閉起來的，既不容許體積變化，也不容許熱交換，而且其中溫度和壓力處處相同的體系中，要在不耗費功的情況下產生溫度或壓力的任何不相等是不可能的。這就是熱力學第二定律；只要我們能夠處理大量的集合體，而沒有察知和操縱構成集合體的孤立分子的能力，那麼它無疑為真。但是，假如我們構想一個精靈，它的感官敏銳得足以追蹤在它的路徑上的每一個分子，那麼這樣一個精靈儘管其屬性本質上還與我們自己的屬性一樣有限，卻能夠作我們目前不能作的事情。因為我們知道，空氣容器中的分子在均勻的溫度下決不會以均勻的速度運動，儘管任意選取的任何大量的分子的平均速度幾乎嚴格地是均勻的。現在讓我們假定，用一個有小孔的隔片把容器分為兩部分 A 和 B，能夠看見單個分子的精靈打開和關閉這個小孔，以便容許較快的分子從 A 進入 B，只容許較慢的分子從 B 進入 A。於是，它將在不耗費功的情況下使 B 的溫度升高並使 A 的溫度降低，從而與熱力學第二定律矛盾。」皮爾遜在為這段話所加的一個腳注中指明：「這個『精靈』作為『克拉克－麥克斯韋妖』而變得十分有名，但是必須注意，克拉克－麥克斯韋假定的精靈的屬性『本質上與我們自己的屬性一樣有限』——這一特性通常沒有與妖聯繫起來。」(*GS*, pp. 100-101)

童的世界和野蠻人的世界與正常文明人的世界大異其趣。後者用自
然定律聯繫在一起的一半知覺對於前者來說是缺乏的。我們的潮汐
定律對海濱的盲蟲來說毫無意義，在它們看來，月球並不存在。對
於每一知覺官能而言，自然定律本質上是受知覺的內容和方式制約
的。(*GS*, pp. 99–102)

　　在皮爾遜看來，科學定律本身是簡單的或經濟的，而且它本身
具有思維經濟的功能。科學定律是簡明的陳述或公式，從而用幾個
詞句就能概述事實的整個範圍。發現這樣的定律的目標是思維經濟；
從存儲的或相關的感官印記中引出的概念的適當結合，容許在接收
即時的感覺印象時以最少的思維使恰當的動作緊隨其後。科學定律
的知識能使我們用心理的結合或思維代替或補充機械的結合或本
能。正是預謀，能夠在接受新的感覺印象群時作出恰當的動作，人
憑藉預謀才在很大程度上高於其他動物。例如，引力定律就僅僅用
幾個簡潔的詞彙，概述了所觀察到的廣大的現象範圍之間的關係。
通過心理速記陳述，向我們形成受引力作用的物質的宇宙之知覺的
慣例，它使思維變得經濟。(*GS*, pp. 93, 119)他還深入揭示出理性具
有用簡單的定律描述廣大範圍現象的驚人能力的部分因素：

　　　　我們的感覺印象在它們的集群中確實是複雜的，但是它們只
　　　　能借助極少幾個比較簡單的通道，即通過我們的感覺器官到
　　　　達我們。因此，科學定律的簡單性可能部分地受到感覺印象
　　　　藉以到達的模式的簡單性之制約。(*GS*, p. 127)

與此同時，皮爾遜還洞察到，科學定律是朝著簡單和綜合的方向進
化的。他說，現象的範圍包容得越廣泛，定律的陳述越簡單，我們

就越接近地認為它達到了「根本的自然定律」。 科學的進步在於不斷地發現越來越綜合的公式，我們借助這些公式能夠分類越來越廣闊的現象群的關係和序列。最早的公式並非必然是錯誤的，它們只不過是用更簡潔的語言描述更多的事實的其他公式代替了，這種代替是科學進步的有規律的進程。他從早期天文學家喜帕恰斯(Hipparchus, ？-前127後)、托勒密 (Ptolemy, 活動時期公元2世紀)、哥白尼、開普勒(J. Kepler, 1571-1630)到牛頓的天文學理論的發展為例證，闡明了這一結論。(GS, p. 116-120)

描述性也是科學定律的特徵之一，用皮爾遜的話說，就是「以盡可能簡單的術語描述盡可能廣闊的現象範圍」。 因此，說科學定律支配自然是無根據的。這樣的定律僅僅是描述，它們從未說明我們知覺的慣例以及我們投射到「外部世界」的感覺印象。也就是說，科學涵義上的定律只是用心理速記描述我們的知覺的序列。它不說明為什麼這些知覺具有某種秩序，也不說明為什麼這種秩序本身反覆出現；科學發現的定律沒有把必然性的要素引入我們感覺印象的序列；它僅僅給出了變化正在如何發生的簡潔陳述。(GS, pp. 119, 136)

皮爾遜不滿意十八世紀百科全書派關於自然定律的決定論觀點，他強調自然定律不是必然的，而具有概然性。按照他的觀點，作為知覺慣例的描述的科學定律像慣例本身一樣，我們對其的相信不是確定性，而是概然性。確定性僅僅屬於概念的範圍，固有的必然性在邏輯的心理領域才有意義，因此「自然定律的必然性」是無法辯護的短語。(GS, pp. 167-168)他就科學定律乃至整個科學發表了如下的見解：

某個序列在過去出現或重現是一個經驗問題，我們用因果性概念給其以表達；它將在未來繼續再發生是一個信念(belief)問題，我們用概率概念給其以表達。科學無論在哪種情況下都不能證明一個序列中的任何固有的必然性，也不能以絕對的確定性證明它必須重複。科學對過去是描述，對未來是信念；它不是、而且永遠不是說明，倘若這個詞意謂科學表明任何知覺序列的必然性的話。(*GS*, p. 136)

皮爾遜在《科學的規範》第二版談到這種所謂的必然性時進而表明：「自然定律中的必然性不是幾何學定理的邏輯不可少的東西(must)，也不是人類制定法典者的絕對不可少的東西；它只不過是我們對慣例的經驗，這種慣例的階段既不具有邏輯序，也不具有出自意志的序。」⑲

皮爾遜也對在概念模型和概念速記的意義上，探討了作為一種科學方法的機械論或力學主義。誠如科學史家丹皮爾所說：「科學每前進一步，機械論的力量總是要被人過高估計，這已經成為近代思想的特色。」⑳確實，牛頓力學的成功，百科全書派的凱旋，道耳頓(J. Dalton, 1766–1844)原子理論的提出，達爾文進化論的勝利，都曾激起機械論浪潮的興盛。在十九世紀末，機械論甚至被打上「思維的必然性」、「先驗地給予」等等烙印，成為一種「居統治地位的教條式的頑固」，從而使「科學前進的道路」在很長一段時期內「崎

⑲　K. Pearson, *The Grammar of Science*, Fourth Edition, J. M. Dent & Sons Ltd., London, 1937, p. 104.

⑳　W. C. 丹皮爾：《科學史及其與哲學和宗教的關係》，李珩譯，商務印書館（北京），1975年第1版，頁422。

嶇難行」**㉑**。面對這種情勢，皮爾遜像馬赫**㉒**一樣，也擔當起批判機械論的重任，從而成為思想啟蒙的先驅之一。

何謂機械論？它的涵義是什麼？皮爾遜自視冒險地認為，在基爾霍夫(G. R. Kirchhoff, 1824–1887)的下述關於力學的定義中，存在著機械論的唯一首尾一貫的觀點和科學定律的真實概念：「力學是運動的科學；我們把用盡可能簡單的方式完備地描述在自然界發生的這樣的運動定義為它的目標。」(*GS*, p. 139)他把人們所謂的任何現象的「機械論說明」詮釋為：我們已用簡明的力學語言描述了某種知覺慣例；我們既不能說明為什麼感覺印象具有確定的序列，也不能斷言確實在現象中存在著必然性的要素(*GS*, p. 140)。他把「給出一點在任何位置的速度和該點在所有位置的加速度，點的運動便被充分決定了」這一命題，看作是對宇宙的力學描述之整體的基礎，它包含著我們能夠就自然的「機械論決定論」所斷言的一切。他把「純粹的機械論」詮釋為讀者理解所構想的、在力學專論中陳述的、服從所有基本定律的系統。(*GS*, pp. 278, 369) 皮爾遜的十分簡潔的定論是：「機械論不是現象世界的實在，它僅僅是我們在概念上摹寫我們知覺慣例的模式」(*GS*, p. 385)；「機械論不是現象的根底，而只不過是概念的速記」**㉓**；「機械論是概念的產物，而不在於我們知覺本身」(*GS*, p. 287)。

㉑　同前注**❼**，頁85, 8。

㉒　參見李醒民：《馬赫》，東大圖書公司（臺北）印行，1995年第1版，頁53–78。請注意：皮爾遜對機械論中的物質和力的概念的批判是無情的，但他對機械論本身的批判比馬赫要溫和得多，而且充分肯定了機械論在對宇宙描述中的固有價值。

㉓　K. Pearson, *The Grammar of Science*, Second Edition, Adam & Charles Black, London, 1900, p. ix.

　　皮爾遜雖然猜想機械論可能來自原始原子本身的結構，粗糙「物質」的機械論本身在很大程度上也許有一天能夠用以太來概述(*GS*, pp. 345, 369)，但是他把機械論與原始原子和以太一樣，都視為一種概念模型，並在此意義上肯定了機械論的認識論意義和方法論價值。他注意到，在我們的知覺經驗與我們概念模型必然是有限的可證實的符合中，存在著我們對宇宙的力學描述的基礎。在概念領域，我們總是期望形成一個精確的關於現象世界的力學模型，但把它投射到感覺印象背後的某種事物則是教條的武斷❷。(*GS*, pp. 353, 361)他告誡人們在批評機械論的缺陷時不要忘記它的價值：

　　　　儘管我們掃除了物質論，並承認機械論不是說明，而只是我

---

❷　丹皮爾就科學模型與實在的關係評論說：「歸納科學的工作，在於形成自然的概念上的模型，而科學靠它自己的方法，是不能接觸到形而上學的實在問題的。但是為各種現象建立一個一致模型的可能性，就是一種強有力的形而上學的證據，說明同樣一致的實在是現象的基礎，雖此實在在本質上同我們心目中的模型非常不同，因為我們能力的限度及我們意識的性質，使我們的模型必定為約定的，而非實在的。雖然多年以來，便有人努力想用語言的邏輯證明感覺的對象與科學的模型為虛幻的，而事實證明這一看法是錯誤的，但樸素實在論以為科學甚至常識所見的事物就是事物的本來面目，這種看法顯然也是站不住腳的。」「我們對於自然所擬的模型異常成功，致使我們有愈來愈大的信心，相信實在是與這模型類似的東西。但是模型依舊是模型，模型只能適合我們的意識切成剖面，加以研究。從機械觀點看人，人自然是架機器。但是從精神觀點看人，則人仍然是一個理性的心靈和活著的靈魂。」參見前注❷，頁610，640。迪昂也認為物理學理論能映射出形而上學的實在的秩序。參見李醒民：《迪昂》，東大圖書公司(臺北)印行，1996年第1版，頁195–212。

們在現象中察覺到的變化的概念陳述，但是我們必須不要闖
入相反的極端，低估我們的宇宙的力學模型的驚人價值。儘
管它的缺點和失敗是這麼多，可是我們看到它的準確度確實
地、即使是逐漸地擴大著；它就過去發生什麼和就未來將發
生什麼的斷言繼續收到最顯著的和最充分的證實。㉕

皮爾遜在引用了拉普拉斯的眾所周知的機械決定論言論㉖之後評論
說，只有那些認識到巨大跨越在拉普拉斯時代要通過應用數學作出，
並品味出科學發現的喜悅（即使是在較小的程度上）的人，才能夠
公正地判斷這樣的話。傲慢地把它們視為「拉普拉斯奇想」，並把
它們與拿破崙 (Napoleon Bonaparte, 1769–1821) —— 人類理智的浪
費者 —— 結合起來宣稱，它們的作家，「僅適合於以無限小解決問
題」，這實際上是宣布蠢人本身不能鑒賞人類精神的某些最重大的
產物。力學概念模型即使在現在也能使我們理解已記載的過去和預
言未來的經驗，而不應該徒勞地批評在力學領域推進了我們的概念

㉕　同前注⑲, p. 251.

㉖　拉普拉斯在《概率解析理論》(1812)中「用他的時代的物質論的詞語」
　　寫道：「我們必須把目前的宇宙狀態看作是它以前狀態的結果以及以
　　後發展的原因。如果有一種理智能了解在某一瞬間支配自然界的所有
　　的力，了解組成自然的所有存在狀況，以及具有解析所給條件的巨大
　　能力的話，那麼它就能夠用一個數學公式概括出宇宙萬物的運動，從
　　最大的天體到最小的原子，都毫無例外，而且對於未來就像對於過去
　　那樣，都能一目了然。」皮爾遜抱怨引用這段話的人常常把拉普拉斯
　　接著的論述略而不提：「它在追求真理的所有努力中繼續促進它趨近
　　我們剛才設想的理智，但是它永遠距離這種理智無限地遙遠。」同前
　　注⑲，pp. 251–252.

的人「無能」。

儘管如此，皮爾遜仍清醒地意識到「機械論的極限」即其局限性。他說，隨著我們關於以太和粗糙「物質」的性質之觀念的增長，我們自然而然地要開始質問：描述兩個粒子相對運動的定律是否可以設想對於兩個分子、兩個化學原子、兩個原始原子以及最終對於兩個以太要素是否成立？或者，也許更為重要的是，它們對於原始原子和鄰近的以太要素成立嗎？當把運動定律用於粗糙「物質」的粒子時，我們能在多大程度上認為這些定律起因於粒子由分子組成、分子由原子組成、最終原子可能由以太要素構成的方式呢？在皮爾遜看來，這是十分重要的爭論點，但看來好像在科學上並未總是受到關注。他指出下述重要問題也是當下不能回答的問題：我們應該斷言力學定律作為一個整體對從粒子到以太要素的所有尺度都適用嗎？通過假定完備的機械論從粒子擴展到以太要素，我們將發現我們對宇宙的概念描述被簡化了還是與之相反？或者，假設機械論整體地或部分地來自我們的結構的上升的複雜性，以太要素主要是機械論的源泉，但它在服從像在動力學教科書中給出的運動定律的意義上不是完備的機械論的，這將有更多的好處嗎？(*GS*, pp. 337–340)

這些問題涉及到機械論或力學定律是否適用於描述微觀的微粒。皮爾遜的回答是否定的：機械論在應用到原子和分子時是成問題的，不能教條地斷言它對所有微粒都適用 (*GS*, pp. 387, 380)。而且他還揭示出，機械論的假設——整個宇宙能夠借助粒子或點的系統力學地描述，它們的相互加速度僅取決於它們的相互距離——也許是簡單的，但它的提出者迄今無法證明它的充分性 (*GS*, p. 350)。不過，他也表明，如果我們的宇宙的力學描述沒有以所希望的、有理由的速率進步，那主要是因為沒有第二個拉普拉斯處理「無限小」，

就像第一個拉普拉斯處理「無窮大」那樣❷。當皮爾遜寫下這段話時，普朗克(M. Planck, 1858–1947)還未提出他的量子論(1900年12月)，誰能想到二十多年後，量子力學就建立起來了，其間出現了為數不少的處理「無限小」的拉普拉斯。

皮爾遜對機械論的這種態度也體現在他對機械論和生命之關係的看法上。他明確表示，生命是否是機械論的問題，不在於相同的事物即「物質」和「力」是否處在有機的和無機的現象背後——處在我們絕對不知道的兩個種類的感覺印象中的任何一個背後——的問題，而在於物理學家的概念速記，他的理想的以太、原子和分子的世界是否足以描述生物學家對生命的知覺。也就是說，有機的和無機的現象是否能夠用相同的概念速記來描述。他認為，作為機械論的生命也許純粹是思維經濟，它可能提供出自一種而不是使用兩種概念速記的巨大好處，但是它不可能比引力定律說明行星的橢圓路線更多地「說明」生命。(*GS*, pp. 392–393, 399)

皮爾遜一方面堅持，生物學沒有機械論的討論必然是不完備的(*GS*, p. 389)，說機械論無法描述生命的人遠遠超越了用我們目前的知識狀態能夠加以辯護的範圍；另一方面他也認為，我們暫時只能滿意地說，有機現象可以借助由無機微粒構成的有機微粒來描述，有機微粒以某種獨特的方式運動，但是這種運動是否遵守由力學定律推導出來的定律，我們在目前還沒有決定的手段。(*GS*, p. 407)他也注意到：

> 在作為機械論的生命觀念中，我們發現混亂正在統治著。問
> 題應該用詞語表達為如下的結果：我們能用與足以描述無機

---

❷　同前注❷, p. 252.

　　現象相同的關於運動的概念速記描述有機現象中的變化嗎？
在回答這個問題時存在著困難，因為我們不能斷言，可以應
用於複雜的物理結構——我們以此把最簡單的有機胚原基概
念化——的精確的運動定律是什麼。(*GS*, p. 439)

顯然，皮爾遜在1892年對機械論是否完全適用於描述生命現象的回
答是存疑的或懸而未決的，不過他在 1885 年的講演中卻這樣表示：
「物質是有意識的像生命是機械的一樣，都是廢話；也許某一天，
由於人類智力隨世紀的發展，我們可以表明，這些陳述中的一個或
另一個為真，或者更可能，二者都為真。」(*EF*, p. 36)不管皮爾遜如
何猜想或預言，時至今日，在生命領域中的活力論與機械論、有機
論與還原論之爭似乎並沒有最終的結局❷，也許恰當的思維方式是
彼此充分肯定對方的價值，在兩種對立的研究傳統之間保持必要的
張力❷。

3.4　知識、無知、神秘和真理

　　皮爾遜在確立他的認識論和方法論的同時，也以此分析和界定
了知識、無知、神秘和真理等認知概念，這反過來又豐富和擴展了
他的認識論和方法論的內涵和外延。

---

❷　陳蓉霞：〈有機論學說及其在生物學研究中的地位〉，《自然辯證法通
　　訊》(北京)，第13卷 (1991)，第2期，頁10–17。

❷　李醒民：〈善於在對立的兩極保持必要的張力——一種卓有成效的科
　　學認識論和方法論準則〉，《中國社會科學》(北京)，1986年第4期，
　　頁143–156。

　　按照皮爾遜的觀點，對知識的任何邏輯批判最終只能得出結論：知識（相對於人）是對人的心智內容作理性分析所達到的結果的主要部分，是我們就概念、智力觀念作推理而達到的東西 (*CD1*, pp. 184, 200)。由此可見，知識嚴格地講是一種理性認識，而不是停留在低層次上的感性認識，因為未經理性思維和邏輯推理的感性認識是表面的、膚淺的、概然的。難怪皮爾遜認為，我們從表面不變的自然現象的序列或「秩序」中能夠引出的第一個且唯一根本安全的結論是：相似的感覺以類似的群不變地出現在我們面前。這不是對自然現象的絕對的知識，而是對我們自己感覺的知識。進而，我們對「不變性」的知識是經驗的結果，從而建立在概然性的基礎上。(*EF*, p. 47) 正是出於對感性知識具有概然性的考慮，對知覺領域中的證據是壓倒之勢的概率的證明之沉思，皮爾遜才認為，從邏輯上講，我們應當僅在概念方面使用知道一詞，而對知覺保留相信一詞。例如，我知道圓的任何直徑上的圓周角是直角，可是我相信太陽將在明天升起。(*GS*, p. 180)他的結論是：

> 以前，人們對超感覺的東西具有信念，並認為他們對感覺的東西具有知識。未來的科學儘管對超感覺的東西是不可知論的，但在感知領域將用信念代替知識，而為概念領域，即他們自己的關於物理的力學和原生質的力學的概念和觀念——以太、原子、有機微粒和生命力——的範圍保留知識的術語。當然，關於科學基礎的觀點的這一變革必然伴隨著誤解，或伴隨著不喜歡科學的人趁機貶低科學軟弱無能。❸⓪

---

❸⓪　同前注❷③，pp. vii–viii.

在確定知識的涵義時，皮爾遜實際上已為知識劃定了界限和範圍。他還明確斷言，把知識一詞應用到不能成為心智內容一部分的某種東西，導致了該詞的不合理的外延 (GS, p. 82)。知識一詞若用於不可思議之事物則無意義，否則必定是荒謬透頂的。即便在可思考的範圍內，我們的知識還是極細的線條，而且在有限的時間內將永遠達不到完備的知識，但是我們絕對不能妄言關於思維之外的事物的知識是可能的。除非我們把知識作為在思維之外的事物之間存在的某種關係的術語來使用，但是這樣的濫用不僅造成混亂，它也不能使我們比陳述無意義的 x 存在於不可思議的 y 和 z 之中更進一步。(GS, pp. 89–90) 皮爾遜具體指明，第一因標誌著知識的持久的或暫時的界限。我們或者在感覺印象的彼岸、在知識和推理是無意義的詞的地方正在推斷某種東西，或者我們在知識的領域正在暗示無知。在這種情況下，說「在此時此處我們的無知開始了」比說「在此處有第一因」要誠實得多。(GS, p. 153) 尤其是，他注意到，把不能成為知覺材料的任何事物說成是存在於空間之中或發生在時間之內，或擺脫空間和時間的束縛談論感覺印象群或現象，都是徒勞的——這一結論具有不小的收穫和價值。就其本性而言，處在感覺印象彼岸、知覺領域彼岸的無論什麼東西，既不能存在於空間之中，也不能發生在時間之內。由於把空間和時間作為知覺模式清楚地評估，大多數迷信（像唯靈論、通神論的迷信和奇蹟）和曖昧狀態都煙消雲散了，而知識範疇適用的領域則被一清二楚地確定了。(GS, pp. 228–229)

皮爾遜還討論了知識的條件、基礎及獲取途徑。他把重複或慣例看作是知識的必要條件和基礎，認為人在進化過程中獲得了知覺官能，知覺官能在正常條件下只能呈現出慣例形式的知覺序列，這

樣的作為知識的唯一基礎的慣例對人而言具有巨大的好處，它使人贏得了知識，從而實現了對其他生命形式的專政。沒有這樣的重複或慣例，人便處於感覺的渾沌中，思維和知識都變得不可能了。(*GS*, pp. 171, 162–164)至於獲取知識的途徑，皮爾遜反覆強調要借助科學方法——「科學方法是通向整個知識區域的唯一門徑」(*GS*, p. 30)，要通過科學研究和歷史研究 (*EF*, p. x)。他還說，求知需要費力，而接受把無知掩蓋在不能確定的東西之中的片語，完全逃避努力，這在智力上是最輕鬆的**❸**。

皮爾遜雖然強調科學對超感覺的東西是不可知論的，但他本人並不是不可知論者。他承認人們對許多問題無知，但卻否認對它們永遠不可知，並堅決反對人為地為知識設置障礙和圍欄。他反問道，在意識到科學過去的偉大成就和現在的永不停息的活動時，我們難道不可以更有理由把伽利略的暗示——「誰願意為人類的理智設置界限呢?」——作為我們的格言來接受嗎?(*GS*, p. 26)在皮爾遜看來，用進化論關於人的理智能力的不斷成長能夠詮釋這一點。人類在漫長而艱難的進化中，逐漸形成了就知覺推理、用理性鑒賞和分析知覺的東西的敏銳能力。這使人確信，隨著進一步的成長，人將達到更敏銳的知覺和更偉大的理智理解。我們沒有權利假定人的發展是十全十美的，但是我們有權利推斷，從原始人到亞里士多德 (Aristotle，前384–前322)，從亞里士多德到今日的科學家，我們能夠追溯的進化趨勢將依然是相同的，至少在人的物理環境沒有實質性的改變時是這樣。否認我們的知覺比偉大的希臘哲學家的知覺更廣泛和更深刻，否認我們的分析比偉大的希臘哲學家的分析更微妙，就是否認人的過去的進化趨勢，就是否認賦予歷史以它的深邃的人

❸ 同前注**㉓**, p. viii.

類意義。他繼續說：

> 自亞里士多德時代以來知識的成長應該充分地使我們深信，
> 我們沒有理由對人們最終制服任何問題感到絕望，不管它現
> 在是關於生命或心智的無論什麼問題，也不管現在看來多麼
> 模糊和困難。但是，我們應當記住，這種制服意味著什麼；
> 它不是指出知覺慣例的說明；它只是簡明的概念公式的慣例
> 的描述。它是歷史的概述，而不是最終原因的超驗的注釋。
> 在後一方面，除了最誠實的無知坦白和合理的知識定義以外，
> 我們與亞里士多德相比，不，與原始的野蠻人相比，我們沒
> 有絲毫更進一步。

皮爾遜接著把祖輩、父輩和我們一代作了比較。我們的祖父對地球
的物理演化、物種起源和人的遺傳問題感到困惑不解，他們不得不
用由來已久的迷信和神話掩蓋無知。我們的父輩敢於認識困難的任
務，而且解決了它們。現在，我們像我們的父輩一樣站在對我們來
說似乎不可解決的問題面前，在此處科學迄今還沒有確鑿的描述公
式，也許在最近的將來還沒有找到公式的希望。但是，我們明確我
們的責任，我們對科學方法充滿信心，我們必須完成比父輩還要困
難的任務。(*GS*, pp. 472–474)

可以毫不誇張地說，皮爾遜在某種程度上是一位知識至上主義
者。他說：對知識的追求是對人的真正敬仰，是人的心智能夠獲得
的有限和無限之間的統一和最高的愉悅。因為科學家和哲學家最大
地延伸了現有知識的界限，所以自由思想者必須從他們之中尋找領
袖和導師。(*EF*, p. 12) 他甚至宣稱，理性和知識是道德行為的唯一

因素(*EF*, p. 121)，而他是十分看重倫理道德的社會意義和社會功能的。他在概括和發揮喬答摩(Gautama, 前563?–前483)❷的自制理論時說：

> 唯有知識是通向較高路線的關鍵；是在生活中值得追求的一件事。如聲色、利己、儀式主義像巫術和偶像崇拜一樣，只不過是無知的欺騙，必然為人通向知識的進步套上鐐銬。感官歡娛使人從屬於現象世界，使他成為它的罪惡的奴隸。道德不依賴於對不朽的信念；它的進步與知識的進步等同。正義（正直）是自我培育和自我控制的結局，儀式化只是妨礙它的成長。知識是把平靜與和平帶入生活的東西，是使人對現象世界的風暴漠不關心的東西。(*EF*, p. 74)

皮爾遜在確定知識的內涵和外延時，實際上也間接地定義了無知。按照他的觀點，科學的無知是由兩種原因引起的：其一是由於

---

❷ 喬答摩是印度哲學家、佛教創始人釋迦牟尼的初名。據霍爾丹講，皮爾遜對印度哲學的了解限於小乘(Hinayana)佛教手稿的譯文，他也許會辨認出像耶若婆佉這樣的古代印度思想家和歐洲偉大的匿名人文主義者之間的比較同類的精神。參見 J. B. S. Haldane, Karl Pearson, 1857–1957, *Biometrika*, 44(1957), pp. 303–313. 耶若婆佉闡述了「梵我如一」原理和「我的四位」學說（醒位、夢位、熟眠位、死位或大覺位），宣稱「我」（靈魂）是宇宙萬象的根源。「我如一蜘蛛，引絲而布網，世界綿羅開，還即自身出。」皮爾遜對此種唯我論「怪想」進行了毀滅性的批判 (*GS*, pp. 130–131)，並多次強調要掃除這類神學和唯靈論的形而上學的「蛛網」。不過，他十分贊同喬答摩的道德自制理論。

缺乏恰當的和充分的事實分類；其二是要求科學去處理非實在的事實，也就是假定事實本身是人的未受訓練的心智的不一致的和非實在的創造 (*GS*, pp. 22, 26)。對於非實在的事實，例如超驗的事物或物自體及其本性、第一因等等，根本不是科學的對象和科學方法適用的範圍，科學對其當然是不可知的。但是對於實在的事實，科學人則堅決不能同意斯賓塞、赫胥黎和杜布瓦─雷蒙兄弟❸的不可知論。他剖析了杜布瓦─雷蒙兄弟的三個無知，指出只要我們一旦辨認出感覺印象的變化是實在，運動和機械論是描述的理想，那麼第一個無知（超距作用）和第三個無知（物質和力的本性）就變得無意義了，因為它們不是科學要討論的問題。至於第三個無知（意識是什麼和感覺印象的慣例為何存在），在修正的意義上是有科學價值的，儘管科學在眼下還只能滿足於說「不知道」。(*GS*, pp. 329–330) 在這裡，急躁或沉湎構造體系都是無用的。謹慎而辛勤地分類事實比目前在時機成熟之前就下結論，必然會取得更大的進展。他堅定不移地反對將類似的「科學的合法問題」歸入「形而上學的」問題，並強加給科學家。(*GS*, p. 24)

　　針對厄米爾・杜布瓦─雷蒙「我們將是無知」的吶喊，皮爾遜明確表示，這一吶喊存在著巨大的危險。高呼「我們是無知的」是安全的和健康的，但是企圖證明無知的無窮將來，看來好像是接近絕望的謙遜。他分析了科學人說「我在此無知」的意思。首先，他不是意指科學方法必然不適用，不是意指相應地必須尋找其他方法。其次，即使無知確實是由科學方法的不恰當引起的，那麼我們完全

---

❸　他們是厄米爾・杜布瓦─雷蒙(Emil du Bois–Reymond, 1818–1896)
　　和保羅・杜布瓦─雷蒙(Paul du Bois–Reymond)。前者是德國生理學
　　家，現代生理學的奠基人。

可以確信，沒有任何其他方法能達到真理。科學的無知意味著被強加的人類的無知。當我斷言無論在心理知覺還是生理知覺中都存在著科學在數世紀長的進程中不可能照亮的領域時，我自己應該感到遺憾。誰能夠向我們擔保，科學已經占據的領域才是知識在其中是可能的領域呢？用伽利略的話來說，誰願意為人類的理智設置界限呢？皮爾遜達到下述的結論：

> 儘管科學自稱整個宇宙是它的領域，但是決不要設想，它在每一個部門已經達到或永遠能夠達到完備的知識。遠非如此，它承認它的無知比它的有知延伸得更廣泛。然而，正是在這一無知的坦白中，它找到了未來進步的安全通行證。教條和神話總希望在科學還未有效占據的領土四周設置圍欄，科學不能同意人們的發展在某一天再次受到這些圍欄的阻礙。它不會容許神學家或哲學家這些知識界的葡萄牙人到無知的海灘建立強權，從而在適當時機阻止在廣大的、迄今未知的思想大陸拓展殖民地。在過去所設置的類似障礙中，科學現在發現在理智進步和社會發展道路上的某種困難。這種困難主要是由於非科學的訓練而出現的缺乏非個人的判斷、科學方法和對事實的準確洞察，……(GS, p. 30)

對於科學的無知，皮爾遜的態度是明確而堅定的——既要勇敢地坦白無知，又要積極地克服無知。他一語中的：我們必須是敢於無知的；因為無知，故要付出勞動(GS, p. 474)。在他看來，坦白無知不是軟弱的坦白，而實際上是力量的標誌(EF, p. 6)。他要求人們不要加入絕望的吶喊：「我們一無所知，讓我們相信一切。」(CD2,

p. 94)皮爾遜很討厭用想像、神話、形而上學的教條和假設掩蓋無知，他揭露質量、力和物質流行的定義只不過純粹是用來掩蓋人的無知的名稱，導致我們陷入形而上學的朦朧；無知的暫時界限是「第一因」的主要源泉 (*GS*, pp. 362, 153)。由於注意到用假設代替無知是很容易的，因為只有獲得真實的知識才能在許多情況下證明假設之假(*GS*, p. 133)，他於是提出一個頗為現代性的命題：

> 用不能證明又不能反駁的假設填充無知的空隙，是無用的，甚至是危險的❸❹。(*GS*, p. 58)

皮爾遜依據人類的思想史表明，無論在何處人的知識終結和無知開始，在那裡便抬來「超科學的原因」。對於較早時代的未受訓練的心智來說，這種對無知的掩蓋似乎是十分自然的，但是在科學時代，它只不過是對智力惰性的辯解。它表明我們放棄了認識的努力，而在那裡力求認識是科學的首要責任。在許多世紀，七天創造世界足以掩蓋我們對地球物理史、對生物體進化或物種起源的無知。在這些方面，科學現在是十分確定的，但是為了擺脫在知識道路上的障礙，它還要作艱苦的鬥爭。神話試圖用來掩蓋人的無知的少量殖民地變成了御獵場這一等級制度的特殊禁地，開闢它就是瀆聖。在科學目前對生命的起源是無知的說法中，我們必須謹慎，不容許「超

---

❸❹　皮爾遜的這段話常被人引用，例如 H. Cantril, Psychology and Scientific Inquiry, *Logic, Laws, & Life*, Edited by R. G. Colodny, University of Pittsburgh Press, 1977, pp. 178–153. 不知道皮爾遜的這一觀點對波普爾 (K. Popper, 1902–1994) 的科學知識進化模型和作為劃界的可證偽性標準思想有影響否？

科學的原因」的形而上學假設生根。我們相信，光明在這裡將照到科學，因為科學在過去碰到過同樣困難的問題。(*GS*, p. 419)

皮爾遜在論述知識和無知時，也涉及到神秘（秘密）問題。他承認在科學中存在神秘，神秘比無知費解，但不可能永久神秘下去；而且隨著科學的進展和人的認識範圍和深度的延伸，正像出現新的無知一樣，也出現新的神秘。他發現，無機界中的變化的秘密恰如有機界中的一樣重大，這對下一代人來說將是老生常談；而生命單位的終極行為也不比物質單位的終極行為少一些秘密❸。他還坦率地承認，慣例目前依然是根本的知覺秘密，我們沒有充分的根據把它歸因於知覺官能，但它卻是所有科學知識賴以建立的基礎。(*GS*, p. 392)他對神秘的總的看法是：

> 科學沒有留下神秘嗎？相反地，它宣布在其他人聲稱知識之處有神秘。在感覺的渾沌中，在意識包容那些把它們自己的秩序、規律和理性的產物投射到未知的和不可知的世界的小角落的能力中，存在著足夠的神秘。在這裡存在著足夠的神秘，只是讓我們把它與可能的知識領域內的無知區別開來。神秘是費解的，而無知則是我們每天正在征服的。(*GS*, p. 134)

皮爾遜結合生命自然發生（他認為它比生命永恒和「超科學原因」描述生命起源有價值得多）和時空模式，分析了神秘問題。他認為，在生命起源中不需要用神秘掩蓋處於遙遠階段的無知；神秘近在感覺印象的每一變化，在於知識總是對這種變化的描述而從來

---

❸　同前注❷，pp. vii, 375.

不是說明的事實。生命和意識的自然發生不是減少對於人的神秘的概念；它們僅僅把標定知識邊界和遮蔽根本神秘——我們究竟為什麼知覺和我們為什麼借助慣例知覺——的感覺印象之幕更緊密地結合在一起。(*GS*, pp. 419–420) 關於空間和時間這兩種知覺模式，我們是如此習慣而又如此難以分析，是如此平凡而又如此神秘，以致我們儘管承認二者之間的區別，但是卻往往無法確定，我們正在用時間還是用空間區分事物。我們為什麼要在這些模式下知覺事物，科學家滿足於把這個問題以及其他一切為什麼歸類為徒勞的和不合理的問題；但是，隨著生理心理學的成長，隨著對低級形式的生命和幼童辨別知覺方式的觀察的不斷增加，關於這些知覺模式如何的比較清楚的觀點無疑將會出現。(*GS*, p. 200) 皮爾斯 (C. S. Peirce, 1839–1914) 不滿意皮爾遜對神秘的看法——事物的為什麼依然是一個秘密，並自認為在事實的真正意義上在宇宙中不能有秘密**㊱**。皮爾斯顯然沒有完全把握皮爾遜的關於神秘的觀點，也不十分了解皮爾遜科學描述觀的涵義，而且對作為一個物種的人類的認識能力也許作了過高的和過分樂觀的估計。

　　在論述科學方法時，我們已涉及到皮爾遜的真理符合論和獲取真理的途徑：「沒有通向真理的捷徑，除了通過科學方法的大門之外，沒有獲得關於宇宙的知識的道路。」(*GS*, p. 20) 此外，他還強調追求真理要有耐心；不管是科學問題還是社會問題，都不是把它們引入市場通過激情和偏見來解決，需要的是研究的熱情而不是市場的熱情 (*KP*, p. 12)。關於真理的涵義和本性，他表明真理一詞本身

㊱　*Collected Papers of Charles Sanders Peirce*, Vol. Ⅷ Reviews, Corre-spondence and Bibliography, Edited by A. W. Burks, Cambridge: Harvard University Press, 1958, p. 120.

意指事物之間某種確定的和清楚的關係，因而指出了有限與無限之間的關聯 (*EF*, p. 11)。對於我們必須追求的真理的本性是什麼的問題，他的回答是明快的：真理本質上是定律，這種定律與人的思維有關。我們許多人所謂的定律只不過是經驗定律，是觀察的結果；但是在他看來，知識進步似乎指向十分遙遠的時間，此時宇宙中所有有限的事物將顯現出被定律統一起來，而那個定律本身只是思想能夠構想的可能的定律。再者，我們必須把宇宙看作是一個龐大的理智過程，每一個事實都對應於一個概念；每一個事實的接續都對應一個不可避免的概念序列；因為思想在理智的邏輯秩序中的進步唯一地、如此唯一地適合事實。(*KP*, p. 11) 他還通過比較揭示出科學真理的意蘊：

> 作為一個事實，科學真理（在連貫的概念上推理的產物）和科學信念（以概念模型和現象之間的一致的統計經驗為基礎的概率）與神學真理和神學信仰[37]具有完全不同的秩序。在神學中，我們斷言某事物和相信某事物不是觀念的事物，而是在感覺印象背後獨立的、超感覺的存在的某些事物。在科學中，我們斷言概念世界的某些事物，相信它與從屬的和感覺的東西有關係的某些事物。(*CD1*, pp. 213–214)

皮爾遜還把克利福德關於真理並非毫無錯誤的論述[38]和黑格爾的

---

[37] 在這裡，作者用的都是belief（信仰，信念）一詞。我們分別譯為「科學信念」和「神學信仰」，只是為了在中文語境中不致引起不必要的誤解。

[38] 克利福德的原話是：「請記住，科學思想是行動的指導；它所達到的

「真理是大自然應歸於精神的法規的東西」(*EF*, p. 1)作為卷首語和講演題記加以引用，表明他是讚賞這些看法的。

真理並不是我們理想地期待的毫無錯誤的真理，而是我們可以毫不擔憂地按照它行動的真理；你不能不看到，科學思想不是人類進步的伴隨物，而是人類進步本身。」參見 W. K. Clifford, *The Common Sense of the Exact Science*, Edited and With a Preface by Karl Pearson, Newly Edition, Alfred A. Knopf, New York, 1946, p. ii.

第四章　旨永意新的科學觀

啼鶯聲聲脆，伴我入雲天。

腳踩石頭坡，頭頂雞冠山。

小憩碧玉峰，怡眄黃金川。

休言一身汗，勝似高堂閒。

——李醒民：〈夏收時節赴白廟〉

在前兩章論述皮爾遜的認識論和方法論時，我們已經涉及到他對作為一個整體的科學的觀點。事實上，他的科學方法論的有關內容就是他的科學觀的一個十分重要的方面。皮爾遜的科學觀視野廣闊，旨永意新，即使在今日仍有一定的啟發意義。在本章，我們擬就前面沒有集中探討的加以剖析。

4.1　科學的領域和特性

皮爾遜力主科學的廣泛包容性。他提出，科學的領域是無限的，它的可靠內容是無盡的，每一群自然現象、社會生活的每一個階段、過去或現在發展的每一個時期，都是科學的材料。科學的材料是與整個物理宇宙同樣廣闊的，不僅是現在現存的宇宙，而且是它的過

去史以及在其中的所有生命的過去史。面對近代科學的巨大進步，當人們正在把科學方法應用到自然的、歷史的和心理的事實時，我們不得不承認，科學的目標是並且必然是無止境的。科學的範圍延伸到我們先輩根本不能看到、或他們宣稱人的認識不可能達到的區域。科學知識的進展是巨大的，可是它處理的材料的增長更多、更快。(*GS*, pp. 15–17) 他還表示，科學的材料與宇宙中的整個物質生活和精神生活一樣廣闊❶。他注意到，由於更徹底地分類人類發展的事實，從而更精確地認識人類社會早期史以及原始的習慣、法律和宗教，加之自然選擇原理被應用到人類及其共同體，這一切正在把人類學、民俗學、社會學和心理學轉化為真正的科學。我們開始看到心理事實群和社會事實群二者中的無可爭辯的關聯。有助於人類社會的興盛和衰落的原因變得愈明顯，科學研究的題目也就愈多。因此，心理事實和社會事實並沒有超越科學的處理範圍，但是它們的分類卻不像物理現象或生物現象的分類那麼完美，出於顯而易見的理由也不那麼毫無偏見。儘管如此，科學還是可以宣稱整個心理的以及物理的現象範圍即全宇宙，都是它的領域，並以此抗衡神學家和哲學家侵佔它的「合法的領域」。(*GS*, pp. 19–20, 30)

由此可見，皮爾遜雖然認為科學方法可以用於社會科學和人文科學的研究，但他並不具有所謂的「科學主義」——科學方法萬能、科學能解決一切社會問題❷，他的態度並不是過分激進的（在這裡

---

❶　參見 (*GS*, p. 18)。不知皮爾遜的看法是否受到克利福德下述觀點的影響：「科學的課題是人的宇宙；也就是說，是現在、或已經、或可能與人有關的一切事物。」參見 W. K. Clifford, *The Common Sense of the Exact Science*, Newly Edition, Alfred A. Knopf, New York, 1946, p. xxv. 引文是在 J. R. Newman 寫的「引言」中引用的。

還有點謹慎）。　這種態度也可以從下述事實看出：他一方面指出，
人為地為科學劃出分界線或設置障礙物是蒙昧主義；另一方面又強
調必須把自然神學和形而上學問題從科學領域排除出去，從而限制
科學分類的素材和科學研究的範圍(*GS*, p. 442)。在這裡，我們有必
要重申，皮爾遜實際上對科學的領域或素材作了更為嚴格的限定。
他表明，科學實際上是心智內容的分類和分析，科學方法恰恰在於
從存儲的感官印記和基於它們之上的概念引出比較和推論。科學的
領域與其說是外部世界，毋寧說是意識。科學的天職與其說是統治
「外部質料世界」的「自然定律」的研究者，毋寧說是概念的詮釋
者。不過，他在作這樣的辨白時沒有忘記提醒人們，科學依然認為
心智的整個內容最終建立在感覺印象的基礎上。(*GS*, p. 63) 他還說：

> 科學有時被流行地假定是處理外部現象世界——它僅處理是
> 人的心智的內容的東西。感覺印象留下存儲的感官印記，這
> 些感官印記在理性介入和我們達到能夠被公平地稱之為知識
> 的任何東西之前，要經過擴展、聯想和比較才會變成概念和
> 觀念。純粹接收感覺，甚或收集感覺印象，都不是科學。科
> 學只是始於概念的分類和比較。(*CD1*, p. 184)

像馬赫和克利福德一樣，皮爾遜也堅持科學描述觀。他認為，

---

❷　這種貶義的「科學主義」是外界強加給科學和科學家的。從來也沒有
　　一個科學家自稱是科學主義者，他們對科學功能和效用的看法是有節
　　制的。富有哲學頭腦的哲人科學家對科學的看法往往是十分精闢的、
　　甚至是超越時代的睿智。除了已引用的言論外，皮爾遜也承認「科學
　　方法的局限性」，只是他未過多「涉及」而已(*GS*, p. 26)。

科學是我們知覺的概念的描述(description)和分類，是使思維經濟的符號理論，它不是任何事物的最終說明❸(*GS*, p. 246)。科學是「如何」的描述，而不是「為什麼」的說明(*KP*, p. 136)。他指出，科學描述變化如何發生的能力越強，它就能越健全地擔當起忽略為什麼。如果從作為感覺印象序列的概念描述之科學轉向作為不可知覺的感覺印象的根基之形而上學，對科學將是莫大的損害。(*GS*, pp. 330, 398)因此，我們必須使心智擺脫兩種市場觀念。首先，科學將不說明在「印象和觀念圈子」內的每一事物；其次，它將根本不說明任何事物。理性論者反對神學家和形而上學家的例子並不在於在感覺印象的幔幕後存在許多神學和形而上學不能說明的事物這一陳述，而在於他們不能系統地闡明，他們就他們斷言他們知道的東西無法講出恰當的觀念是可以容忍的這一事實。因此，科學的使命不是說明而是描述，是發現將能使人預言未來感知的描述性公式；這樣的描述性公式僅僅在與該詞一致的意義上是知識，它們形成思維經濟。(*CD1*, pp. 199–200) 即使面對二十世紀初的新物理學（電子論、相對論），皮爾遜還固守他的一般論題，即科學僅僅從事概念模型，往往是粗糙的模型。新物理學比舊力學並未更多地達到對感知宇宙的任何真實的說明❹。

關於科學的目的是否包含說明，迄今仍然眾說紛紜，莫衷一是。

---

❸ 皮爾遜在(*GS*, p. 133)中的一個腳注中寫道：「如果詞explain（說明）和explanation（說明）在描述如何(how)而不是在決定為什麼(why)的涵義上使用，對它們就不能提出反對意見。在本書中，前者的詮釋是給它們的唯一詮釋。」

❹ K. Pearson, *The Grammar of Science*, Part Ⅰ—Physical, Third Edition, New York: The Macmillan Company, 1911, p. 355.

薩蒙(W. C. Salmon)準確地把握了皮爾遜的科學描述觀的涵義❺，但他認為這種觀點今日並不是十分流行的。皮爾遜在1911年說他的1880年代的異端觀點已被廣為接收，而薩蒙認為皮爾遜當時被接受的觀點今日又變為異端。今日大多數人認為，科學至少有兩個目的——預言和說明。這兩個目的的頭一個提供什麼發生的知識；第二個是設想提供事物為什麼像它們所發生的那樣發生。科學的目的不僅僅是描述世界，它也提供理解、綜合和啟發❻。問題在於，堅持科學說明論的人，對科學說明的詮釋與皮爾遜並不完全相同。例如，石里克(M. Schlick, 1882–1936)認為說明的特徵是，在描述自然時用到的某一個符號（概念）為另一些符號的組合所代替，而那些符號都已在別的場合使用過❼。亨佩爾(C. Hempel, 1905–)提出了演繹—律則說明和或然性說明兩種模型，但他要求它們滿足相關性要求和可檢驗性要求❽。然而皮爾遜所謂的說明，卻意指形而上學的超驗說明，是根本無法用實驗檢驗的，也不是用更綜合、更抽象的

---

❺　他是這樣理解皮爾遜的觀點的：科學知識是描述的——它告訴我們什麼和如何。如果我們尋求說明，即如果我們想知道為什麼，我們就必定走向科學之外，也許進入形而上學和神學。皮爾遜在他的《科學的規範》第三版(1911)的序言中寫道：「現在沒有一個人相信科學說明任何事物，我們大家都把它視為速記的描述，視為思維經濟。」 參見文獻❻。

❻　W. C. Salmon, Why ask "Why"? An Inquiry Concerning Scientific Explanation, *Hans Reichenbach: Logical Empiricism*, Edited by W. C. Salmon, D. Reidel Publishing Company, 1979, pp. 403–425.

❼　M. 石里克:《自然哲學》，陳維杭譯，商務印書館（北京），1984年第1版，頁17。

❽　C. G. 亨佩爾:《自然科學的哲學》，陳維杭譯，上海科學技術出版社（上海），1986年第1版，頁53–78。

定律代替單純的經驗定律。更何況當今一些主要的說明模型，包括較新穎的自然化說明論，都面臨諸多困難❾。但是，人具有一種不僅想知其然、而且還想知其所以然的好奇和求知的天性，這也許是形形色色的科學說明在歷史上經久不衰的原因❿。

我們已經看到，皮爾遜在堅持科學的目的是知覺經驗的概念速記之描述（從來也不是說明）的同時，也堅持科學的目的是思維經濟。他的觀點明顯地受到奧康姆的威廉 (William of Ockham，約1285–約1349)、牛頓、哈密頓(W. Hamiton, 1805–1865)、尤其是馬赫的影響。他認為奧康姆的「除非必要，毋增實體」以及中世紀經院哲學的「勿堆積原理」和「應該用最簡單的方式做事」等，迄今作為思維準則還是有價值的；它們不是教條，而是基本的思維經濟原理(GS, p. 482)。對於牛頓的「尋求自然事物之原因，不得超出真實和足以說明其現象者；自然喜歡簡單性，不會響應於多餘原因的侈談」，他指出自然的簡單性是教條，但是禁止我們著迷於多餘原因的哲學原則,作為思維經濟的科學觀來說則是根本的(GS, p. 110)。他讚賞哈密頓以更加完備和恰當的形式——「不假定比說明現象所必需的更多的或更麻煩的原因」——表述了奧康姆的準則，這個自稱為「異常節省定律」是一個比牛頓版本有效得多的公理。但是，他不滿哈密頓把自然害怕多餘的東西添入其中（哈密頓說這只不過使亞里士多德的名言——上帝和自然從來也不多餘地起作用，總是通過一個原因而不是眾多原因起作用——具體化了),認為這樣作似

---

❾ 陸健體:〈科學說明的新爭論〉,《自然辯證法通訊》（北京），第10卷(1988)，第2期，頁1–9。

❿ 李醒民:〈科學說明的歷史變遷〉（上、下），《百科知識》（北京），1987年第11期，頁15–18，1987年第12期，頁8–9。

乎是從科學思想的領域走進形而上學教條的陷阱密布的地區。他表明，亞里士多德和牛頓的觀點（自然確實是簡單的）與歐拉(L. Euler, 1707–1783)的觀點（宇宙的普遍結構是完美的）具有相同的特徵。他們或者把「簡單的」和「完美的」概念投射到感覺印象領域——唯有在這裡知識一詞才有某種意義——的彼岸，或者他們把知覺的宇宙與人對它的科學描述混淆起來。在後一領域，唯一的東西是原理的經濟，產生了真正的科學思維準則。(*GS*, p. 482)

對於馬赫的思維經濟原理⓫及其豐富內涵（思維的經濟，精力的經濟，功和時間的經濟，方法論的經濟，作為數學簡單性的經濟，作為縮略的經濟，作為抽象的經濟，作為不完備的經濟的邏輯，本體論的經濟，自然界中沒有經濟，語言的經濟）⓬，皮爾遜基本上是全盤接受的。他表明，思維經濟是一位哲學化的物理學家描述和定義科學而幸運地構思的一個名稱(*CD1*, p. 200)。科學不僅是思維經濟，而且也是語言經濟，二者幾乎是同一回事(*GS*, p. 251)。他對馬赫的思維經濟原理的一段較全面的評論是：

> 我認為，思維經濟術語本來歸功於布拉格的教授馬赫，該術語本身包含著一系列十分重要的觀念。如果我們回憶起思維如何依賴於存儲的感官印記，以及難以拒絕把物理的或動力的方面給予這些感官印記及其連結——聯想，它的價值就至關重要了。於是，思維經濟變得與精力（能量）經濟密切相關。知覺的範圍是如此廣闊，它們的序列是如此多變和複雜，

⓫　李醒民：《馬赫》，東大圖書公司（臺北）印行，1995年第1版，頁111–137。

⓬　J. T. Blackmore, *Ernst Mach: His Work, Life, and Influence*, University of California Press, 1972, pp. 173–174.

以致要是沒有科學概念所提供的速記描述，單憑大腦是不能保持最小的群的明晰圖像的。(*GS*, p. 232)

在這裡，皮爾遜實際上用他的以感覺印象為基石的感覺論，對思維經濟的有關涵義及其聯繫作了詮釋。他對這一原理某些方面的強調、拓展和深化還表現在以下幾個看法上。第一，科學理論的有效性不依賴於它絕對地符合實在世界的任何事物，而是依賴於它給予我們以簡要概述知覺事實或使思維經濟的能力(*GS*, p. 232)。正是在這種意義上，他認為只要不把原子和以太投射到實在的知覺世界，而僅僅作為純粹概念或工作假設，它們就是有效的理想，因為它們通過整理經驗能使我們思維經濟(*GS*, pp. 199, 215)。第二，思維經濟不在於自然的簡單性，而（部分地）在於複雜的感覺材料到達我們感官的通道或模式的簡單性，在於知覺官能的慣例和與反映官能的共濟(*GS*, p. 127; *KP*, p. 135)。存在是個體的，而思維經濟地分類它們則是人的理性的過程⓭。第三，從進化認識論⓮的視角探討了思維經濟的形成。他說，科學處理內心的、「內部的」世界，它的分類和推理過程之目的恰恰是本能的或機械的結合（聯想）之目的，也就是說，能夠使動作最適合於保存種族和個體，以最小的時間和智力耗費使感覺印象繼續下去。科學在這方面是思維經濟——使與

⓭　同前注❹, p. 166.

⓮　進化認識論是1970年代興起的一門新學科，它是從進化論的立場出發研究人類認識的起源、發展、性質、界限的，被認為是認識論中的真正的哥白尼革命——從哲學認識論轉向認知科學。馬赫、彭加勒、皮爾遜都是進化認識論的先驅。參見前注⓫，頁139–159。以及李醒民：《彭加勒》，東大圖書公司（臺北）印行，1994年第1版，頁99–100，166–167, 239。

接收感覺印象和發出能動性的器官的心智微妙地協調起來。(*GS*, p. 81)他在批評華萊士關於依據自然選擇假設找不到純粹科學家、尤其是數學家時說，即使我們把理論科學的偉大能力與日益增長的大腦活力的發展相關這一事實撇開不談，也能找到說明純粹科學家存在的理由：他們的功能也許使他們在生存鬥爭中不適於個體倖存，但他們對社會卻是力量和效率的源泉，因為科學作為理智精力的經濟對社會來說具有巨大的利益。(*GS*, p. 232)

美國科學社會學家默頓(R. K. Merton, 1910–)曾把科學的精神氣質 (ethos) 概括為普遍性、公有性、無偏見性、有條理的懷疑主義❺。我曾在討論科學精神的文章中把科學的本性概括為真（客觀性、自主性、繼承性、懷疑性）、善（公有性、人道性、公正性、寬容性）、美（獨創性、統一性、和諧性、簡單性）❻。其實，皮爾遜很早就洞察這樣一些精神氣質或特性，他稱其為科學精神 (spirit of science, scientific spirit) 或科學的心智框架 (scientific frame of mind)(*GS*, pp. 293, 426, 446, 8)。除了我們前面涉及到的科學的普遍性、客觀性、懷疑性、簡單性、一致性、進步性等外，他還注意到科學的公有性、公正性等，其中有些特性我們在討論科學定律或其他論題時已涉及到了。

皮爾遜看到，科學的廣大遺產是許多國家成百上千勞作者在過去兩百年間（在這之前的兩千年還有諸多世紀）花費了他們最好的

---

❺　R. K. 默頓：〈科學的規範結構〉，李醒民譯，《科學與哲學》（北京），1982年第4期，頁119–131。

❻　李醒民：〈科學家的科學良心〉，《百科知識》（北京），1987年第2期，頁72–74。也可參見李醒民：《科學的革命》，中國青年出版社（北京），1989年第1版，頁245–264（第十二章〈科學與精神文明建設〉）。

年華和最老練的能力獲取的。在這裡，不管是埃及人和希臘人，還是美國人和歐洲人，他們都為共同的目標而工作，都受共同的熱忱和行動的激勵。在這裡，有所有時代和所有民族聚會的場所，或者說時代和民族確實不再存在。在這裡，像伽利略和開普勒、牛頓和拉普拉斯、道耳頓和法拉第、林奈(C. Linnaeus, 1707–1778)和達爾文這樣的名字，變得家喻戶曉，婦孺皆知，普遍激起讚美甚至虔敬。(*GS*, p. 471)他提出：

> 事實的分類、對它們的關聯和相對意義的認識是科學的功能，在這些事實之上形成不受個人情感偏見影響的判斷，是我們將稱之為科學的心智框架的特徵。

他接著表示，這樣的擺脫個人偏見而形成的公正判斷獨立於審查事實的個人的心智，這樣的科學的心智框架並非職業科學家所特有，而是好公民或理想公民的本質。(*GS*, pp. 7–8) 皮爾遜還認為科學不是教條，它不具有一貫絕對正確的人權威地宣布它的教導是什麼(*NL*, p. 62)。科學的實踐方面在於概念模型的連續改進和擴大，以致給出經驗和理論之間較大的一致性(*CD1*, p. 210)。

4.2　科學的社會功能和價值

在皮爾遜看來，我們自己時代的最顯著的特點之一是，自然科學及其對人類生活的舒適和行為兩方面的深遠影響驚人地急劇增長著，與德國宗教改革、法國大革命、英國工業革命相比，科學的誕生和發展也許在人類文明史中具有更為重要的意義❶(*GS*, pp. 2–

3)。他強調，科學的功能是指引對人的服務，是訓練人的心智，占據並使他的閒暇有趣味**⑱**。正是基於對科學的社會功能和價值的充分估計，他贊同克利福德的名言：「科學思想不是人類進步的伴隨物和條件，而是人類進步本身。」(*GS*, p. 45)

按照皮爾遜的觀點，對於任何社會建制或人類活動形式而言，能夠給出的唯一理由——這裡意指為什麼要促進它存在，至於它的存在則是一個歷史問題——在於，它的存在有助於提高人類的社會福利，增進社會的幸福，或加強社會的效率和穩定性(*GS*, p. 10)。以此為前提，他詳盡地探討了科學的社會功能和價值——這也是科學有權要求社會承認的理由或應給予促進它的存在的根據。在他看來，科學要求我們的支持取決於：它為公民提供有效的訓練；它對許多重要的社會問題施加影響；它為實際生活增添了舒適；它給審美判斷以持久的愉悅(*GS*, p. 45)。下面我們將分而述之。

(一)科學有權要求承認的第一個理由

在1891年的格雷欣講演中，皮爾遜就提出，近代科學在對事實進行嚴格的、無偏見的分析中作為一種思想訓練，尤其適合於促進

---

⑰ 在這裡，我們不禁想起巴特菲爾德對與十六、十七世紀相聯繫的「科學革命」的評論：「它使基督教興起以來產生的一切事物相形見絀，同時把文藝復興和宗教改革降到僅僅是一個插曲、僅僅是中世紀基督教內部改朝換代的等級。由於這個革命改變了物理世界的圖景和人類生活本身的結構，同時也就改變了在處理非物質科學中的人們慣常的精神活動的特點。因而它作為現代世界和現代精神的真正起源赫然聳現出來，……」參見H. Butterfield：《近代科學的起源》，張麗萍、郭貴春等譯，華夏出版社（北京），1988年第1版，頁1–2。

⑱ K. Pearson, *The Groundwork of Eugenics*, Second Edition, Cambridge University Press, 1912, p. 39.

健全的個人品德。作為一種訓練的科學的價值取決於它的方法，而不是決取於它的材料。(*KP*, p. 133)在次年出版的《科學的規範》中，他著重論述了科學方法在為科學存在辯護中的優勢，即科學在證據評價、事實分類和消除個人偏見、在可以稱之為心智的嚴格性的一切事情上給我們以訓練(*GS*, p. 35)。他論證說，從道德的觀點來看，或者從單個個人與同一社會群體其他成員的關係來看，我們必須通過他在行為中的後果來判斷每一個人類活動。通過大量灌輸科學的心智習慣而鼓勵科學和傳播科學知識，將導致效率更高的公民，從而將導致已經增進的社會穩定性。在這裡，受到科學方法訓練的心智，很少有可能被僅僅訴諸激情、被盲目的情緒激動引向受法律制裁的行為，而這些行為也許最終會導致社會的災難。因此，皮爾遜用如下命題強調科學的教育方面：

> 近代科學因其訓練心智嚴格而公正地分析事實，因而特別適宜於促進健全的公民教育。(*GS*, p. 11)

皮爾遜進而表示，完全撇開科學可以傳達的任何有用的知識不談，科學是用它的方法自我辯護的。遺憾的是，在科學的實際應用的巨大價值面前，我們太容易忘記它的純粹教育方面了。我們屢屢看到為科學提出的抗辯：科學是有用的知識，而語法和哲學被設想只有很少的用處或商業價值。確實，科學常常教給我們對實際生活具有基本重要性的事實，但是為科學辯護的理由更在於科學把我們導向獨立於個人思維的分類和體系，導向不容許幻想娛樂的關聯和定律，因此我們必須把科學的訓練及其社會價值列在語法和哲學之上。正是在這種意義上，他認為只列舉研究結果、只傳達有用知識

的通俗形式是壞科學(bad science)，或根本不是科學。壞科學給出的現象描述訴諸讀者的想像而非訴諸理性，它的結論不是從事實的分類得出的，或不是作者直接作為假定陳述的。對於受過邏輯訓練的心智來說，好科學將總是明白易懂的，倘若這種心智能夠閱讀和翻譯用以撰寫科學的語言的話。科學方法在所有分支中是相同的，這種方法是一切受過邏輯訓練的心智的方法。在這方面，偉大的科學經典❽比那些對科學方法鮮有洞察的人所寫的普及讀物更值得一讀，因為這些經典著作傳達了科學方法的訓練。(*GS*, pp. 11–13) 皮爾遜反覆強調，與獲取知識相比，受科學方法訓練的心智是第一位的事情。科學的民族價值首先在於它能夠完成的訓練，其次才在於它的實際結果。在這裡產生了訓練觀察和推理的一伙人的真正價值。因此，一個民族要保持它的地位，就必須要有科學學校和科學人員。(*NL*, pp. 39–43)

㈡科學有權要求承認的第二個理由

皮爾遜發現，科學的結果與許多社會困難的處理密切相關。與從柏拉圖時代到黑格爾時代的哲學家提出的任何國家理論相比，科學能夠隨時對社會問題提出具有更為直接意義的事實。他依據魏斯曼的遺傳理論❾表明，該理論從根本上影響了我們關於個人的道德

---

❽ 皮爾遜在此列舉了達爾文的《物種起源》和《人類由來》，賴爾(L. Lyell, 1797–1875)的《地質學原理》，亥姆霍茲的《音覺》或魏斯曼的《論遺傳》。他認為名單很容易增加，例如哈維(W. Harvey, 1578–1657)的《心血運動論》和法拉第的《電學實驗研究》。(*GS*, p. 13)

❾ 魏斯曼理論的首要特點之一是，雙親在生活過程中獲得的特徵不能遺傳給後代。因此，父親或母親在生活時期獲得的或好或壞的習慣未經他們的孩子遺傳下去。對雙親特別訓練或教育的結果在孩子出生前不影響孩子。低劣的後代只能來自低劣的血統，即使這樣一個血統的成

行為，關於國家和社會對它們的退化成員的責任的判斷。退化的和
虛弱的血統永遠無法通過教育、良好的法律和衛生環境的累積效果，
而轉變為健康的和健全的血統。如果社會僅僅依賴改變環境使它的
被遺傳的壞血統變為可遺傳的好血統，那麼排除在生存鬥爭中消滅
虛弱的和退化的血統的自然選擇過程，對社會來說可能是真正的危
險。如果社會要塑造它自己的未來——如果我們能用比較溫和的消
除不合格者的方法代替自然規律的嚴酷過程，該過程把我們提升到
目前高標準的文明——那麼我們必須特別留神，不要讓盲目的社會
本能和個人偏見左右我們的判斷，不要使壞血統越來越容易傳播而
削弱社會。於是，每一個公民必須意識到自己身上的責任是多麼重
大：公民必須直接或間接地考慮與國家的教育撥款、濟貧法的修正
和管理、公共的和個人的慈善事業的行為有關的諸多社會問題，並
作出合乎道德的或有益社會的判斷。只有科學，才能使這樣的考慮
和判斷立足於可靠而持久的基礎上。他說：

> 「哲學的」方法從來也不能導致真實的道德理論。儘管看起
> 來可能很奇怪，但是生物學家的實驗室實驗也許比從柏拉圖
> 到黑格爾的所有國家理論具有更大的分量！生物的或歷史的
> 事實的分類，它們的相關和秩序的觀察，導致與個人判斷對

員由於特別訓練和教育成為他們家族的例外，他們的後代在出生時還
帶有舊的感染。皮爾遜認為魏斯曼的理論是可供討論的，其結論也是
可以修正的，但是為了問題的討論，他暫時假定該理論是正確的。他
還指出，階級、貧困、地方化都有助於接近孤立的血統，甚至在近代
文明中也有助於把不健全的人聚集在一起。好血統和壞血統的混合，
由於離中趨勢只能導致隨機交配，它不僅不能改良壞血統，而且能使
好血統退化。(*GS*, p. 32)

立的絕對的判斷，這些是我們能夠在像遺傳學這樣的極其重要的社會問題中達到真理的唯一手段。只有在這些考慮中，才顯露出對國家的科學撥款、對我們公民在科學思想方法方面的普遍訓練的充分辯護。(*GS*, pp. 31–34)

　　皮爾遜進而指出，科學對作為一個整體的民族也具有不可低估的功能和價值。除了它的訓練和教育作用外，它從自然史的觀點告訴我們，民族生活意味著什麼，民族如何像其他任何群居的生命類型一樣服從進化的巨大力量和適者生存的原則，如何存在種族對種族、民族對民族的鬥爭。這種鬥爭在早期是野蠻人部族的盲目的、無意識的鬥爭，它目前在文明白人中越來越變成民族本身適應不斷變化的環境的、有意識的、謹慎取向的嘗試。民族必須預見鬥爭如何進行並在哪裡進行，必須為保持自己的地位有準備地適應正在改變的條件，並洞察即將到來的環境的需要。一個不是由強烈的社會本能，由人與人、階級與階級之間的同情結合在一起的共同體，就不可能面對外部的爭奪和競爭。民族與民族的鬥爭可能有其悲哀的一面，但是作為鬥爭的結果，我們看到人類向更高的智力和體力效能的進步。譴責它是徒勞的，我們只能看到它存在著，並且承認我們借助它獲得的東西——文明和社會同情。(*NL*, pp. 36–37, 61)

　㈢科學有權要求承認的第三個理由

　　科學最終對實際生活的影響是巨大的，尤其是科學導致的技術應用日益增進共同體的物質舒適，皮爾遜認為這是科學有權得到辯護的第三個理由。他舉例說，牛頓關於落石和月球運動之間關係的觀察，伽伐尼 (L. Galvani, 1737–1798) 關於蛙腿與鐵和銅接觸的痙攣運動的觀察，達爾文關於啄木鳥、樹蛙和種子對它們的環境的適

應的觀察，基爾霍夫關於在太陽光譜中出現的某些譜線的觀察，其他研究者關於細菌生命史的觀察，這些家族相似的(kindred)觀察不僅使我們的宇宙概念發生了革命性的變化，而且它們已經變革了或正在變革我們的實際生活、我們的交通工具、我們的社會行為、我們的疾病治療。在發現它們的時候，看來好像只是純粹理論興趣的結果，但最終卻變成深刻地改變人類生活條件的一系列發現的基礎。皮爾遜斷言，任何純粹科學的結果有朝一日必定會成為廣泛達到的技術應用的起點。例如，伽伐尼的蛙腿與大西洋海底電纜似乎是風馬牛不相及的，但前者卻是導致後者一系列研究的出發點。提到赫茲 (H. R. Hertz,1857–1894) 最近的電磁波發現，他認為這確認了麥克斯韋關於光是電磁行為一個特殊周相的理論。儘管它對純粹科學來說是十分有趣的，但我們還沒有看到它導致的直接實際應用。但是，若有人冒險地斷定，從赫茲的這一發現在一兩代人中將不會引起比伽伐尼的蛙腿在當時導致電極更大的生活革命，那麼這種人肯定是一個膽大的教條主義者。(GS, pp. 35–36) 面對今日無線電技術及其應用的突飛猛進，我們不能不驚嘆皮爾遜關於純科學遲早會導致技術應用的論斷是何等正確。

㈣科學有權要求承認的第四個理由

皮爾遜認為，純粹科學因為它給予想像能力以鍛鍊和供給審美判斷以滿足，向我們提出更為強烈的承認要求 (GS, p. 37)。他首先從揭示想像力和審美判斷的本性開始，進而探討了它們與純粹科學的關係。他問道：當我們看到創造性的想像的偉大作品時，比如一幅引人入勝的繪畫或感人至深的戲劇，它打動我們的魅力的本質是什麼呢？我們的審美判斷為什麼宣稱它是真正的藝術品呢？這難道不是因為我們發現，它把廣泛的人的情緒和情感濃縮在簡短的陳述、

單個的程式❹或幾個符號之內嗎？這難道不是因為詩人或藝術家在
他的藝術作品中，向我們表達了我們在長期的經驗過程中有意識地
或無意識分類的各種情緒之間的真實關係嗎？在我們看來，藝術家
的作品之美難道不在於他的符號確切地恢復了我們過去的感情經驗
的無數事實嗎？審美判斷宣布贊成還是反對創造性想像的詮釋，取
決於該詮釋體現還是違背我們自己觀察到的生活現象（感情經驗的
長期性和多樣性在審美判斷的決定中起著多麼重要的作用）。　只有
當藝術家的程式與他打算恢復的感情現象一點也不矛盾時，審美判
斷才能得到滿足。(*GS*, p. 42)

　　正是從對審美判斷的這一闡明出發，皮爾遜認為，審美判斷不
僅與科學判斷嚴格平行，而且科學審美甚至要高於藝術審美。按照
他的觀點，科學定律是創造性想像的產物，它們是心理的詮釋，是
我們於其下在我們自己或我們同類身上恢復廣泛的現象、觀察結果
的程式。因此，現象的科學詮釋，宇宙的科學闡明，是能夠持久地
滿足我們審美判斷的唯一的東西，因為它是永遠不會與我們的觀察
和經驗相矛盾的唯一的東西。(*GS*, p. 43) 相比之下，詩人可以用莊
嚴崇高的語言向我們敘述宇宙的起源和意義，但是歸根結底，它將
不滿足我們的審美判斷、我們的和諧和美的觀念，它將不符合科學
家在同一領域可能冒險告訴我們的少數事實。科學家告訴我們的將
與我們過去和現在的所有經驗相一致，而詩人告訴我們的或早或遲
保證與我們的觀察相矛盾，因為它是教條，我們在那裡還沒有認識
整個真理。我們的審美判斷要求表象和被表象的東西之間的和諧，
在這種意義上科學往往比近代藝術更為藝術。(*GS*, p. 21)

---

❹　作者在這裡用的是 formula，含有「公式、程式、準則、定規、處方、
　　配方」等意思。

　　皮爾遜在這裡實際上揭示出，美與真應該是統一的，與真統一
的美是「更為真實的美」，它比單純的不真之美更美──他是一位臻
美主義者而不是唯美主義者。也許是針對華茲華斯 (W. Words-
worth, 1770–1850) 和濟慈 (J. Keats, 1795–1821) ❷等人對科學的偏
執理解，皮爾遜這樣寫道：

　　　　我們常聽人說，科學的成長消滅了生活的美和詩意。無疑地，
　　　科學使許多對生活的舊詮釋變得毫無意義，因為它證明，舊
　　　詮釋與它們聲稱描述的事實不符。不管怎樣，不能由此得出，
　　　審美判斷和科學判斷是對立的；事實是，隨著我們科學知識
　　　的增長，審美判斷的基礎正在變化，而且必須變化。與前科
　　　學時代的創造性想像所產生的任何宇宙起源學說中的美相
　　　比，在科學就遙遠恒星的化學或原生動物門的生命史告訴我
　　　們的東西中，存在著更為真實的美。所謂「更為真實的美」，
　　　我們必須理解為，審美判斷在後者中比在前者中將找到更多
　　　的滿足、更多的快樂。正是審美判斷的這種連續的愉悅，才

──────────

❷　華茲華斯和濟慈都是英國十九世紀最偉大的詩人。皮爾遜是一位詩歌
　　和文學愛好者，他肯定熟知這兩位詩人的作品。華茲華斯寫道：「一
　　個自持有理夜郎自大的傢伙，一味憑藉智力綜合概括！自然給我們帶
　　來知識的甜蜜；我們的理智卻胡折騰一氣。糟蹋自然的美麗外貌，陰
　　謀對她們解剖、分析。」濟慈寫道：「只要一觸及冷漠的哲學，一切迷
　　人的東西都煙消雲散？天空絢麗燦爛的彩虹，我們知道她為何模樣那
　　般。安琪兒美麗的雙翅，被哲學一觸，立即失去美麗的斑斕。」請注
　　意，濟慈詩中的「哲學」，即是後來所說的自然科學。詩句轉引自S.
　　錢德拉塞卡：《莎士比亞、牛頓和貝多芬》，楊建鄴等譯，湖南科技出
　　版社（長沙），1996年第1版，頁63–64。

是純粹科學追求的主要樂趣之一。(*GS*, p. 43)

在皮爾遜看來，在人的胸懷中，存在著用某一簡明的公式、某一簡短的陳述恢復人的經驗事實的永不滿足的欲望。它導致野蠻人通過把風、河、樹奉為神明來「闡明」一切自然現象。另一方面，它導致文明人在藝術作品中表達他的感情體驗，在公式或所謂的科學定律中表達他的物理經驗和心理經驗。藝術作品和科學定律二者都是創造性想像的產物，都是為審美判斷的愉悅提供材料。科學致力於提供宇宙的心理概要，它具有滿足我們渴望簡明地描述世界的歷史的能力，這是科學要求社會支持的最後一個重大理由。儘管科學所追求的恢復所有事物的簡明公式迄今還未找到，也許永遠也不完全能夠達到，但科學追求它的方法是唯一可能的方法，科學達到的真理是能夠持久地滿足審美判斷的真理的唯一形式。他希望人們現在最好滿足於部分正確的答案，而不要用整個錯誤的答案欺騙我們自己。前者至少是通向真理的一個步驟，並且向我們表明可能採取的其他步驟的方向。後者則不會與我們過去的或未來的經驗完全一致，因此最終將無法滿足審美判斷。在實證知識的增長期間，永不息止的審美判斷逐步地拋棄一個又一個的信條和哲學體系。(*GS*, pp. 44–45)由此可見，皮爾遜不僅把科學的審美作為科學的價值的一個重要方面，而且也作為科學發明的方法和科學評價的標準來認真對待。

　　皮爾遜的高明之處在於，他為科學的辯護是精緻的而非粗陋的，是深層的而非表面的，也就是說，他主要不是立足於科學的物質價值或鼓吹粗俗的物質利益，而是立足於科學的精神價值[23]，即

---

[23]　關於這個論題的全面剖析，可參見李醒民：〈論科學的精神價值〉，《福建論壇》(福州)，1991年第2期，頁1–7。該文被《科技導報》(北京)

科學的教育價值、認識價值和審美價值為科學辯護的。他還指明，從社會的觀點來看，科學在其最真實的和最廣泛意義上的普及，不僅是對科學十分充分的辯護，而且也是十分必要的辯護。他感到不幸的是，科學人由於受到在無知的叢林黑暗深處追尋真理的激勵而失去自制力，僅僅沉湎於修道院生活的恬靜而脫離社會；而且太易於把大眾視為必然無知，把普及視為必然淺薄，從而忽視或漠視科學普及工作。而在1870年代末，科學和科學人之所以受到工人階級的愛戴，主要因為有兩三個人盡力以他們的寫作和講演的微妙魅力征服了讀者和聽眾，從而使科學走進人民之中。(*CD1*, pp. 141–142)他強調，科學普及的首要立足點應放在科學方法的傳播上。任何名副其實的科學著作不管多麼通俗，其主要目的應該介紹事實的分類，從而不可抗拒地導致讀者的心智承認邏輯關聯，即承認在心智迷住想像之前而訴諸理性定律。 (*GS*, p. 12)

　　皮爾遜雖然充分肯定了科學的社會功能和價值，但他並未忽略科學的技術層面的副作用。他在1880年作為「新維特」所發出的下述心聲（儘管此後似乎未繼續這樣強調）是振聾發聵的，遠遠超越時代的：

> 宗教一度在世界上橫行霸道。科學扼殺了宗教；科學沒有建立起思想的共和國，它在它的領域實行更糟糕的暴政即科學專家的寡頭政治，他們期望人類根據權威普遍接受他們選定宣布為真理的無論什麼東西！(*KP*, p. 9)

看到這段一百多年前的聲討「專家政治」的檄文，我們不能不佩服

在1996年第4期中轉刊。

皮爾遜的先見之明。今天看來，專家政治雖有諸多缺陷，且不是一種理想的政治模式（「賢人通才政治」也許是理想的），但它畢竟優於官僚政治❷。此外，也不能把今日自然技術所導致的負面社會後果歸咎於自然科學，甚至不應歸咎於自然技術，而是由於社會技術 (social technology)或社會工程 (social engineering) 不發達 —— 從而難以有效地約束或遏制誤用或惡用自然技術的個人和集團（尤其是決策者）——所致❷。

4.3　關於科學分類

　　皮爾遜面對浩瀚的科學領域、龐大的科學素材和眾多的科學分支，認為任何個別科學家今日要真正地衡量每一孤立的科學分支的重要性和洞察它與整個人類知識的關係都是不可能的。只有對彼此領域具有廣泛鑒賞力、對他們自己的學問分支具有透徹知識的科學家群體，才能達到恰當的分類。而且在從事科學分類時，還必須具有足夠的同情和耐心，以便詳細制定結合的方案。事實上，這樣的勞作最終只會具有歷史的價值，但是其分類方案作為已經被科學覆蓋的領域的地圖，作為對具有無數大道和小徑——我們由此正在逐漸而確實地達到真理——的外行讀者的啟發，也許具有十分重大的

---

❷　李醒民：〈專家政治得失談〉，《中國科學報》（北京），1991年5月3日第3版。專家政治(technocracy)又譯技術統治、技治主義、技術治國，它是在1919年杜撰出的新詞，其意指由技術專家組成政府，尤指由技術專家管理社會。

❷　李醒民：〈反科學主義思潮評析〉，《哲學動態》(北京)，1990 年第 11 期，頁 25–26, 17。

好處。(*GS*, p. 443)

皮爾遜首先分別介紹和評論了前人幾種有代表性的分類——培根的「智力球」、孔德的「等級制度」、斯賓塞的樹枝狀分類。按照培根的觀點，人的學問起源於理解力的三種官能——記憶、想像和理性，他依此把學問分為三大類——哲學或科學、詩和歷史。縱觀培根的分類表，人們立即察覺到，他在知識的素材和知識本身之間、在實的東西和理想的東西之間、或在現象的世界和非實在的形而上學思維的產物之間沒有作出明確區分。人被分類在自然之下，神秘的第一哲學或智慧被假定處理「事物的最高階段」即神的和人的階段。培根作為這種智慧的樣本給出的公理並未真正暗示這個迄今缺少的科學分支所期望的東西；它們或者是邏輯公理，或者是自然神學、物理學和道德之間的怪誕類比。從分類圖表的「自然的錯誤」——自然被「物質的墮落、傲慢和剛愎自用」逐出其進程的反常狀態，從它的純化的魔法，我們不難辨認這位處於中世紀邊緣的人物的圖表是思想變遷時期的稀奇古怪的產物。皮爾遜評論說：

> 培根像許多其他革新者一樣，也正好是他所譴責的體制的產兒。雖然他看到中世紀經院哲學的弊病，但是他從未完全使自己擺脫他們的思維和表達方式。他的分類不論從歷史上看多麼有趣，但是從近代科學的立場來看則有缺陷，……

不過，在轉向對歷史和社會學的分析時，培根關於「知識的劃分不像以一個角度相交的幾條線，而更像在一個樹幹上交叉的樹枝」的觀念，對斯賓塞的科學分類有一定的影響。(*GS*, pp. 443–446)

談到孔德，皮爾遜認為科學負有感激孔德的義務。因為孔德教

導說所有知識的基礎是經驗，並成功地把這個真理銘刻在不少人的心上；因為孔德拋棄了所有形而上學假設，不認為它們是對知識的貢獻，並教導通向真理的唯一道路是科學。按照孔德的觀點，存在著六種基本的科學，即從基礎到頂端依次是數學、天文學、物理學、化學、生物學、社會學，在第七種或最後的道德科學中達到頂點，「整個科學結構的綜合界標」在最高的道德科學。孔德是從十五個公理化的陳述中推導出他的等級制度的，他自詡他實現了培根關於第一哲學的宏偉抱負。在這樣的知識階梯或等級制度式的科學分類圖式中，處於上一等級的學科依賴或從屬於其下的學科。皮爾遜分析說，這樣一來便產生一個怪誕的現象：數學通過天文學與物理學相關，物理學通過化學與生物學相關；每一門科學的研究都必然受位於其上的緊接著的科學的要求所限制。因此，深受孔德哲學影響的皮爾遜雖然充分肯定孔德為人類進步事業所作的貢獻，認為不應因為孔德晚年提出特殊的宗教學說而抹殺其功績，但是他還是尖銳地批評孔德的分類僅有模糊的、純粹空洞的圖式，從近代科學的立場來看是無價值的。(*GS*, pp. 446–448)

斯賓塞受到培根觀點的啟示和孔德著作的刺激——即使是屬於激怒類型的，重返培根作為從共同的根展開的樹枝的科學概念，而拒絕實證論的等級制度的階梯排列。這棵樹的根必定可在現象中找到，它的樹幹立即分為兩個主枝，一枝對應於唯一處理現象在其下為我們所知的形式之科學，另一枝對應於處理現象題材的科學。這些分枝分別是抽象科學和具體科學。前者囊括邏輯和數學，或者處理我們知覺事物的模式的科學；後者處理我們在這些模式下知覺的感覺印象群和存儲的感官印記。在轉向具體科學或處理現象本身的科學時，斯賓塞作了新的細分：抽象具體科學和具體科學；前者「在

其要素上」處理現象，後者「在其總體上」處理現象。這導致他把
天文學與生物學和社會學結合起來，而不是與力學和物理學結合起
來。這樣的分類法可能適合形式邏輯的詞語區分，但肯定無助於該
學科學生指導閱讀或獲得專家的啟發。他的第三群具體科學再次按
照他所謂的「力的重新分配」原理加以細分。由於這個原理在物理
學中沒有真實的基礎，因此不能形成分類具體科學的滿意起點。皮
爾遜對斯賓塞分類的總的評價是：

> 該結果充其量將是有啟發性的，但是作為一個完備的和一致
> 的體系，它必定或多或少是一個失敗。但是，從斯賓塞的分
> 類中可以學到許多東西，因為它把培根的「樹系統」與孔德
> 從知識領域排除神學和形而上學結合起來。尤其是在抽象科
> 學和具體科學的原始劃分中，它給我們提供了出色的起點。
> (GS, pp. 448–452)

皮爾遜在開始他的科學分類時，要求人們必須記住，科學不僅
僅是事實的範疇，而且是用來簡潔概述我們對於那些事實的經驗的
概念模型。因此，那些進入實際分類的許多科學分支，實際上僅僅
是處於形成中的科學。它們與其說符合概念模型，還不如說符合分
類範疇。因此，它們的終極位置不能是絕對固定的。在或多或少還
原為完備的概念模型的那些物理科學和依然處在分類範疇狀態的那
些物理科學之間的區分，可用所謂的精密科學或精確科學（前者）
和描述科學或概要科學（後者）來表達。這樣的區分看來只是量的
區分而不是質的區分，事實上後者正在急劇地轉變為前者。於是，
無論何時我們細分科學的主要分支，邊界都僅僅是實際的邊界而非

邏輯的邊界，從而在細目中出現邊界的交叉和再交叉。鑒於這些考慮，他事先就聲明，他的分類圖式沒有邏輯的精密性，只是嘗試表明各種科學分支如何與基本的科學概念關聯起來的粗略輪廓。如果邏輯學家拒絕稱其為分類的話，那麼他滿足於稱它們為細目。因為他樂於承認，他在培根、孔德和斯賓塞失敗的地方必然不可能成功。(*GS*, pp. 452–454)

　　皮爾遜吸取了培根的樹枝狀形態、孔德的各門科學依存的長處❷，採取了斯賓塞抽象科學和具體科學的二分法，提出了他的科學分類體系。他首先像斯賓塞一樣，把科學一分為二：處理知覺官能在其下辨別客體模式的概念等價物的抽象科學，處理我們用來描述知覺內容的概念的具體科學。在作為分辨模式的抽象科學中，他又按分辨的一般關係、空間和時間獨有的關係把它分為兩大部門。在前一個部門中，有處理定性關係的邏輯學、拼字學(orthology)即發明術語、方法論；有處理定量關係的分立量的算術、代數、測量理論、誤差理論、概率論、統計理論等，還有處理定量關係的變量的函數論、微分學、積分學等。在後一個部門中，按照作為定域分辨的空間和作為序列分辨的時間又細分為二，其中每一分支又按定性的和定量的再細分出各個學科。於是，在抽象科學中，

　　　　它囊括了通常歸類為邏輯和純粹數學的一切。在這些分支中，我們處理分辨的概念模式；由於所形成的概念一般而言是嚴

---

❷　皮爾遜認為各門科學都是相互依賴的，他不滿意的只是孔德那種依賴途徑。他說：「科學不能被分割為沒有相互關係、沒有相互依賴、沒有相互交流的分隔空間。科學及其方法形成一個整體，……」(*GS*, p. 293)

格定義的，並且擺脫了知覺內容的無限複雜性，因此我們能
夠以極大的精確性推理，以致這些科學的結果對於所有落在
它們的定義和公理之下的東西都是絕對有效的。為此緣故，
抽象科學的分支往往被說成是精密科學。(*GS*, pp. 454–459)

對於具體科學，皮爾遜把它劃分為處理無機現象的物理科學和
處理有機現象的生物科學。在物理科學中，又可分為已還原為理想
運動的精確的物理科學和還未還原為理想運動的概要的物理科學。
在前一個部門，我們不僅有事實的合理分類，而且我們能夠構想準
確地概述這些事實的簡明公式。在後一個部門中，我們可能達到或
還沒有達到事實的完善分類，可是我們卻沒有用機械論或概念的運
動——它能使我們精確地預言未來——詳細闡述我們的知覺經驗。
接著，皮爾遜把精確物理科學按其處理微粒的大小細分為團塊物理
學 (molar physics)、分子物理學、原子物理學、以太物理學，每一
個分支再細分下去，如團塊物理學包括力學、行星理論、月球理論
等。在概要物理學中，包括星雲理論、地質學、氣象學、礦物學、
化學等等，他認為化學等學科已處於向精確物理科學的轉化之中。
(*GS*, pp. 459–464)

皮爾遜所謂的生物科學是廣義的，但是它無法按精確的和概要
的群劃分，因為生物科學可以說幾乎都是概要的科學。於是，他按
照空間（定域）和時間（成長或變化）將其一分為二。在前一個部
門中，有處理生命形式的分布的科學分支（生物分布學）和研究與
環境有關的習性的科學分支（生態學），這些分支形成在古老意義
上被稱為自然史的主要部分。在後一個部門中，包括不再發生狀態
的歷史學和再發生狀態的生物學（植物學和動物學）。歷史學又按

一般的物種進化和特殊的物種進化細分；前者再細分為生命起源、物種起源、自然選擇和性選擇理論等；後者又按體格（頭蓋學、人類學等）、心理官能（語言史、語言學、哲學史、科學、文學、藝術等）、社會建制（考古學、民俗學、習慣史、婚姻史、所有權史、宗教史、國家史、法律史等）一分為三，括號內是其包括的分支學科。生物學則按形式和結構、成長和繁殖、功能和行為分為三個部類：其一包括形態學、組織構造學、解剖學等；其二包括胚胎學、性理論、遺傳理論等；其三則再按物理的（生理學）和心理的（心理學）細分，心理的一欄又繼續細分為各個分支，其中包括有心靈研究、社會學。(GS, pp. 465–469)

尤其值得注意的是，皮爾遜並不認為他所劃分的科學三大塊（抽象科學、物理科學和生物科學）是絕然隔絕的，而是以交叉鏈環相連的。正如應用數學把抽象科學與物理科學聯繫起來一樣，生物物理學也試圖把物理科學和生物科學聯繫在一起。生物物理學眼下似乎沒有多大進展，但它並非不可能具有重要的未來。(GS, pp. 469–471)作為一位百科全書式的學者，皮爾遜是有條件和能力從事科學分類工作的。他的分類在當時對於認清科學全貌，溝通學科交流，促進科學統一，預言科學未來是有貢獻的，至今仍具有一定的歷史價值和啟發意義。

在結束本小節時，我們順便涉及一下皮爾遜的科學發展觀，它在某些方面是與他的科學分類觀相通的。按照他的觀點，在每一門科學分支中，都存在三個主要的發展階段❷：觀念形態階段、觀察

---

❷　K. Pearson, *The Scope and Importance to the State of the Science of National Eugenics*, Second Edition, Published by Dulan and Co., London, 1909, pp. 15–17.

階段和度量階段。這些階段並非總是能夠完全區別開來，先前階段的形式也可以有用地倖存於後來的階段。在第一個階段即觀念形態階段，人們在十分有限的經驗基礎上形成了關於現象的觀念。他們花時間和精力討論這些觀念，而不更多地涉及現象本身。這種觀念的討論（就定義爭辯）並不是無效的。它不僅在中世紀時代導致了一種決不可予以輕視的教育訓練的哲學，而且在某些最發達的科學形式中，像在我們最先進的純數學的基礎中，觀念形態能夠再次作出巨大的服務工作。它對應於大多數科學的前培根形態。

第二階段是觀察階段。它是對在自然哲學中的純粹內省的反動。它在於批判性地觀察現象，記錄和描述接續。它是通向任何真正科學的自然理論的基本階段，在科學工作中總是重大的因素，形成了科學文獻的巨大比例。

度量階段是科學發展的第三階段。我們從觀察行進到測量，行進到所包含的序列的精確數值表達。人們不止一次地斷言，通過定量分析你不能得到比在你由以開始的資料中存在的更多的東西。這種說法或者只不過是老生常談，或者是虛假的。分析的目標不是要從資料得到比其中存在的更多的東西，而是要找出其中實際存在的東西；這通常是從明顯的審查到未對準的審查。科學的最高目的不是事實的表象(presentation)，而是概念世界的調整，我們借助概念能夠理智地描述這些事實。我們從資料本身決定，這種「心智的雕塑」是否在我們的觀察界限內是合情合理的。不過，在把心智添加到資料中時，聯想提供了大量原先不存在的東西。即便如此，科學的任何分支達到它的第三階段也是不完善的，無法提供最高的理智訓練。在皮爾遜的心目中，當然只有科學方法才能擔當此重任。

4.4　科學與道德和宗教的關係

　　關於科學和道德的關係問題，歷來是一個爭論不休、難有定論的問題。誠然，盧梭(J. J. Rousseau, 1712–1778)當年咒詛「科學是道德的最凶惡的敵人」、「科學與美德勢不兩立」❷的論調沒有多少人重複了，但是現今人們普遍認為，科學對道德規範的評價和決定、對人的道德行動不起什麼作用，至少是不起直接作用❷。皮爾遜不作如是觀，甚至與這種流行的見解針鋒相對。

　　皮爾遜對科學的理解是比較全面而完整的，即科學是一種知識體系、社會建制 (social institution) 或人類活動形式 (form of human activity)、心智框架❸。他是怎樣定義道德或倫理的呢？皮爾遜在1880年代中期就認為，道德是社會的東西，不道德是反社會的東西。甚至可以用「社會的」一詞代替「道德的」，用「反社會的」一詞代替「不道德的」。道德的或社會的判斷或行為是有助於社會福利；不僅是行為可以被導向的那些人的福利，而且也是他是行為來源的他本人的福利，因為二者都同樣屬於社會。(*EF*, pp. 105, 412)後來，他一直堅持，道德的判斷確認措施和行為有助於已增長的社會福利，這確切地講是社會的判斷。道德的東西就是有助於特定社會在特定

---

❷　B. 羅素：《西方哲學史》（下卷），馬元德譯，商務印書館（北京），1976年第1版，頁228。

❷　關於這個論題的分析和評論，可參見李醒民：〈科學和倫理〉，《哲學動態》（北京），1991年第8期，頁26–27。

❸　皮爾遜的用詞出自 (*GS*, pp. 10, 8)。我在文獻❹中認為科學有三大內涵：知識體系、研究活動、社會建制，並分析了其中的基本涵義和體現的精神價值。

時期的福利的東西 (*GS*, pp. 34, 96)，或有助於我們是其成員的群體的幸福和進步(*NL*, p. 97)。

　　關於科學（廣而言之是知識）與道德的關係，皮爾遜的總看法是：方法和知識對於道德判斷的形成來說是必不可少的 (*GS*, p. 34)；理性和知識是道德行為的唯一因素(*EF*, p. 121)。這種看法很有可能受到蘇格拉底(Socrates, 前470–前399)「知識即道德」（意指真知灼見為世界上最善之物）和「道德即幸福」❸的箴言的影響。尤其是，對思想史頗有研究的皮爾遜充分了解，喬答摩把佛的知識視為較高級生活的關鍵；摩西 (Moses, 公元前13世紀希伯來人的領袖) 告訴我們，惡是虛弱的靈魂的作為；偉大的中世紀自由思想家阿威羅伊(Averroes, 1126–1198)斷定，知識是完美生活的唯一關鍵；斯賓諾莎教導，所有惡由混亂的觀念、由無知引起；十六世紀的早期德國人文主義者都把道德建立在知識的基礎上，像伊拉斯謨、布蘭特(S. Brant, 1458?–1521) 和穆特 (C. Muth, 1470/1471–1526) 都立足於教育、知識和理性改良德國人。這些人都把不道德等同於無知，把不道德的人等同於白痴。(*EF*, p. 112)而且，克利福德的下述言論很可能在皮爾遜的思想上打上了烙印：「每一個科學事實都是眾多方向的速記表達：如果你如此這般想就如此這般做。就『科學』一詞的這種意義而言，存在著像道德的科學基礎這樣的事。必然為真的是：⑴倫理的箴言是假設性的箴言，⑵是從經驗推出的，⑶建立在自然一致性之上，……」❸

---

❸　丘鎮英：《西洋哲學史》，北京師範大學出版社（北京），1986年第1版，頁45–46, 218。

❸　W. K. Clifford, *The Common Sense of the Exact Science*, Edited and With a Preface by Karl Pearson, Newly Edition, Alfred A. Knopf, New

在為科學所作的頭兩個辯護中，皮爾遜已經論述了科學對於形成公正的判斷、對於塑造理想的好公民、對於道德和社會問題的決策都具有舉足輕重的作用。他的「道德基於知識」(*KP*, p. 12) 的命題除了受前人的啟示外，也出自以下的信念和洞察：

第一，宇宙過程是與倫理過程一致的。皮爾遜堅決反對「宇宙過程是與倫理過程針鋒相對的」觀點，他反問道：從科學的立場來看，倫理的東西難道不是宇宙的結果嗎？人的體格、智力、道德難道不是個人與個人之間、社會與社會之間那種可憎的戰爭 —— 我們甚至還沒有看到它的終結 —— 之產物嗎？倫理的東西作為宇宙過程的產物確實將在我們通過科學領域之外時幫助我們。但是，完全站在科學領域的界限之內，因為世界不是「它應該是的那樣」，人必須像小孩一樣大喊嗎❸？他還通過考察表明，任何給定的社會在一個特定時期的民法和道德律都是作為那個社會和鄰接社會之間的生存鬥爭的最終結果而出現的 (*GS*, p. 96)。因此，道德判斷的形成無疑有賴於對宇宙過程、對生存鬥爭狀況的了解。

第二，道德是相對的和可塑的。皮爾遜認為，一個共同體在任何時期的民法和道德律法典平均來說是最適合於它目前的需要、是適應它現在的穩定性的法典。它們是可塑的，在每一個時代都隨著社會條件的發展和變化而改變。(*GS*, p. 96) 在他看來，道德在歷史上是進化的：

> 如果我們追溯一下從最野蠻的群體的民俗和習慣到文明的最高階段的進化，那麼除我們的社會關係以外，我們辨認不出

York, 1946, p. l.

❸　同前注㉗，p. 22.

> 道德行為的持久核心。道德行為是社會的行為，不道德的行
> 為是反社會的行為。而什麼是社會的和什麼是反社會的，取
> 決於我們所涉及的社會的條件。從這個角度看，對一個社會
> 形態來說是道德的法律制度、工業體系和宗教習俗，對另一
> 個社會形態，或者事實上對不同時期的同一社會來說，可能
> 是不道德的。(*NL*, p. 96)

因此，要明確理解今日道德的位置，就必須了解和研究人的自然史、
文明史和道德進化史的知識。

　　第三，道德不是感情衝動的問題，而是知識和理性的問題。道
德不是盲目地追隨社會衝動，而是立足於人格的行為習慣，是必須
變成我們存在的一個有機組成部分的那種對真理的知識澆鑄而成的
習慣。出自人類的道德和社會衝動的理性指導，比建立在感情訴諸
於教條信仰基礎上的道德穩定十倍。(*EF*, pp. 107, 110, 113)

　　第四，何謂社會的（道德的）判斷，不僅僅是價值判斷，也是
事實推理問題。從皮爾遜所舉的魏斯曼遺傳學的例子中可以看出，
有益於社會的東西也是一個事實問題，從而是與科學有關的問題。
他還說過，是社會的（道德的）行為可以來自習慣、來自情感或來
自信仰，但是要理解為什麼是社會的或道德的，則需要知識，需要
特定社會的歷史成長和當前趨勢的知識。沒有這樣的知識，就無法
判斷一些出自習慣、情感或信仰的行為是反社會的。(*EF*, p. 412)

　　正是基於以上的信念和洞察，皮爾遜才斷言，唯有研究和知識
才能從惡中赦免，道德對無知者是不可能的。他表明：

　　理想的道德本性是由研究和知識澆鑄的品質——這是一種精

神，該精神不僅在於具有事實，而且在於從這些事實中引出
的定律變成了思維模式，這種模式與它的存在無法闡明地糾
纏在一起，⋯⋯(*EF*, pp. 112–113)

換句話說，只有理論的真理即從科學或歷史中學到的每一個真理變
成人的存在的一部分，以致它幾乎無意識地影響人的每一個實際行
為，也就是說人的行為與從歷史研究和科學研究中推導出的普遍定
律一致，此時唯有此時，人的行為才變成有把握的、和諧的、在意
圖上確定的，即道德成為他的思維存在的一個有機組成部分。(*EF*,
p. 106)

關於科學與宗教的關係，皮爾遜既看到其對立的一面，也看到
其相容的一面。他從伽利略受審事件注意到宗教對科學發展的阻礙，
神學對科學合法問題的限制 (*GS*, p. 25)。他也洞察到科學及其信念
與神學及其信仰具有完全不同的秩序。他還說，如果沒有人承認物
理學研究如何曾經影響和正在影響宗教信仰，那僅僅是因為沒有人
研究宗教思想的歷史。倘若今日的神學逃脫了顯微鏡和實驗室的批
判性影響，那僅僅是因為它的學說如此模糊不清，它的本性如此紊
亂，以致沒有確定的神學起源或宇宙起源的事實被容許定形。(*CD1*,
pp. 213, 151)

不過，皮爾遜也認為宗教的情感及沉思可用於科學研究活動中
（愛因斯坦的「宇宙宗教」和「宇宙宗教感情」❸❹與之有相通之處），

❸❹ 李醒民：〈愛因斯坦的「宇宙宗教」〉，《大自然探索》（成都），第12卷
　　(1993)，第1期，頁109–114；李醒民：《愛因斯坦》，東大圖書公司印
　　行（臺北），1998年第1版，頁417–450。愛因斯坦說：「我信仰斯賓諾
　　莎的那個存在的事物的有秩序的和諧中顯示出來的上帝，而不信仰

從而科學與宗教有某些契合之處。他說，如果我們暫時選擇使用舊的神學術語——因為它們擁有過去的所有情感和激情而被神秘化，那麼它們由於具有新的和更深刻的意義看來好像多麼豐富！可以在未來人身上產生熱情的符號（象徵）像基督教符號在過去人身上產生的熱情一樣大！宗教獻身會變成對知識的追求，禮拜會變成人的精神對已達到的和正在達到的東西的沉思冥想；具有這種信仰的聖徒和教士會變成為發現真理曾經工作或正在工作的人。不再是教條的神學會隨思想、隨人的智力而發展。在這裡沒有為異教、為教派留有餘地；在這裡沒有隨激情而變化的信仰，而只有隨人的理性變化的知識支配我們的信條。這裡沒有什麼假定，既不害怕我們坦白我們的無知，也不會猶豫地宣布我們的知識，我們大家可以真正地在一個教會作禮拜。因此，該教會可能再次變成國家的；不僅如此，宇宙對理性而言存在於所有人之中。只培育我們確信的那一個上帝即人的精神吧；於是我們可以真正地在未來期待這一天：教會將清掃它們的蜘蛛網，大叫大嚷的愚昧無知將不在它們的佈道壇上厚顏無恥，無意義的符號不再強加於他們的聖壇。此時，我們可以除掉它們入口處的下述語句的一天將到來：「他死而復生；我之所以相信是因為它是不可能的」；此時，我們可以在其上雕刻（正如威廉・哈密頓爵士在他的教室上雕刻的）：「在地球上除了人以外沒有偉大的事物；在人中除了心智之外沒有偉大的東西。」——「我之所以相信是因為我理解。」不要把世界轉換為「死的機械論」，而要在未來

那個同人類命運和行為有牽累的上帝。」「同深摯的感情結合在一起的，對經驗世界中所顯示出來的高超的理性的堅定信仰，這就是我的上帝概念。」參見《愛因斯坦文集》第一卷，許良英等編譯，商務印書館（北京），1976年第1版，頁243，244。

把對理智有價值的宗教給予人類，這在我看來似乎是近代科學在它面前所具有的使命。(*EF*, pp. 43–44) 也許正是在這種意義上，我們可以比較容易地理解和領會「新維特」在上述議論之前五年發出的心聲：

> 人只能靠信仰生活，必須有信仰去生活。在他的本性中存在著對神秘東西的渴望。科學不理它的存在——否，會連根鏟除。我不敢斷言能否找到任何東西……以滿足未知背後的這種嚮往；但是我確信一件事——科學將找不到且不能找到。二十世紀的宗教可能會滿足它，但是長時期已停止這樣做了。(*KP*, p. 9)

這裡便涉及到信仰（信念）❸❺問題。皮爾遜在考察了聖經、洛克、杰文斯、克利福德關於信仰的涵義後指出，信仰一詞在我們語言中的使用正在變化：先前它表示依據某一外部權威被視為確定的和確鑿的東西；現在它日益增長地表示依據與概率或多或少充分協調而給予一個陳述的信任。這種用法的變化標誌著確信的基礎從未批判的信仰向被權衡的概率逐漸轉移。他就信仰和合法推理提出了四項準則：

⑴在不可能適用人的理性的地方，也就是在不可能批判和研究

---

❸❺　皮爾遜常用belief，它表示一般的相信。與它同義的 faith 表示毫無根據、僅基於自己的相信。二者均可譯為「信仰」、「信念」，二者原文及譯文難以確切區分；為適應漢語語境，我們使用「宗教信仰」和「科學信念」的表述。另一個同義詞conviction表示由於他人使之信服後所產生的堅定信念，我們譯為「確信」，以示區別。

的地方，信仰在此處不僅是無益的，而且是反社會的。他繼續寫道：

> 信仰被視為知識的附屬物：在需要決斷的場合被視為行動的
> 嚮導，其概率不像相對於知識那樣是壓倒之勢的。在我們不
> 能推理的領域去信仰是反社會的，因為共同經驗表明，這樣
> 的信仰損害在我們能夠推理的領域中的行為。

⑵只有當推理從已知的事物到在類似環境中具有相似性質的未知事物時，我們才可以推斷我們無法用直接經驗證實的東西。因此，我們不能推斷在有限意識的物理環境之外的「無限的」意識；我們不能推斷月球上的人，不管月中人與我們在本性上多麼相像，因為月球上的物理環境不像我們在此處找到的人所處的環境。

⑶我們可以推斷傳說之真，當它的內容與人們目前的經驗具有相似的特性和連續性時，當存在著合理的根據假定它的源泉在於人們了解事實並報告他們了解的東西時。威靈頓（Wellington, 1769–1852）和布呂歇爾（C. L. Blücher, 1742–1819）打勝了滑鐵盧戰役，這個傳說滿足必要的條件。而卡爾大帝和蝰蛇的奇蹟則不滿足無論哪個條件。

⑷雖然在微小的生活行動中，在迅速作決定是重要的場合，在微弱的證據上推斷和在很小的概率權衡上信仰是合理的，但是把建立在不充足的證據上的信仰作為行為的持久標準，也是違背社會的真正利益的。這個準則暗示，接受基於不充分證據的信仰作為行為的慣常指導，必然導致對個人在重要的生活決定方面的責任缺乏恰當的領悟。(GS, pp. 71–73)

在信仰（信念）問題上，皮爾遜反覆強調概率的意義和奇蹟的

不可能。他表示，奇蹟將在我們即時的經驗中出現的任何信仰不可能形成實際生活的行為中的因素。確實，違反奇蹟出現的機會如此之大，持久不健全的或暫時無序的知覺官能的百分數與被斷定的慣例中斷的百分數相比如此之大，以致我們有正當的理由說，奇蹟被證明是難以置信的。我們可能絕對無法證明出自我們知覺本身的慣例的任何內在必然性，但是我們對這樣的必然性一無所知與我們過去的經驗相結合，卻能使我們借助概率論粗略地估計，知識的可能性和思維能力在我們一代將被慣例的中斷即所謂奇蹟消滅是多麼靠不住。(*GS*, pp. 170–171, 178–179) 他指出：「把從過去經驗引出的結果應用於未來的經驗的正當理由，是建立在重複慣例的統計資料基礎上的概率。這是與知識相區別的科學信念的基礎。」(*CD1*, p. 210)「真正的、活生生的信念是創造性的、富於同情的，尤其是熱情的，它注定要成為未來的信條。」(*EF*, p. 20)如果我們僅從科學的角度來理解，皮爾遜的前一句話是就科學方法（歸納概率或可幾證明）所講的科學信念，後一句話是就科學動機和科學預設❸而言的，儘管後者還蘊涵有社會的和生活的意義。

---

❸　愛因斯坦的科學信念主要包含著科學動機和科學預設的意義。參見李醒民：〈愛因斯坦的科學信念〉，《科技導報》（北京），1992年第3期，頁23–24。

第五章　妙趣橫生的自然觀

遠眺佇哨台，清風沁我懷。
燕山逶迤去，長城蜿蜒來。
威名壯中華，神工展雄才。
願借江山美，馬革裹屍埋。

——李醒民：〈登八達嶺長城〉

　　本章所謂的自然觀（views of nature）即自然哲學（philosophy of nature），是指將作為一個整體的自然的實際特徵問題作為對象來研究考察，其所探究的是自然的最根本、最原始、最廣泛、最一般的特徵，並作出適當的猜測、假設和評價。這種意義上的自然觀或自然哲學像上一章所論述的科學觀或科學論一樣，都可以看作是廣義的科學哲學的一個側面。在前面論述皮爾遜關於物質、原子和以太、生命、自然法（自然定律）、機械論、簡單性等觀點時，其中已涉及到自然觀的內容，現在我們擬就他的自然觀的幾個重要論題加以闡述。

5.1　空間、時間和運動

　　皮爾遜的空時觀可用一句話來概括:空間和時間是知覺模式。他認為，空間首先是知覺官能把共存的感覺印象分離為被結合的印象的群這一事實的心理表達。即時的感覺印象分類為群的這種分離、知覺官能的區分能力，在人類發展的早期階段無論如何已被明確辨認，並被密切地與視覺和觸覺結合在一起。他贊同里德 (T. Reid, 1710–1796)關於「空間是直接被視覺和觸覺所知的」觀點，不過他進而認為，在聽覺和嗅覺中存在的辨別感覺印象群的手段可能是類似的，儘管不怎麼強有力❶。他表明，人們通過反思將承認，無論何時我們集中注意力於結合的感覺印象群的限定群，我們都認為它們是空間的或「存在於空間中」。 由於過去的經驗，我們把某些作為持久的群的感覺印象結合在一起，我們然後在心理上把這種群與其他群分離開來。然而，當我們試圖定義群的實際界限時，卻發現該界限事實上是模糊的。因此，分離與其說是實在的，還不如說是實際的;它首先起因於在我們的知覺中某些感覺印象或多或少地持久地群聚在一起的事實，其次起因於就這些群之一，通過在概念中設置一個把它與其他群分離開來的任意界限，而把我們的注意力集

---

❶　皮爾遜像馬赫一樣喜歡觀察兒童的心理和認知。他在此處所加的腳注中寫道:「我的嬰兒出生僅三天就能區分捻右手手指和捻左手手指的劈啪聲，並用耳朵追蹤聲音的方向。在她注意十分接近她的眼睛的運動物體之前很久，她就會轉向聲音了。位置的差異就這樣與聲音結合起來。」(*GS*, p. 184)馬赫的興趣和研究對皮亞傑(J. Piaget, 1896–1980)的兒童心理學和發生認識論的形成有某種影響，不知皮亞傑知道皮爾遜否?

中對準其心理習慣這一事實。這樣的任意界限無疑是從視覺和觸覺的感覺印象中抽取出的概念，但它們並不對應於感覺印象世界中的或現象中的實在的事物。而且，在感覺印象本身中，不存在包含空間概念的東西，但是空間是「由於」感覺印象背後的某種東西，還是「由於」我們知覺官能本身的性質，我們目前還無法決定。

在闡明了或多或少持久的和獨特的感覺印象群的共存是我們知覺的根本模式，是我們知覺事物區別的方式之一後，皮爾遜表示同意萊布尼茲 (G. W. Leibniz, 1646–1716) 關於空間是可能的共存現象的秩序之定義。他繼而指出，不管這種秩序可能「起因於」現象背後的某種東西還是知覺機制，秩序本身僅僅是我們知覺事物的模式或方式，必須仔細地在感覺印象群本身和我們知覺它們共存的秩序之間作出區分。這種區分猶如字母和字母表的秩序之區分：字母表本身除非包含字母，否則它便不存在；但是另一方面，如果字母從未以任何秩序或字母表排列，那麼它還有實在的存在。字母表只不過是作為一種把字母視為完全在一起的方式而存在著。同樣地，

> 單一的感覺印象群可以在沒有被假定的共存群的情況下存在，但是假如沒有這樣的共存群，那麼空間便不會有什麼意義。空間是知覺客體的秩序或模式；但是，假使撤走客體，空間則不復存在❷，正如沒有字母則字母表不能存在一樣。

---

❷　皮爾遜的這種觀點顯然背離了牛頓的絕對空時概念，而與廣義相對論的空間概念相通。此外，他還說過：「空間中的絕對位置正如絕對空間本身一樣，是無意義的。」 (*GS*, p. 247)「我們的『存在』(being)概念本質是與空間和時間結合在一起的，完全可以質問：除了與這些知覺模式結合以外，使用該詞是否是可理解的。」 (*GS*, p. 216)不知道愛

　　皮爾遜表明，要把握這一要點是困難的和費力的，因為我們的視覺和觸覺微妙地導致我們把感覺印象的實在與我們知覺它們的模式混淆起來。然而，只有把握這一要點，讀者才不會把空間視為廣漠的虛空，而客體則不會被決不受他自己的知覺官能制約的動因置於其中；他將開始認為空間是事物的秩序，而不是事物本身。因此，說事物「存在於空間中」就是斷言，知覺官能把作為一種感覺印象群的它與其他實際地或可能地共存的感覺印象群區別開來。我們不能教條地否認，共存的現象的秩序「起因於」感覺印象背後的某種東西，但是我們可能覺得相當自信，空間即我們知覺這些現象的模式迥然不同於感覺印象背後的不可知世界中的任何東西。一旦辨認出空間是知覺官能的模式，它似乎就是個體知覺官能獨有的某種東西。在沒有知覺官能的情況下，可以想像有可能存在感覺，但卻不會有我們命名為空間的知覺模式。引人注目的是，共存的現象的秩序無論如何對於絕大多數人的知覺官能是相同的，這是因為我們的知覺官能具有正常的類型。至於類似的器官組織中心如何得以在感覺的渾沌中存在的問題，皮爾遜的回答是進化論的：在人群與人群、人群與環境的生存鬥爭中，對於任何人群而言巨大的益處會來自它的成員的知覺官能的密切一致，而沒有這樣的一致則禍害無窮，前者的倖存恐怕是自然的結果。(*GS*, pp. 183–187)

　　在論述了空間的定義或涵義後，皮爾遜接著探討了空間的分類和性質。按照他的看法，有兩種不同的空間：一個是作為實在的共存現象的秩序的空間，我們命名它為實在空間或知覺空間；另一個是我們思想的空間，幾何學的概念空間，我們把它稱為理想空間或概念空間。我們用以區分現象的知覺空間不是無限的，它精確地與

因斯坦是否從中受到某種啟示？回答也許是肯定的。

我們稱之為我們知覺官能的有限能力的內容相稱。理想空間既可以構想為有限的，也可以構想為無限的，儘管理想的無限空間的限定的部分最容易描述我們知覺的實在空間。我們所知道的唯一無限的理想空間是我們自己推理官能的產物。另一方面，宇宙的空間，我們的感知模式，則是有限的；這種有限性不是受我們想像的東西之範圍限制的，而是受我們知覺共存的東西之範圍限制的。空間的秘密，它是有限的知覺空間還是無限的概念空間，在於每個人的意識之內而非之外。或者我們必須在我們區分（或分離地知覺）如此之多和多變的感覺印象群的能力中尋找它，或者我們必須在能夠使我們從有限的實在空間行進到無限的理想空間的抽取概念的能力中尋找它。空間只是對於作為有知覺的人類的我們來說才有意義；在我們沒有發現與我們自己類似的心理機制的地方，我們不能推斷它。(*GS*, pp. 189–190)

關於空間的可分性，皮爾遜認為概念空間是無限可分的。至於知覺空間，它的可分性的極限是我們分離知覺事物的能力的極限。我們的感覺器官是這樣的，以致只有具有某一強度或幅度的感覺印象才能落入它們的認知之內。我們可以把現象分解為越來越小的感覺印象群，但是我們最終會達到感覺印象在其處中止的極限。也就是說，我們達到了分離地知覺的模式的極限，即達到了空間的可分性的極限。我們可以構想較小的分割，但是在這樣作時，我們從實在的領域行進到理想的領域——從知覺空間行進到概念空間或幾何學空間。這種行進往往是完全無意識地完成的從知覺到概念的過渡，是包含在關於空間的無限可分性悖論中的所有困難的基礎。皮爾遜指出，休謨正是由於沒有認清從眼睛行進到現象，從數學的東西行進到物理的東西，從幻想行進到感覺，誤把廣延的幾何學理論、這

種分類和描述現象的速記方法視為現象世界而陷入迷茫的。其實，只要我們不在知覺中尋找概念的對應物，休謨在幾何學結論中發現的悖論就不存在。(*GS*, pp. 190–193)

值得注意的是，皮爾遜還探討了記憶和思維的空間。他揭示出，知覺空間作為知覺現象的模式不僅出現在與即時的感覺印象的結合中，而且也出現在與過去經驗的存儲記憶的結合中。事實上，除非我們正在使用知覺一詞同樣指涉「外部的」感覺印象和「內部的」感官印記的意識，我們也許應該準確地講，記憶模式是與知覺模式同族的。十之八九，洛克稱之為外部的和內部的知覺的這些過程往往是相同的，只是它們從中汲取它們的材料的來源不同。在這種情況下，空間作為知覺的模式可以像應用於現象一樣完全應用於記憶。通過這種看待問題的方式，我們肯定對空間可能起因於心理機制的本性之方式獲得了新的洞察。誰也不會把過去經驗的印記藉以群集和區分的空間視為與內部的知覺無關的實在，它明顯地是記憶官能的模式。由於認清空間關係或定域化是富有成果的科學知識的前提，因此皮爾遜斷言：

從心理過程的定域化，我們可以希望巨大的成果，希望未來的真正的物理科學。這種定域化不是思維的「物質化」，它僅僅是意識的兩個同等因素即「內部的」和「外部的」知覺的結合。這種結合不是兩個大相逕庭的和針鋒相對的事物——物質和精神——的結合，而是知覺的兩個階段的結合。受知覺官能制約的空間中的感覺印象群像心理過程一樣，都是感知的人的一部分。

　　皮爾遜進而論證了空間並非獨立於人的客觀存在。他說，從邏輯的角度看，不管我們是否明確地分離和區分共存的事物，我們都是在空間模式下知覺它們；所謂「在空間中存在」意指的就是這種模式下的知覺。可是，從歷史的角度看，空間概念起因於感覺印象群的分離和區分，其時每個群中的一個或多個成員是由於視覺或觸覺。正如人們把感覺印象群從意識向外投射，作為獨立於感知的人的客體來處理一樣，我們的知覺模式也被作為感覺印象群中固有的東西來處理，並賦予其以神話般的客觀存在。我們只是逐漸地才學會承認，空虛的空間是無意義的，空間是知覺模式——我們知覺官能用以把共同存在呈現給我們的秩序。我們沒有被迫就現象假定在自我之外的空間，就記憶、思維和心理過程假定在自我之內的空間，我們寧可堅持認為，我們在這些不同領域中用來知覺的模式本質上是相同的，這種模式就是我們所謂的空間。(GS, pp. 194–196)

　　在皮爾遜看來，概念空間就是我們在幾何學中處理的空間，但是我們卻可以借助幾何學概念在整體上近似準確地描述知覺空間。他說，幾何學的基本概念只是理想的符號，它們能使我們形成近似，但在絕對的涵義上卻不能使我們分析我們的感覺印象。它們是科學的速記，我們借助這種速記來描述、分類和系統闡明我們命名為空間的知覺模式的特徵。像所有其他概念的有效性一樣，它們的有效性在於它們給我們記錄過去的經驗和預言未來的經驗的能力。(GS, p. 205)他還就幾何學發表了更一般的看法：

　　　　幾何學真理並非以絕對的準確性應用於我們的感覺印象的任
　　　　何群；但是它們能使我們借助位置、大小和形狀的概念分類
　　　　十分廣泛的現象。當感覺印象沒有包含比我們的感官的確鑿

敏銳性更多的敏銳性、比我們測量儀器的確鑿的精確度更高
的精確度時，幾何學能夠使我們以絕對的確鑿性預言感覺印
象的各種各樣的關係。幾何學概念所要求的絕對同一性和連
續性並非作為極限、而僅僅作為近似或平均存在於知覺經驗
的世界中。❸(*GS*, pp. 211–212)

　　皮爾遜對於時間著筆不多，因為在空間中就知覺和概念所說的
許多言論都將適用於時間。他說，空間和時間在特徵上如此類似，
以致於假如把空間稱為知覺領域的寬度，則可以把時間稱為知覺領
域的長度。像空間是知覺官能區分客體的一種模式一樣，時間則是
第二種模式。正像空間標誌知覺在時間紀元中的共存（我們測量我
們知覺領域的寬度）一樣，時間則標誌知覺在空間位置中的進展（我
們測量我們知覺領域的長度）。

　　皮爾遜揭示出，假如我們僅有知覺共存事物的能力，那麼我們
的知覺也許是廣闊的，但是卻可能嚴重缺乏現實性。借助接續或序
列而「分開知覺事物」的能力是有意識的生命的本質特徵，即使不
是存在的本質特徵。沒有這種知覺的時間模式，可能的科學只能是
用數、位置和測量來處理共存事物的秩序或相關的科學，也就是說
只能是算術、代數和幾何的科學。物體可以具有大小、形狀和定域
性，但科學卻不能處理顏色、溫暖、重量、硬度等等，我們設想的
這一切感覺印象依賴於我們對序列的評估。簡而言之，物理科學、

---

❸　皮爾遜在此處所加的腳注中還說：「幾何學幾乎可以被稱為靜力學的
　　一個分支，⋯⋯」(*GS*, p. 212) 愛因斯坦在〈幾何學和經驗〉中闡述
　　的有關觀點是與此相通的。參見《愛因斯坦文集》第一卷，許良英等
　　編譯，商務印書館（北京），1976年第1版，頁136–148。

生物科學和歷史科學由於它們的基本論題在知覺中具有變化和序列，因而都會成為不可能的。確切地講，由於思維無疑包含著即時的和存儲的感覺印象的結合，因而科學材料不能設想在沒有時間的情況下存在，以致科學知識無時間則不可能。每一個幾何學的及物理學的概念最終都建立在知覺經驗的基礎上，正是經驗一詞內涵著知覺事物的時間模式。作為我們知覺共存事物、區分即時的感覺印象的方法之空間，與我們投射到我們自己之外的現象的世界結合在一起，它為此而被命名為外部的知覺模式。另一方面，

> 時間是存儲的感覺印象中的序列的知覺——過去的知覺和即時的知覺的相關。因此，時間就其本質而言包含記憶和思維，換句話說包含意識❹。事實上，可以把意識定義為通過接續分開知覺事物的能力。也許可以設想意識在沒有知覺的空間模式下存在，但是我們卻不能設想意識在沒有時間模式的情況下存在。

為此緣故，時間被稱為內部的知覺模式。然而稍加考慮就向我們表明，這種區分不是十分有效的區分，因為空間中的知覺作為一個事實問題像時間中的知覺一樣，大量地依賴於即時的和存儲的感覺印象的結合。於是，在時間和空間二者的實例中，「分開知覺」是在

---

❹ 皮爾遜在此加腳注說：「對於新生兒來說，不能說時間存在著——它無意識地存在。只是由於即時的感覺印象引起的存儲的感官印記產生記憶官能，從而知覺的時間模式得以發展。其餘的是反射動作，即遺傳的和無意識的結合的產物。」（*GS*, p. 219）由此再次可以看出，皮爾遜對於觀察和研究兒童心理和認知是很感興趣的。

感覺印象的十分微小的要素和存儲感官印記的十分龐大範圍之間存在的秩序的知覺。因此，我們並未因為把空間和時間命名為外部的和內部的知覺模式而有所獲得。

皮爾遜強調指出，像空間一樣，我們不能斷言時間的實在的存在；時間不是事物本身，而是我們知覺事物的模式。由於我們不能假定感覺印象彼岸的任何東西，因此我們不能把時間直接地或間接地歸因於超感覺的東西。像空間一樣，時間在我們看來好像也是人的知覺官能這個巨大的分揀機在其上排列它的材料的平面之一。通過知覺的入口，通過人的感官，所有無限多樣性的現象的各種要素，所有對我們來說形成實在的東西，都通過敞開的門口蜂擁而入。經過漫長世紀的自然選擇而變得敏銳的知覺官能，分揀和篩選所有這一大堆感覺印象，把處所和瞬時賦予每一個感覺印象。因此，空間和時間的數量不取決於獨立於我們自己的外部世界，而取決於我們的即時的和存儲的感覺印象的複合。空間的無限性和時間的永恒性在知覺領域沒有意義，因為我們知覺的相關和序列二者儘管無疑是廣闊的，但是並不需要這些龐大的框架來展示它們。在感官沒有知覺客體的地方沒有空間，在不再能回想起現象序列的地方沒有時間，因為在那裡分別沒有要去區分的感覺印象群或事件的秩序。(*GS*, pp. 217–221)

皮爾遜接著討論概念時間及其測量，他首先把知覺時間與概念時間相對照加以考察。作為知覺模式的時間被局限在能夠回憶起存儲的感官印記的範圍，它標誌著是我們的意識的歷史的知覺秩序。由此看來，被知覺的時間沒有未來，而且在過去沒有永恒性。未來的意識像它在過去一樣地將繼續下去，這是概念而不是知覺。我們知覺過去，但我們只是構想未來。此時，我們如何從知覺時間過渡

到概念時間，從我們實際的感覺印象序列過渡到描述和測量它們的科學模式？顯然，通過詳細計算我們感覺印象的變化來測量時間可能是極其麻煩的，不過這種考慮卻清楚地表明，時間如何是感覺印象的相對秩序，如何不存在像絕對時間這樣的東西。感覺印象的每一個階段本身都標誌著時間的時紀(epoch)，可以形成個人量度時間的基礎。幸運地是，我們沒有被迫用描述意識階段的序列量度時間。而是存在著這樣一些感覺印象：經驗向我們表明重複它們，它們平均來說符合相同的意識慣例。在人類的自然史上，很早就觀察到白天和黑夜的重現劃分出近似相同的感覺印象序列，後來又用地球繞地軸的運動和地球繞太陽的運動作為時間測量的基準，我們假定地球的相等運動對應於意識的相等時間間隔。但是，地球以及其他天體的運動都不可能是規則的，天文學家無法使我們達到絕對時間，同樣從物理學家（比如借助光傳播）也無法向我們提供絕對的時間量度。我們只能借助絕對勻速的運動達到絕對的時間測量，而這樣的運動在我們知覺經驗中卻落空了。因此，絕對的時間間隔是我們用以描述我們的感覺印象序列的概念工具，是我們使相繼的序列階段符合的框架，但是它們在感覺印象世界本身中並不存在。在這種意義上，牛頓的「絕對的、真正的和數學的時間」只是純粹的理想，是理想時間或概念時間。像其他科學概念一樣，它是在想像中引出的極限，它作為一種描述的速記方法是極其寶貴的，但把絕對的概念時間投射到知覺實在則是不必要的。(*GS*, pp. 217–227) 最後，他以下述凝練的語句概括了他的空時觀的要旨：

> 空間和時間不是現象世界的實在，而是我們在其下分開知覺事物的模式。它們不是無限大的，也不是無限可分的，而是

本質上受到我們的知覺內容限定的。(*GS*, p. 229)

皮爾遜的空時觀是在揚棄前人思想的基礎上，通過自己深入思考而形成的。例如，皮爾遜汲取了萊布尼茲關於空間不是空虛的、獨立自存的觀點和知覺中的主觀空間的看法，並贊同萊布尼茲對牛頓絕對空時觀的批判，但是卻不同意萊布尼茲關於空間是可能的共存現象的秩序之定義以及客觀空間的提法。他繼承了休謨關於空間來自可見的和可觸知的對象的排列方式、時間來自觀念和印象的接續之思想，但卻反對休謨的空時無限可分性的觀點和混淆兩類空時的作法。他接受了康德關於空間和時間是人的感性直觀形式、不具有客觀性的觀點，但卻未強調空時的先天性，也不完全同意康德關於空間是外部感覺的形式、時間是內部感覺形式的劃分。他肯定了斯賓塞所說的空間和時間是知覺的形式，但卻批評斯賓塞又認為它們是事物的形式 —— 這不僅是不必要的重複，而且混淆了空間和時間的現象實在、知覺方式和概念等價物(*GS*, pp. 449–450)。不管怎樣，皮爾遜的時空觀是與他的哲學認識論協調一致的，這就是明顯地偏向（與前人相比）觀念論和經驗論的一極，並且帶有濃厚的進化認識論的色彩。

在論述了知覺官能在知覺群之間辨別的兩種模式，即空間和時間的模式之後，皮爾遜水到渠成地賦予這兩種模式的組合以形形色色的名稱 —— 變化、運動、生長、進化，可以說這種組合是所有知覺在其下發生的混合模式。(*GS*, p. 231)於是，他把運動簡潔地定義為：

　　兩種模式的組合，或者位置隨時間變化而變化，就是運動，

即現象在概念中呈現給我們的基本方式。(*GS*, p. 217)

值得注意的是，皮爾遜進而強調，運動作為空間與時間的組合，本質上是知覺的模式，它本身並不是知覺。因此，「物體的運動」不是知覺的實在，而是我們用以表示這種知覺模式和藉以描述感覺印象群的變化的概念方式；知覺實在是擠進大腦電話局的複雜而多樣的感覺印象。(*GS*, p. 286)

正是在這種意義上，皮爾遜提出了一個命題：「『萬物皆運動』——但只是在概念中運動。」他認為長期以來，人們並不理解赫拉克利特(Heracleitus, 約前540–約前480)的名言「萬物皆流」，即使言者本人也未必理解其所言意味著什麼——他戲稱言者為「朦朧的赫拉克利特」。他是這樣詮釋近代科學從赫拉克利特那裡繼承的所謂「萬物皆運動」的：科學發現它有可能用相對運動的類型描述我們的知覺變化的經驗，這種運動是理想點、理想剛體或理想的可脅變(strain) 的介質的運動，這些理想的東西對我們來說是作為實在的感覺印象世界的記號或符號而有效的。通過討論理想的幾何學世界——它對我們來說作為知覺世界的概念表象而有效——的相對的位置、速度、加速度、轉動、旋轉和脅變，我們解釋、描述和概括這個實在的感覺印象世界的結果。物理科學的整個目標就是發現理想的基本運動，這將能使我們用最簡單的語言描述最廣泛的現象，它在於借助幾何學形式群的幾何學運動使物理宇宙符號化。就我們可感覺的經驗而論，這些幾何學理想不具有現象的存在！心智絕對反對任何事物運動的概念，但心智並不反對這些是在知覺領域不可實現的極限的概念創造。要構想除幾何學理想以外的東西作為現象基礎上的運動要素是不可能的，術語「運動的物體」當用於知覺經驗

時就是不科學的了。在外部知覺中，我們的感覺印象群改變、分解、形成新群，即它們變化著，但我們不能說它們運動——它們出現、消失和再出現，變化而非運動是應用於它們的正確術語。然而，

> 正是僅僅在概念領域，我們才能夠恰當地談論物體的運動；正是在那裡而且只有在那裡，幾何學形式變化它們在絕對時間中的位置即運動。在知覺領域，運動無非是描述我們辨別和區分的感覺印象群的混合模式的流行表達。(*GS*, pp. 285–288)

他進而強調，運動是純粹的概念，該概念可以描述知覺變化，但是不能把它投射到現象世界，否則就會使我們捲入莫名其妙的困難。(*GS*, p. 325)

為了深入論證「變化是知覺的，運動是概念的」命題，皮爾遜接著分析了三個問題：運動的東西是什麼？它為什麼運動？它如何運動？他認為首先必須確定，我們正在詢問的問題屬於概念領域還是屬於知覺領域？若是前者即科學借助其描述感覺印象序列的符號運動的世界，那麼問題就易於回答。運動的東西是點、剛體和脅變的介質，個個都是幾何學的概念。詢問它們為什麼運動就是詢問我們究竟為什麼要形成概念，最終就是詢問科學為什麼存在。在許多猜測之後，我們發現這些運動類型最能描述我們的知覺的過去的慣例和預言未來的慣例。最後，它們運動的方式是能使我們最有效地描述我們知覺經驗的結果的方式。如果我們轉向知覺領域，那麼詢問這三個問題則是徒勞的，因為我們無論如何也找不到答案。但是要知道，這種無知不是由於我們的知覺官能或推理官能的局限產生

的，而是由於我們詢問無法回答的問題——運動並非知覺的實在！什麼運動？常識的回答是自然物體運動。但是，常識往往是理智冷漠的名字。愛打破砂鍋問到底的人自然要追問這些物體是什麼，我們被告知它們是物質的量。而物質又是什麼呢？情況不允許我們用物質是運動著的東西這樣的同義反覆來搪塞。物體為什麼運動？如果我們意指感覺印象為什麼以某種方式變化，那麼只有在弄清意識、知覺官能和知覺慣例的本性，才可能得到明確的認識。若要堅持使我們概念的運動符號現象化，那麼我們只能退回到力、意志這些唯靈論或形而上學的東西中避難。物體如何運動？這個問題要有真正的價值也必須重新敘述，這時它便併入就概念領域詢問同一問題中去了。於是問題變為：什麼是最適宜於描述我們知覺經驗狀態的運動的概念類型？皮爾遜在「運動定律」一章中對這個問題作出了具體的解答。(*GS*, pp. 289–291, 325–330)

　　皮爾遜把運動學或運動的幾何學視為描述知覺變化的有效工具。他說，為了獲取宇宙的心理圖象，用廣闊的綱要描繪它的特徵，科學引入了幾何學形式的概念；為了描述知覺序列，形成一種宇宙的歷史圖集，科學引入了隨絕對時間而變化的幾何學形式的概念。對這一概念的分析是我們所謂的運動的幾何學。因此，運動的幾何學是我們用以分類和描述知覺變化的概念模式。(*GS*, pp. 231–232) 點運動、剛體運動和脅變是運動學或運動幾何學的三大部門，它們都依賴理想的幾何學概念(*GS*, p. 246)。通過假定這些概念符號的相對運動的某些定律——在它們的最廣泛的涵義上的運動定律，我們就能夠構造在概念的空間和時間中運動的幾何學形式的世界，這以驚人的嚴密性描述了我們知覺經驗的複雜狀態(*GS*, p. 337)。來自幾何學運動的概念世界的結果與我們對於外部現象世界的知覺經驗如

此密切地一致，這是知覺官能和推理官能之間一致的一個側面(*GS*, p. 286)。

皮爾遜還認為，絕對運動與絕對靜止一樣都是無意義的，運動是相對的，從來也不是絕對的。正是以此為根據，他對地球實際上繞太陽轉動還是太陽繞地球轉動的問題這樣回答：二者中的任何一個都正確，或者都不正確；二者都是描述我們知覺狀態的概念。我們說前者更科學，只是出於這樣的理由：太陽作為行星體系的中心比地球作為中心能使我們在概念上更清楚、更簡潔地描述我們知覺的慣例。這兩個體系中的無論哪一個都不是在現象世界中實際發生的絕對運動的描述。(*GS*, pp. 250, 284)

5.2 因果性、必然性及其他

皮爾遜是以分析流行的作為原因的力和意志來闡述他的因果性概念的。在他看來，如果力在它使某種知覺慣例具有必然性的涵義上被視為原因的話，那我們就沒有辦法處理力。它可能是知覺官能的結構，或者它可能是形而上學家藉以棲居在感覺印象彼岸的一些假象。因此，在我們探尋原因的科學概念時，力將對我們毫無幫助。在流行的用法中，把序列的中間階段有時說成原因，但是這不是科學的立場而是習慣。在科學上，序列階段中的必然性觀念、強制的觀念都會消失。我們有經驗的慣例，但卻是非說明的慣例。(*GS*, pp. 140–142) 作為運動原因的力嚴格說來與作為生長原因的樹神處在同一立足點上，二者都不過是隱藏我們對知覺慣例中的原因一無所知的名稱而已 (*GS*, p. 144) 他在談到力一詞在各個學科中的濫用時說：

該詞屢屢是把或多或少心理的模糊性符號化的偶像崇拜。可是，該詞反覆出現的理由實際上追尋起來也不遠。無論在哪裡假定有運動、變化、生長，在舊形而上學裡都可以找到作為運動原因的力。力一詞的頻繁使用是由於運動幾乎不變地與我們的知覺結合在一起，或者用更精確的語言來講，是由於要借助概念的運動來分析我們的幾乎所有感覺印象。……我們這樣作並沒有引進點滴新知識，可是卻十分經常地引入大量的模糊性。我們隱藏了一切知識都是簡明的描述，所有原因都是慣例的事實。(*GS*, pp. 158–159)

值得注意的是，皮爾遜揭示出：讀者可能設想加速度的原因是形而上學的（和不可知覺的）實存即力，而它實際上存在於可知覺的相對位置之中，即加速度是由位置決定的 (*GS*, pp. 283, 345)。這一思想是與馬赫原理❺的有關內容一致的。

關於意志❻作為運動的原因，皮爾遜首先從人類史的角度著手考察。他說，人在他們心理成長的早期的每一個階段，都自然地對他們的引起「運動」的意志之真實的或表觀的能力留下了深刻的印象。我們從中發現，原始人把所有的運動都歸因於運動物體背後的

---

❺ 參見李醒民：《馬赫》，東大圖書公司（臺北）印行，1995年第1版，頁76–77。

❻ 皮爾遜是這樣定義意志的：「意志也與意識密切結合；當動作來自『在我們之內』的存儲的感覺印象，而不是來自『在我們之外』的即時的感覺印象之時，意志就是在我們自己個體中的感情。」(*GS*, p. 70)「科學力圖描述意志如何受欲求和激情的影響，而欲求和激情又如何來自教育、經驗、遺傳、體格、疾病，這一切又如何與氣候、階層、種族或其他重大的進化因素結合在一起。」(*GS*, p. 150)

某種意志，因為他們關於運動原因的第一個概念在於他們自己的意志。他們以為太陽是由日神攜帶旋轉，月球是由月神攜帶旋轉，而河水流動、樹木生長和刮風下雨則是由於在它們內部寓居的精靈的意志。只是經過了漫長的時期，人類才或多或少地認識到，意志是與意識和確定的生理結構結合在一起的。後來，運動的唯靈論說明才逐漸地被科學描述代替，我們在一個接一個的例子中消除了意志在天然物體運動中的直接作用。然而，強迫的觀念，在序列秩序中的某種必然性觀念，意志作為運動原因的唯靈論說明的舊詞習語，依然根深蒂固地存在於人的心智中，並被引進科學。(*GS*, p. 143)

皮爾遜在流行的涵義上進而考察了意志行為，他把假定存在的意志行為命名為第一因 (first cause)，把這個序列後續的階段命名為第二因 (secondary cause)。他通過分析表明，意志作為運動的明顯自發的源泉無助於闡明運動的秘密，也未以任何方式說明運動所採取的特定序列，即它無法描述運動的起源和繼續。因此，正如不能把意志視為我們所謂的第二因一樣，也不能把意志視為使運動序列具有必然性，因為在絕大多數情況下，即使假定意志使運動開始，那麼它也不能強制運動在特定的序列中繼續下去，就意志而論，運動也許終止於它開始之時。(*GS*, pp. 144–148) 換句話說，意志不是作為知覺慣例中的第一因出現，而是作為第二因或鏈條的中間環節出現。「意志自由」在於這樣的事實：動作受我們自己的個體制約，介入感覺印象和動作之間的心理過程的慣例在客觀上既不被我們所知覺，也不被任何其他人所知覺，而僅僅在心理上被我們所知覺。因此，作為運動序列的第一因的意志根本沒有說明什麼，它只不過是我們描述一個序列的能力十分經常地突然中止的界限。隨著我們實證知識的進展，我們開始越來越多地把意志的個體行為看作是長

序列的第二因，看作是能夠被描述的慣例中的階段。他就作為原因的意志所得到的十分重要的結論是：

> 首先，我們所知道的唯一意志（或者我們能夠在邏輯上推斷其存在的唯一類似的意志）未被視為與產生、改變或中止運動的任意能力相結合。它似乎只不過是第二因，是慣例的一個階段，但卻是慣例的可知方面在其中從心理的東西到物理的東西變化的階段。其次，在這種意志中不存在強制運動序列的能力。作為第一因的意志僅僅是一個界限，該界限是由於我們的能力在某種程度上不可能進一步跟隨慣例的物理方面，或不可能發現它的進一步的心理方面；它只不過是另一種方式的說法：在這一點我們的無知開始了。當我們認識或推斷的唯一意志不再作為序列的任意起源者或強制者出現時，只要它插入慣例的一個階段——如果是一個顯著的階段的話，那麼假定意志是自然現象的支柱就變得毫無意義了。意志作為自然的創造者和維持者，或者是用於某種未知的和不可知的存在的古老名稱，或者在我們現在能夠理解的唯一涵義，即第二因的涵義或慣例的階段的涵義上使用的話，它無助於我們領會慣例。如果我們丟棄現象背後的這種意志，並使我們自己滿足於在知覺中存在慣例的意見，那麼我們就真正地變聰明了。(GS, pp. 150–152)

　　皮爾遜還就第一因作了進一步的議論。他說，在人類關於第一因或終極因 (last cause) 的經驗的整個範圍內找不到一個有效的證據。在我們的行星可能存在生命的開端和終結，我們可以把它命名

為「第一災變和終極災變」。 這樣的災變必定在其他不可勝數的行星中已經發生無數次了,但它們似乎不會作為第一因和終極因出現,只不過是與個人的出生和死亡一模一樣的知覺慣例而已。因此,第一因只不過是知識的持久的或暫時的界限。在第一因一詞流行的涵義上,在我們關於任意的第一因的經驗中,沒有出現一個實例,並且肯定不會出現一個實例。(GS, pp. 179–180) 他表示,數世紀的經驗最終使我們相信培根的猜測: 「終極原因的探究是不生育的,像獻祭給上帝的貞女一樣一無所生。」(GS, p. 473)

在以上議論的基礎上,皮爾遜詳盡地討論了原因或因果性(因果律) 問題❼。他堅決反對作為強制流行的或形而上學的原因概念,極力倡導作為知覺慣例的科學的原因概念,並認為固有的必然性與第二因的每一結合都是從物理學到形而上學、從知識到幻想的過渡(GS, pp. 146–147)。在他看來,原因在科學上指謂知覺慣例中的先行階段,是所謂的「知覺前件(antecedent)」(GS, pp. 180, 283)。不過,作為產生或強制特定的知覺序列的原因是無意義的——因為我們沒有這樣的經驗,而標明慣例的階段的原因是明確的、有價值的概念,它把原因的觀念完全投進感覺印象的領域,即我們能夠推理

---

❼　當皮爾遜討論這個問題時,他肯定面對一個相當棘手的課題。他無疑了解休謨、克利福德等人的因果觀。克利福德說: 「在詢問所謂原因我們意味著什麼時,我們便著手一個令人震驚的任務。用『原因』表示的詞在柏拉圖那裡有64種意義,在亞里士多德那裡有48種意義。」當我們說每一個結果有一個原因時,我們意味著,每一個事件以一種方式——該方式可以使一些人稱其為它的原因——與某個事物關聯。但是,我至少還未看到該詞的任何簡單意義,能夠相當好地應用於整個自然序。」W. K. Clifford, *The Common Sense of the Exact Science*, Newly Edition, Alfred A. Knopf, New York, 1946, pp. xxviii, xxix.

和達到知識的領域。在這種涵義上，原因是經驗慣例的階段，而不是內在必然性的慣例的階段。在任何科學的原因中，都沒有什麼東西迫使我們從內在必然性預言結果。結果僅僅作為過去的直接的或間接的經驗之結局與原因結合在一起。於是，他認為能夠科學地定義原因了：

> 無論何時知覺 C 不變地在知覺序列 D, E, F, G 之前，或者知覺 C, D, E, F, G 總是以這一秩序出現，也就是說形成一個經驗慣例，那麼就說 C 是 D, E, F, G 的原因，而 D, E, F, G 則被描述成 C 的結果。現象或序列的階段並非只有一個原因，一切先行的階段都是後繼的原因；而且，由於科學沒有理由推斷第一因，因此原因的接續能夠回溯到現有知識的極限，並超越該極限而無限地進入可想像的知識的領域。當我們在科學上陳述原因時，我們實際上正在描述經驗慣例的相繼階段。約翰・斯圖爾特・穆勒說，因果性是一致的前件，這個定義完全符合科學的概念。(GS, pp. 153–156)

皮爾遜進而討論了原因術語的廣度。他認為，即使在科學的涵義上，原因一詞在某種程度上也是可伸縮的。它通常用來標明空間中的一致的合取以及時間中的一致的先行。任何個別事物的原因都向外擴大到難以處理的宇宙過去的各個階段的描述，我們不久便達到由於材料眾多而無法再前進一步。儘管科學在追尋原因時並未試圖去這樣作，但是宇宙任何有限部分的原因本質上確實把我們引向作為一個整體的宇宙的歷史。由於科學出於描述意圖處理普遍的概念或觀念，因而原因和結果的詞彙才被從現象的範圍、從它們嚴格

所屬的現象中撤回，而被應用到概念和觀念的世界──在這個世界確實存在著邏輯的必然性，而不存在真實的原因和結果。(*GS*, pp. 156–157)

皮爾遜由此轉入因果性或因果律的討論。他把知覺慣例視為因果性的科學定義的基礎 (*GS*, p. 352)，並認為原因和結果像科學定律一樣，是對不變序列的描述，而不是對現象的根本說明(*KP*, p. 136)。他提出一個原則性的命題：因果律是從現象抽取的概念的臆造，它不是現象的真正本質的東西❽。不存在因果律的證據。它是有效的，是由於它在使用中的力量和充分性。(*CD1*, p. 209) 他分析說，在知覺慣例本身的本性中不存在固有的必然性，但是沒有它，能夠行動的理性人的存在就變得實際上不可能了。思維可以內涵存在，但是行動、處理人的生活和事務則把知覺慣例內涵於必然性之中。正是這種實踐的必然性，我們把它結晶為存在於「物自體」中的必然性，並使它在我們原因和結果的概念中成為根本的東西。這種慣例對理性人的行為是如此重要，以致我們不把原因和結果概念用於世界，我們就無法理解。我們使它成為現象中的統治因素，我們大多數人不僅深信它的絕對真理，而且也深信它符合處於現象背後的、成為所有存在本身基礎的某種實在。但是正如我們看到的，即使在最純粹的物理現象中，該慣例也是一個經驗問題，我們對它的信仰是建立在概率基礎上的信念；我們除了能夠描述經驗外，我們從未達到內涵必然性的「說明」。雖然當我們在實踐中開始分析原因和結果範疇時似乎也可能覺得奇怪，但是我們發現它含糊地遠離我們而滑入不可捉摸的概念領域，而不是使其本身在我們關於現象的實際經驗

---

❽　K. Pearson, *The Grammar of Science*, Part I—Physical, Third Edition, New York: The Macmillan Company, 1911, p. 157.

中實在化。它是以我們的經驗為基礎的概念的限制，而不是如我們所知道的現象的因素。他的結論是：

> 因果律並不在於我們所經驗的現象之中，它像任何其他來自我們經驗的限制一樣，純粹是一種心理限制；它是有用的概念，而決不是像基岩一樣處在現象之下的實在。物理學家和化學家的結論建立在通常經驗的基礎上，這些經驗沒有兩個是嚴格一致的；它充其量是具有某種可變性的感知慣例。❾

皮爾遜立足於統計學，提出用更為廣泛的締合(association)或相關(correlation)範疇代替狹窄的因果性範疇，並推導出相關率或列聯(contigency) 的測量和計算方法，這也許是他對統計學的新貢獻❿。按照皮爾遜的觀點，由於個體性處於所有存在的基礎，同一性(sameness) 是依賴於分類完善的相對術語，因此作為用感知慣例衡量的原因和結果僅僅內含著相似程度，而不是絕對的重複。在人們面前的實際問題是遠比「因果關係」廣泛的問題，它可以概括為：

---

❾　同前注❽，pp. 152–153, 154.

❿　這些新貢獻在《科學的規範》第三版(1911)增補的第五章「列聯和相關──因果關係的不充分性」中。它包括以下九小節：§1.知覺慣例是相對的而非絕對的；§2.無機宇宙像有機宇宙的終極要素一樣是獨特的而非同一的；§3.締合範疇，代替因果關係的範疇；§4.締合或列聯的強度的符號量度；§5.作為受因果關係支配的宇宙和作為受列聯支配的宇宙；§6.A和B通過測量分類，數學函數；§7.論「原因」的多重性；§8.宇宙是列聯事件的複合，而不是因果地聯繫的現象；§9.相關的測量及其與列聯的關係。最後還有摘要和文獻。參見❽，pp. 152–178.

如果「原因」是具有如此這般的相似程度，那麼「結果」將多麼相似呢？在這裡，在最廣泛的意義上，任何事物都是先於或伴隨一個現象的原因，我們要問，我們如果變化了原因，那麼我們在多大程度上變化或改變這個現象。如果我們說該原因的變化沒有在該現象上產生結果，那麼我們便有絕對的獨立性；如果我們發現這個原因的改變絕對地且唯一地改變了該現象，那麼便會說存在著絕對的依賴。這樣的現象與單一可測量的原因的絕對依賴肯定是例外，我們對其實際存在深表懷疑。但是，在絕對獨立和絕對依賴這兩個限度之間，可以出現所有等級的締合。當我們改變原因時，現象改變，但並非總是在同一程度上；它改變，但是在它的改變方面有變化。在原因比較密切地確定現象的改變中變化得越小，那就越能斷定締合或相關越緊密。正是這種兩個事件之間的相關概念，包容了從絕對獨立到絕對依賴的所有關係，這是我們不得不用來代替舊因果觀的更廣泛的範疇。宇宙中的萬物只是一次出現，不存在重複的絕對同一性。單個現象能夠被分類，我們的問題轉向，我們命名為「原因」的相似的事物的群或類（而不是絕對同一的事物），將被我們命名為「結果」的相似的事物的群或類（而不是絕對同一的事物）多麼遠地相伴隨或緊隨其後。他進一步闡述如下：

> 科學必須測量在這些相應變化中的鬆緊程度。絕對獨立是在鏈條鬆的一端的概念的極限，絕對依賴是在鏈條緊的一端的概念的極限。舊的因果觀力圖在這兩個概念的極限下把宇宙納入經驗之中──它只能失敗；事物在我們的經驗中既不是獨立的，也不是因果的。所有的現象都是聯繫在一起的，在每一種情況中的問題就是相關度多麼接近。原因的相似產生

結果的相似，我們能夠測量相似度，不管我們是處理化學反應還是雙親和子女之間的任何自然傾向的類似。無論在哪種情況下都不存在絕對同一性的問題；存在的是相似中的廣泛差異度，但是兩個問題只是同一邏輯問題——現代科學中的列聯問題——的變種。❶

皮爾遜詳細地從統計學的角度研究了列聯表和相關的計算。在他看來，宇宙似乎是一個變差(variation)的宇宙，而不是受因果律控制的宇宙。沒有什麼現象是因果的；所有現象都是列聯的，在我們面前的問題是測量列聯度，我們看到它在獨立的 0 和因果的 1 之間。相關率恰像列聯係數一樣，是用任何兩個可測量現象的依賴度 0 和 1 之間的值度量的。在這兩個極端之間，它們對於同一材料並非總是等值，除非頻率分布具有特殊的性質，無論如何這種性質是十分廣泛地出現的。它們的值能使我們用定性的或定量的分類決定宇宙中任何兩個現象之間的聯繫。它們形成了自然新觀點的基礎，它們度量了現象之間的締合，把因果關係或數學函數還原為列聯的特殊的和極端的例子❷。他就是用這樣的理智態度把宇宙在新範疇下概念化的。

皮爾遜的因果觀也打上了觀念論的經驗論之烙印，這與他對宇宙秩序(order)和知覺慣例 (routine)的觀念論的經驗論之理解難分難解。他認為，就我們能夠追溯的而論，宇宙「秩序」在於感覺序列的同一性，必定不在於物自體。感覺在時間和空間的基本形式下達到知覺官能。時間中的感覺序列和有時在空間中的明顯結合導致人

---

❶　同前注❽，pp. 157, 106.

❷　同前注❽，pp. 174, 176–177.

類形成因果性範疇。但是,迄今沒有一點證據表明,「秩序」可超越於我們的知覺官能和知覺模式而達到物自體。宇宙的「秩序」也許是從我們對它的知覺中產生的,倘若我們在空間和時間的形式下充分地知覺它的話。他的結論是:因果律、宇宙「秩序」實際上是人用同一形式把感覺協調起來的知覺官能的結果,其基礎在於知覺官能而非感覺本身。我們通過物理的或心理的研究無法確定物自體中是否存在秩序或和諧,但是假定我們感覺的秩序內含著物自體的相同的秩序,則是不必要地增加了自然現象的原因,科學對這種秩序背後的超感覺的東西是不可知的。(*EF*, pp. 47–51) 他後來還說過,感覺印象序列中的恒定秩序被視為理性人的知覺官能的基本特徵,它在生存鬥爭中有助於我們。削弱對於一致的現象秩序、對於知覺慣例的信任,便消除了知識的唯一基礎而使我們的推理官能無效,從而減少了我們的預見能力,降低了我們在生存鬥爭中的力量。(*GS*, pp. 165)

皮爾遜對知覺慣例下了這樣一個定義:感覺印象的變化或轉變以重複的序列發生,或者我們將其特徵概括為慣例。在感覺印象本身中,沒有什麼東西暗示或強使慣例,我們也沒有充足的根據肯定地把這種慣例歸因於知覺官能。科學就是我們知覺經驗的慣例的概念速記之描述(從來也不是說明)。(*GS*, p. 392) 對於在時間和空間中過生活的理性人來說,知覺慣例是必不可少的;沒有它,預見從而理性的行為就變得不可能了。但是,慣例是一個術語,該術語的「氛圍」比它的定義更有價值。它標誌著某種同一性,但並非必然是絕對的同一性。因此,我們的知覺慣例是一個相對的概念,它標誌著在重複中有某種程度的同一性,而對絕對同一性的限制來自人的經驗。正是我們感知中的這種相對的慣例,最終導致對因果性的

概念的限制❸。這樣一來，我們對知覺慣例的信念就建立在高程度的乃至壓倒之勢的概率的基礎上，這使得概然的和可證明的實際上成為相同的詞(GS, p. 171)。皮爾遜堅決反對物質論者和觀念論者都把感覺印象的慣例投向不可知的東西，他認為在訴諸超感覺的幫助之前，科學的意向表明這種慣例應以某種方式歸於我們的知覺結構，儘管科學目前距離給出確定答案還相當遙遠(GS, p. 122)。他進而表示：

> 在感覺的渾沌中，在感覺印象的「彼岸」，我們不能推斷必然性、秩序或慣例，因為這些是人的心智在感覺印象的此岸形成的概念。可是，倘若人的至高無上是由於他的推理官能，那麼作為一種推理生物的人的生存條件就是他的知覺慣例、他的感覺印象序列的恒定秩序。我們既不能斷定、也不能否認這種慣例是某種超越感覺印象的東西，因為在「彼岸」慣例一詞是無意義的，而且我們既不能斷定、也不能否認我們正在涉及的、不能應用知識一詞的領域之所在。我們能夠斷言的一切就是，人的推理官能內涵著以相同的恒定秩序呈現感覺印象的知覺官能。這種慣例是由於知覺官能本身的性質——由於我們在它的構成中沒有意識到的、與推理官能的有意識的結合和記憶同類的因素，這一看法似乎是有道理的，即使是一個未被證明的假設。不管怎樣，正如我們看到的，它是被知覺和理性的同時代的成長所暗示的、被某種形式的知覺官能——例如我們在精神錯亂者身上發現的——不可能在生存鬥爭中倖存所加強的假設。(GS, p. 164)

---

❸　同前注❽, p. 153.

在上述有關探討中，皮爾遜已多次涉及到必然性和同一性問題。他關於必然性的觀點可以歸納如下：「在知覺秩序（原因和結果）中，不能證明固有的必然性。在知覺序列重複的一致性（知覺慣例）中，也不存在固有的必然性，但是知覺慣例應該存在則是思維的本質存在的必要條件。因此，必然性處在思維本質的特性中，而不處在知覺本身中；從而可以想像它是知覺官能的產物。」(GS, p. 166) 他還明確提出了一個原則性的命題：「必然性屬於概念世界，而不屬於知覺世界。」他以行星沿橢圓軌道繞太陽轉動和人圍繞石塊兜橢圓圈子為例表明，沒有一個觀察者能夠邏輯地推斷，包含在吸引點概念中的必然的位置序列能夠被翻譯或投射為觀察者關於人的運動的知覺序列的必然性。它們只是邏輯的必然性，而邏輯和必然性都來自我們在心理上由以開始的定義和公理。必然性處在概念世界，它只是無意識地和非邏輯地轉移到知覺世界。能使我們說「宇宙的恆定的秩序」的，或者能使科學家斷言迄今證明是頑強的事實將最終被牢固確立的自然定律所包容的，只不過是從慣例的過去經驗中推導出來的十分大的概率。我們不是在因果性領域，而是在概念領域論述確定性。(GS, pp. 160–162)

皮爾遜還談到同一性及其與個體性和連續性的關係。就我們的知覺經驗而論，兩個感覺印象群並非嚴格相同，每一個中的同一性取決於我們審查和觀察的程度。取一塊拋光的金屬，它的表面的兩個部分似乎是嚴格相似的，但是顯微鏡卻揭示出它們缺乏同一性。因此：

> 同一性從來也不是我們關於現象的經驗之實在的極限；我們審查得越仔細，同一性就越少。可是，作為一種概念，兩個

感覺印象群的同一性是十分有效的觀念，是我們眾多科學的分類的基礎。在知覺領域，同一性表示出於某些實用目的的兩個稍微不同的感覺印象群的等同性。然而，在概念領域，同一性表示兩個群中無論哪一個的成員的絕對等同性；它是在知覺世界中不能達到的比較過程的極限。(*GS*, pp. 200-201)

皮爾遜強調的是，無論事物本身，還是它的環境，都不存在絕對的同一性。在因果律陳述中所包含的原因同一性的前提，是純粹概念的，從來也不是實際的。在實際的宇宙中，沒有什麼東西是相同的，沒有什麼東西能夠實際上永遠重複❶。他關於同一性和個體性的關係的見解是明快的：個體性並不是以物自體的任何同一性、而是以某些感覺印象群的持久性表示其特徵的，這才是我們辨識的基礎。個體性並不表示根基的同一性。也就是說，現象的物體的持久性和同一性可能在於個體的感覺印象的群聚，而不在於從概念投射到現象的不可知覺的某種事物的同一性。(*GS*, pp. 86, 303-305)

至於同一性和連續性的關係，皮爾遜認為連續性觀念包含著同一性觀念。他論述道，我們不能在現象世界檢驗無限地分割實物的結果，因為不久我們便達到借助處理手段無法獲得被分割的實物的感覺印象的階段。不過，雖然在知覺領域內不存在進行分割到它的最終極限的可能性，但是我們在概念中卻能無限地重複該過程。如果在無限次分割之後我們構想可以發現相同的感覺印象群，那麼我們便說該實物是連續的。在最初的和不熟練的檢查時，我們在知覺中發現連續性和同一性，但經過比較仔細的和比較批判性的審查，

❶ 同前注❽，pp. 158, 164, 169.

這種連續性便消失了。我們發現，用這些詞語傳達的觀念不是實際過程的實在的極限，而是只能在概念領域實行的過程之理想的極限。因此，只有像幾何學線和面這樣的觀念才符合絕對的同一性和連續性。(GS, pp. 201–203) 皮爾遜以下述概要簡明地陳述了他關於因果性、必然性和同一性及其相互關係的觀點：

> 感知中的慣例是一個相對的術語；因果關係的觀念是通過概念過程從現象抽取出來的，它既不是邏輯的必然性，也不是實際的經驗。我們只能把事物分類為相似的；我們不能再產生同一性，我們只能測量相對相似的東西如何緊隨相對相似的東西。較廣闊的宇宙觀把所有現象看作是相關的，而不是因果聯繫的。⓯

5.3 宇宙和人的存在

由於皮爾遜僅僅反對形而上學入侵科學，而不反對形而上學本身，因而他本人也就宇宙和人的存在作了諸多形而上學思辨。例如，我們還記得，他否認自然固有理性和簡單性，認為宇宙秩序由知覺產生。尤其是他斷然否認本體(noumenon)世界或物自體世界的客觀存在或斷定其不可知，乃至認為現象世界無非是感覺的接續，也受知覺官能制約，是心智向外投射的構象。因此，在他的心目中實際上存在的只是感覺世界和作為邏輯結構的概念世界。這些思想以及他的觀念論的經驗論哲學自始至終地貫穿在他關於宇宙和人的議論中。他說：

⓯　同前注❽, p. 177.

自然是人的心智的構象；時間和空間不是外部世界中固有的，而是區分感覺印象群的模式。因此，「自然」本質上受我們知覺官能的制約，「變化」不能認為是與我們自己無關的。只要清楚地認識到時間和變化與知覺有關、而與感覺印象的「彼岸」無關，人們將會承認，「自然」在「經驗之前或之後」是等價的。知覺官能的同一性是知覺模式同一性的關鍵。因此，每一次試驗（像在擲骰子或在從袋子中取球那樣）依然相同的條件僅僅在於知覺官能的等價。(*GS*, pp. 175–176)

　　皮爾遜從部分與整體的關係（整體不等價於部分）談到個體與宇宙的關係（個體不等價於宇宙）。　他沒有冒險地斷言在宇宙中存在無論什麼目的或目標，但卻認為它的構形的改變對我們目前的意圖來說是無關緊要的，不管這種改變僅僅是機遇的結果，還是內在於物質的定律的結果，或是有思考力的優越的存在即人的結果。他只是斷言，宇宙改變著，正在「演化」(becoming)，但卻不斷言正在演化的是什麼。而個體不僅是「存在」(being)，而且是演化❻。這些改變不管其本性如何，都是物理的或精神的（如果確實存在任何區分的話），　他稱其為生命(life)。個體生命與宇宙生命有什麼關係？他表明，與後者相比，前者是無條件地從屬的、絕對地無限小的。後者的「演化」與前者的「演化」沒有明顯的關係，也就是說

---

❻　有興趣的讀者可將皮爾遜的思想與普里戈金 (I. Prigogine, 1917–) 的《從存在到演化》(*From Being to Becoming*)（曾慶宏等譯，上海科學技術出版社，1986年第1版）中的觀點加以比較。普里戈金說：「無論往哪裡看，我們所發現的都不是穩定性和諧和性，而是演化的過程，由此而來的是多樣性和不斷增加的複雜性。」(頁12)

並不具有最小的比率。一個似乎是有限的、有界限的、暫時的，另一個相比之下則是無限的、無邊際的、永恒的。人自從他首次以孩子般的天真嘗試思維以來，這種不一致就把它強加給人的注意。於是，「永恒的為什麼」開始纏住他的心智：我們為什麼、永恒地為什麼在這裡？我們作為部分，與整體、與物質的和精神的所有事物的總和有什麼關係？暫時的與永恒的有什麼關係？(*EF*, pp. 3–4)

在皮爾遜看來，定律就是把個體與宇宙結合在一起的東西，給它在生命中以必然的地位。定律使它的「演化」成為宇宙「演化」的必然的一部分，沒有另一個存在這一個也不能存在。我們必須把宇宙看作是一個龐大的心智過程，每一個事實都對應於一個概念，每一個事實的相繼都對應於一個不可避免的概念序列。正如思想僅以理智的邏輯秩序進展一樣，事實也是如此。一個的定律等價於另一個的定律。因此，斷言宇宙的定律可以被干預或改變，也就是斷言不是以唯一可構想的方式構想事物是可能的。如果你仍堅持有一個上帝的話，那麼你可以因宇宙具有不可變的定律的龐大系統而稱宇宙為上帝——斯賓諾莎的上帝。(*EF*, pp. 15, 19)

皮爾遜特別欣賞哈密頓的箴言**⓱**，曾把它作為一篇講演的題記。他說，就人而言，其存在不能是具有最小意義的事情，因為正是人的明顯有限的心智統治著無限的宇宙。他重複佛陀的話：「不要為上帝而煩擾你自己！」(*EF*, pp. 19–20)他甚至這樣寫道：

> 我的思維定律對我來說是比神學家的上帝更大的真理，是我的存在的更大的必然性。如果那個上帝在神學家看來作某種

⓱ 哈密頓寫道：「在地球上除了人以外沒有偉大的事物，在人中除了心智之外沒有偉大的東西。」(*EF*, p. 21)

與我的思維定律相反的事情，那麼我只能說，我把我的精神放在他的上帝之上。我寧可把世界看作一個可理解的整體，而不願把它還原為在我看來是神學家會用他自己的語言稱之為「盲目的機械論」的東西。對於任何一個告訴我，他的上帝僅僅意指某種精神性的、處於物理現象的基礎的東西的人，我回答說：「很好，你的上帝將永遠不與我的理性矛盾，我在生活中能夠採取的最好指導是我的理性，我的理性在正確運用時，將永遠不與你的上帝不和。」……把可理解的東西引入現象的，難道不是人的精神本身嗎？那些稱他們在物理宇宙的定律中發現上帝是可理解的人，只不過是把人類精神神化了。(*EF*, pp. 42–43)

在這裡，皮爾遜把人以及人的心智或精神看作是比斯賓諾莎的上帝（自然）、乃至比神學家的上帝更偉大、更根本的東西。難怪他認為，我們稱為外部世界的東西即現象世界，對我們來說無非是感覺的接續；關於這些感覺的終極原因即使存在著，我們也一無所知。我們能夠說的一切就是，當我們分析這些感覺時，我們發現比貧乏的接續更多的東西，我們發現了邏輯序列。這種邏輯序列對我們來說是作為一個可理解的整體的外部世界。(*EF*, p. 42)

不管怎樣，皮爾遜總是強調思維關係與事實關係的一致，物理過程與理性過程的等價，物理宇宙和心理宇宙終極要素相似，這一切也許可以說成思維與存在的同一。他這樣表明他的看法：我們能夠思考事物的唯一可能方式似乎等價於它們在我們看來發生的方式。當思維關係與事實關係不一致時，這種不一致或者總是不清楚的思維的結果，或者總是不清楚的事實的結果 —— 假思維或假事實

知覺。他進而表示：

> 宇宙是它所是的東西，因為那是唯一可能構想的形式，它以
> 該形式能夠存在，它以該形式能夠被思想。在宇宙中的每一
> 個有限的事物是它所是的東西，因為那是它能夠以其存在的
> 唯一可能的方式。問事物為什麼不是除它們所是以外的東西
> 是荒謬的，因為雖然我們的觀念是充分清楚的，但是我們應
> 該看到，它們以它們是可思考的唯一的方式存在。問任何有
> 限的事物或有限的個體為什麼存在同樣是荒謬的，存在是邏
> 輯的必然性，在宇宙的完備的思想分析中是一個必然的步驟
> 和要素，而沒有那樣的步驟，我們的思維分析、宇宙本身都
> 不會存在。(*EF*, pp. 16–17)

　　皮爾遜在消除觀念論和物質論的對立時也涉及到思維和存在
的同一問題。他說，觀念論者在最近的發展中使個體「我」成為存
在中的某一客觀實體。這個「我」除了它自己的感覺之外一無所知，
它由此形成我們可以命名為「我」觀念和宇宙觀念的主觀概念。正
如在所有哲學體系中一樣，這兩個觀念是重大的問題。但是在這種
觀念論中，「我」觀念和宇宙觀念彷彿絕對地處在個體「我」的支
配之下——它是客觀的，它們是主觀的；它驕傲地命令它們必須服
從的定律。決定「我」觀念和宇宙觀念之間關係的，是我的純粹的
思想定律。另一方面，物質論者在自然中發現某種不可改變的定律，
他假定這些定律以某種方式內在於他的不可定義的實在即物質；這
些定律無論如何好像不是「我」的結果，而是某種在它之外的東西，
就我是主觀的而言，這些定律不顧「我」的思想指明了它與宇宙的

關係。這兩種考慮「我」和宇宙的方法之間的對立像乍看起來的那麼大嗎？或者更確切地講，該差異不是學派的無根據的差異嗎？觀念論者在使他的思想成為「我」觀念和宇宙觀念之間的關係之驕傲的統治者時，為了把握他自己的位置和調整他自己在生活中的行動，他不得不使他自己——他的「我」——對「我」觀念採取主觀的態度；把他自己與「我」觀念等同起來。這種行為是對他的客觀性的放棄，他變成主觀的，支配他與宇宙關係的客觀實體是抽象的「我」——純粹的思想，正是這一點決定了「我」和所有其他有限事物之間即有限與無限之間的關聯。換句話說，觀念論把下述概念強加於我們：把有限與無限連接起來的定律是純粹的思想定律，唯一存在的客觀性是「純粹思維的邏輯」。 但是，這恰恰是物質論在基於物理科學時所指出的結果，也就是說，所有所謂的物質的或自然的定律最終將被發現是思想能夠構想的唯一定律；所謂自然定律無非是「純粹思維的邏輯」中的步驟。(*EF*, pp. 18–19) 於是，觀念論和物質論在這裡殊途而同歸，思維和存在在這裡相容而統一❶。他繼而論述道：

　　當我們說，自然不能與她自己矛盾時，我們實際上只不過正在斷言，經驗告訴我們，自然不是從未與她自己、而是從未

❶ 皮爾遜的調和思想也許與克利福德的下述論述有關聯：「實際上在我們獲得的每一個感覺內存在兩個不同的部分。存在著以某種方式達到我們的音信；但是這種音信並非我們表面上看到、聽到和感到的一切。在每一個感覺中，除了實際的音信外，還有我們想像和添加的音信。這有時是用下述說法表達的：存在著來自外部世界的部分和由精神提供的部分。」參見前注❼, p. xxxvi, 皮爾遜似乎更偏向於觀念論的或主觀論一極，而不是嚴格地守「中道」。

與我們的邏輯矛盾。換句話說，物理宇宙的定律在邏輯上是互相關聯的，一個是從另一個合理地來的。這實際上是人類經驗的最偉大的成果，是人類精神的最大凱旋。物理宇宙的定律遵循人的精神的邏輯過程。智力——人類精神——是物理宇宙的主旨。使物理定律和精神定律矛盾，就像使物質和精神矛盾一樣，是教條主義的。的確，我們距從科學中消除經驗定律的光榮時代還有很長的路要走。即使我們從最簡單的運動定律演繹出所有這樣的定律，我們還應當證明，這樣的運動定律是物質本性的合理性的結果；在我們使整個物理宇宙變得可理解之前，我們還必須發現物質是什麼。(*EF*, p. 41)

第六章　皮爾遜思想在西方

乘興登古塔，錢塘收眼底。

似練澄江白，如簇翠峰碧。

豪傑付東流，英雄垂青史。

江山美如畫，東南形勝地。

——李醒民：〈登六和塔〉

　　皮爾遜的思想尤其是他的《科學的規範》出版後，在西方學術界和思想界曾激起了較大的反響，尤其是美國哲學家皮爾斯和俄國政治家列寧對其進行了尖銳的批評乃至毀滅性的批判。時人和後人對皮爾遜雖無系統而深入的研究，但零散的評論似乎時有所現。特別使我們感興趣的是，皮爾遜與馬赫有實質性的思想共鳴，他對愛因斯坦和維也納學派也有不可忽視的思想影響。

6.1　皮爾斯的尖銳批評

　　皮爾斯首次是1892年在《民族》的一個簡短評論中批評皮爾遜的《科學的規範》的，後來又於1901年在《大眾科學月刊》對該書的第二版大加抨擊❶。此後，皮爾遜在皮爾斯的心目中成為一個討

嫌的人物，而皮爾遜似乎從未對這些批評作答，甚或從未承認它們。

皮爾斯的尖銳批評主要集中在皮爾遜的四個觀點上。第一，對科學的辯護在於它增加社會幸福的趨勢或增強社會的穩定性；第二，科學的概念和定律純粹是人的構象；第三，科學的職責是描述過去而不是預言未來；第四，事物的為什麼依然是神秘的。其中，皮爾斯批評最詳盡的是頭兩個觀點。

對於皮爾遜的第一個觀點，皮爾斯認為不管是否摻入了功利主義，他都不得不出於下述理由加以反對：⑴它在歷史上是虛假的，它與科學人員占優勢的意見不一致；⑵它是壞倫理學；⑶它的傳播會阻礙科學的進步。他就科學家的研究動機表示：

> 他們在所有事件中既不是受希望「支持社會穩定性」激勵的，也不是主要受增加人的肉體享樂激勵的。科學人對真理的威儀留有深刻的印象，以致每一個人或遲或早都會臣服於真理。

皮爾斯進而指出，皮爾遜的目的「社會穩定」無非是狹隘的不列顛愛國主義，皮爾遜依據「社會福利」控制科學的企圖只能產生典型的英國病——偽善。

皮爾斯的這些批評顯然是片面的和武斷的：皮爾遜對科學的辯護並非是粗糙的技術辯護，他的四條理由並非都是功利主義的，他

---

❶ 這些批評文字後被收入《皮爾斯論文選》第八卷的第七章，即 *Collected Papers of Charles Sanders Peirce*, Vol. Ⅷ, Review, Correspondance and Bibliography, Edited by A. W. Burks, Cambridge: Harvard University Press, 1958, pp. 103–120. 以下有關皮爾斯的批評均出自該處，不再一一注明。

尤為強調科學精神和科學方法對公民心智的訓練，科學審美判斷的文化意蘊和人文意義。皮爾斯擔心皮爾遜的學說會促使人們把科學作為獲取金錢的工具，對純粹科學採取輕視或半輕視的態度，視理論科學家為遊手好閒者。皮爾斯的擔心是可以理解的，但卻是多餘的，因為皮爾遜對純粹科學一往情深，對純粹科學的意義和在教育中的作用作了充分的肯定。作為一位自由思想者和研究人，皮爾遜反覆強調知識至上、真理至上，他的思想和行動甚至傾向於為科學而科學、為追求真理而科學。也就是說，皮爾遜的倫理觀有功利主義的成分，他的科學理論觀是工具論的，但是他對作為一個整體的科學的辯護則不是功利主義和工具主義的，就更與什麼狹隘的愛國主義和偽善無關了。因為追求社會穩定和社會福利是每一個社會的目標，不用說這並不意味社會停滯不前或一成不變，而是在緩慢的進化中求得相對的穩定，這才是皮爾遜的本意。

　　針對皮爾遜的第二個觀點，皮爾斯指出皮爾遜把材料領域和心理領域、把邏輯與心理學混淆起來。他認為皮爾遜把知識賴以建立的感覺印象視為邏輯資料的本性的陳述、視為科學事實的陳述，總的來說是錯誤的。我們推理的起點並不是感覺印象而是知覺，而且知覺的家園不在我們的腦殼內而在戶外。它就是我們直接觀察的外部世界。我們之所以知道戶內經過的東西，因為它反映了外部客體。在他看來，皮爾遜說科學事實是感覺印象還不是十分嚴重的錯誤，更要命的是皮爾遜否認自然定律的客觀獨立性。他斥責皮爾遜的下述觀點具有異常的模糊和顯眼的缺點：在自然界中不存在合理性的要素，自然定律的合理性的要素是由發現它的心智引入自然界的。按照皮爾斯的見解，儘管真理是一類觀點，但它不依賴於任何實際人的思想，它完全獨立於你、或我、或任何人可能思考的東西。在

這種透視中，定律和原因都是實在的，就像任何事物能夠說成是實在的一樣。他說：

> 問題不在於自然定律是否具有理智的本性，而在於它是否具有若干最終注定從宇宙的景象中被揭穿的理智的對象，或者就我們能夠判斷的而言，它是否具有不管一切攻擊而處於它的基礎的要素材料。

針對皮爾遜關於對蠕蟲來說潮汐定律無意義的觀點，皮爾斯反駁說，這種觀點只不過是自明之理，它並未以這種或那種方式影響自然定律的實在性，也無法證明月球是虛構的和非實在的，它只能有助於表明在天上地下存在著比皮爾遜的哲學夢想還要多的事物。

不管怎麼說，在皮爾斯的這些批評中，對皮爾遜的觀點的把握和理解是不完全的、有偏差的。事實上，皮爾遜雖然認為感覺印象是科學事實的基礎，但它並非科學事實本身。科學事實是達到概念水平、至少是達到知覺水平的素材，它具有實在性。至於皮爾斯從實用主義和實在論出發對皮爾遜的觀念論和感覺論的科學定律觀的批評，這純粹是一個哲學立場問題，因為皮爾遜從他的立場出發也講出了諸多理由，而皮爾斯並沒有一一駁倒它們，也不可能從理智上或邏輯上駁倒。儘管我們並不完全贊同皮爾遜的觀念論和感覺論的思維模式和哲學框架，但是你不能不承認他在科學概念和科學定律問題上對康德和達爾文學說解讀的別出心裁，他對人在科學發明中的主觀能動性的充分肯定，以及對自然定律受人的知覺官能和反映官能的制約之敏銳洞察。在後一方面，皮爾斯對皮爾遜的指責❷

---

❷ 皮爾斯指責皮爾遜的下述看法：我們知覺官能和反映官能拒絕呈現給

是站不住腳的，因為現代科學表明，感覺和知覺是一個複雜的物理的、化學的、生理的和心理的選擇和建構過程，外來信息在每一個環節都被大量衰減，最終的構象（更不必說概念了）與「物自體」大異其趣。艾耶爾在評論二人觀點的分歧時說，皮爾遜堅持唯名論的論題，該論題稱自然定律是我們的理智構造。換句話說，皮爾遜與皮爾斯早期的觀點是一致的：定律的命題不是事實的表達，而僅僅是我們排列它們的方法的表達❸。看來，立場的轉變使得皮爾斯對皮爾遜橫挑鼻子豎挑眼。

皮爾斯的第三個批評是，皮爾遜力圖勸服我們相信，預言不是科學的一部分，科學只是描述感覺印象。他指出，這也許是徹底摧殘科學進步的準則，況且感覺印象也不能被描述。在這裡，皮爾斯顯然沒有細心閱讀皮爾遜的書，因而他的批評只能是唐吉訶德與風車的搏鬥。首先，皮爾遜並未說科學描述感覺印象，而是說「科學是我們知覺的概念的描述和分類」(*GS*, p. 246)。其次，皮爾遜從未講過科學不能預言，翻遍皮爾遜的全書，我們也找不到皮爾斯所反對的觀點。相反地，皮爾遜倒是斷言：「科學定律具有普遍的有效性」「能夠預言什麼正要發生」(*GS*, pp. 94, 163)；「科學的目標是用概念的速記描述我們過去經驗的慣例，以預言未來為目的」(*GS*, p. 441)；「科學的使命是發現將能使人預言未來的感知性質的描述性公式」(*CD1*, p. 200)；「科學的價值」「必須通過它們能使我們分類、

它們的東西之一部分，而「分出」其餘的。皮爾斯的觀點是，我們的心智肯定不是、且不能夠是愛說謊的。假定它們如此，就是誤解了我們大家就真理和實在意謂的東西。

❸　A. J. Ayer, *The Origins of Pragmatism*, Freeman, Cooper & Company, 1968, p. 58.

描述和預言現象的廣度來評判」(*GS*, p. 200)。皮爾遜甚至堅持，不僅科學，而且歷史學也具有預言功能(*GS*, p. 430; *EF*, p. 412)。皮爾斯為什麼會犯這樣的明顯顛倒黑白的錯誤呢？他大概是對皮爾遜的「科學對過去是描述，對未來是信仰」(*GS*, p. 136) 一語留有印象，便想當然地以為皮爾遜否定科學的預言功能。其實，皮爾遜關於科學對未來是信仰（信念）的陳述，是在概率的意義上講的，即科學的歸納預言並不具有必然性，而是具有（很高的）或然性。至於皮爾斯的第四個批評，我們在3.4中已作了明白的闡述。

斯卡格斯塔德認為，皮爾斯不是一個首尾一貫的思想家，他為了擺脫工具論而樹立他的實用主義，除了皮爾遜他幾乎不能選擇更合適的批評對象了。他指出二人的觀點對抗是基本哲學立場的對抗，似乎是後來的馬赫和普朗克對抗的預演，但前一個案例更為複雜卻較少評論❹。內格爾(E. Nagel, 1901–1985)也認為，皮爾斯出於其哲學立場反對孔德和皮爾遜類型的實證論、馬赫和皮爾遜類型的感覺論❺。正由於皮爾斯的哲學批判主要是一種有立場、有前提、有定見的批判，所以既不能在邏輯和學理上、也不能在常識和事實上真正駁倒論敵——要知道，一種經過沉思的元哲學或哲學立場（前提或定見）像公理一樣，是無法用另一種元哲學或哲學立場撼動的。

❹　P. Skagestad, Peirce and Pearson: Pragmatism vs. Instrumentalism, *Language, Logic, and Method*, Edited by R. S. Cohen and M. W. Wartofsky, D. Reidel Publishing Company, 1983, pp. 263–282.

❺　E. Nagel, *Sovereign Reason and Other Studies in the Philosophy of Science*, The Free Press, Glencoe, Illinois, 1954, p. 90.

6.2　列寧的毀滅性批判

如果說皮爾斯是出於他的哲學立場對皮爾遜作尖銳批評的話，那麼列寧則是出於俄國革命的實際狀況，出於社會民主工黨內部意識形態鬥爭的需要，而把皮爾遜作為「革命大批判」的「活靶子」的。在1908年寫成、1909年出版的《唯物主義和經驗批判主義》❻中，列寧對皮爾遜進行了毀滅性的批判。他把皮爾遜也列入以馬赫為首的「反動的哲學教授」之列，宣稱他們「不過是神學家手下有學問的幫辦」，「他們中間任何一個人所說的任何一句話都不可相信」(pp. 349–350)。

平心而論，列寧對皮爾遜的批判並非完全沒有擊中目標。他指出，皮爾遜與馬赫一致，把實物和物體當作感性知覺，皮爾遜的唯一用語是感性知覺，而「不知道」馬赫的要素❼(pp. 46, 265, 89)；皮爾遜說物質是感覺的恒久可能性，是感性知覺群，甚至重複貝克萊宣稱物質是無(pp. 145, 89)。列寧一眼看出，皮爾遜的哲學是「純粹的主觀唯心主義」，皮爾遜是一個「徹頭徹尾的」「十足的唯心主義者」(pp. 89, 228)。他甚至贊同性地承認，「皮爾遜的哲學按其完整性和思考的周密性來說，大大地超過了馬赫哲學。」 (p. 47) 列寧

---

❻　我引用的版本是《列寧選集》第二卷，人民出版社（北京）， 1972年第2版，頁12–368。以下引用該書只注頁碼。請注意：該書把皮爾遜譯為「畢爾生」。

❼　我們把「感性知覺」(sense impressions)譯為「感覺印象」。皮爾遜讀過馬赫的《感覺的分析》(1886)和有關論文，完全了解馬赫的要素說，並在GS 少許使用過「要素」術語。

雖然對皮爾遜攻擊唯物主義大加譴責，但對皮爾遜坦率而誠實的態度似乎還抱有某種程度的讚賞。他說皮爾遜「一點也不想冒充唯物主義者」，「輕視一切哲學花招」，「瘋狂攻擊唯物主義」而沒有用要素「作遮羞布」，具有「特有的明確性」，是唯物主義的「認真而誠摯的敵人」(pp. 46, 89, 145, 161, 185)。

列寧查閱了皮爾遜的哲學「家譜」——貝克萊、休謨、康德、馬赫等，這當然無可厚非。不過，能列入皮爾遜「家譜」的哲學家、科學家和思想家何止這幾個人。尤其是，僅僅因為皮爾遜與前人有思想繼承關係，就把皮爾遜的哲學命名為「某人主義」，則未免失之輕率，起碼也有以偏概全之嫌。更何況像皮爾遜這樣的博採眾家之長，擷英前人之精的思想家，人們不費吹灰之力就可以給其戴上一大堆「某人主義」的「帽子」——這樣的「帽子」實在也太廉價了！例如，列寧僅僅依據皮爾遜吸取了康德的時空學說和人為自然立法的思想，就斷言皮爾遜「順利地達到了純粹康德主義的唯心主義」(p. 162)，關於皮爾遜反對康德的「物自體」和對康德的新解讀，則被列寧一筆勾銷了。也正是出於類似的「理由」，列寧稱皮爾遜是「瘋狂地攻擊唯物主義的英國馬赫主義者」，「最徹底的最明顯的馬赫主義者」(pp. 145, 265)。我們在下面談到皮爾遜與馬赫的思想交往時，就要涉及二人學說的差異。

至於列寧斥責皮爾遜哲學是唯我論、不可知論、信仰主義、實用主義，就純屬無的放矢或無中生有了。列寧贊同地引用了英國物理學家洛奇(O. J. Lodge, 1851–1940)的看法，也認為皮爾遜是「唯我論者」(p. 92)。事實上，皮爾遜通過自我與外部世界之間劃界的相對性和不確定性，通過人的感知官能和反映官能的同一，通過把客觀性詮釋為主體間性，就已經避免了唯我論。尤其是，他明確反

對把個體「我」看作唯一的客觀實體，不滿意「我」絕對支配宇宙觀念和「我」觀念 (*EF*, pp. 18–19)。列寧斷言皮爾遜「直接向不可知論者伸出了手」(p. 145)。其實，皮爾遜是堅決反對斯賓塞、赫胥黎和杜布瓦—雷蒙兄弟等人的不可知論的，他論述了科學的無知並不等於不可知，他只不過把形而上學和神學問題排除在知識領域之外而已。列寧指責皮爾遜是實用主義也是沒有根據的：皮爾遜既未標榜、也不具有實用主義——皮爾斯對他無情批判就是有力的反證。至於列寧指責皮爾遜相信「康德主義—馬赫主義的信仰主義的公式」，傾向於「精緻的信仰主義」(pp. 162, 312)：

> 這可真是天方夜譚了！作為一位堅定的科學懷疑論者和理性的推崇者，作為反對神學、迷信和教條的鬥士，皮爾遜怎麼會皈依信仰主義呢？事實上，皮爾遜已抽掉了作為最精緻的信仰體系之宗教的「主心骨」——人格化的上帝，並把它「異化」為有限與無限的關係的知識，從而與科學在某種程度上溝通起來。而且，他把科學信仰（信念）嚴格定義為「以概念模型和現象之間一致的統計經驗為基礎的概率」，並與神學信仰作了嚴格的區分 (*CD1*, p. 213)。這一切哪有一點信仰主義的痕跡和影子呢？

　　列寧之所以鬧出這些指鹿為馬的破綻，除了他指桑罵槐的政治動機驅使外，也與他並不十分了解皮爾遜有關。他似乎僅瀏覽了一下皮爾遜《科學的規範》第二版 (1900)，並沒有認真研討和完整把握皮爾遜的思想；此外，他對皮爾遜的生平和其他論著根本一無所知。否則，他決不會說出皮爾遜「不知道馬克思和恩格斯」(p. 46)

這樣的有「硬傷」——這純粹是想當然——的話來。關於列寧對皮
爾遜的評價和批判，霍爾丹評論說：來自對手的這類稱讚比不加批
判的門徒的稱讚、或宣稱對皮爾遜的處理作了改進的後繼者的屈尊
俯就的感激相比，要有價值得多。不管皮爾遜的哲學在他自己國家
的命運如何，《科學的規範》保證在列寧主義是正統的國家能被留
心閱讀 ❽。如果說霍爾丹的前一句話有一星半點可取之處的話，那
麼後一句話也純屬想當然。事實上，無論在前蘇聯還是在中國，人
們只是順著列寧的調門愈演愈烈地口誅筆伐所謂的馬赫主義者，又
有幾個人去留心閱讀、嚴肅研究皮爾遜及其《科學的規範》呢?

6.3　時人和後人的零散評論

在世紀之交，尤其是在《科學的規範》第一版(1892)和第二版
(1900)出版之後，皮爾遜的科學哲學思想曾在當時的學術界激起較
大反響，儘管時人的這些反響均屬零散的評論而非系統的研究。

在1892年的《心》中，一位匿名作者敵意地批評了皮爾遜的感
覺印象和構象概念，認為皮爾遜的感覺論是不融貫的，皮爾遜的書
是粗糙構想的和倉促發揮的 ❾。狄克遜(E. T. Dixon)在1892年的《自
然》中的評論也幾乎沒有什麼讚美。他批評皮爾遜這位徹底的觀念
論者不僅把外部事物，而且把所有其他意識都視為非實在的，從而
陷入難以解脫的困境。皮爾遜要擺脫困境，唯有承認獨立於我們感

---

❽　J. B. S. Haldane, Karl Pearson, 1857–1957, *Biometrika*, 44(1957), pp.
303–313.

❾　A. Pyle, Introduction, 參見 K. Pearson, *The Grammar of Science*,
Thoemmes Antiquarian Books Ltd., Bristol, 1991.

覺印象的客觀實在，可是這樣他的書每一頁都得重寫❿。勞埃德·摩根在1892年的《自然科學》中，批評皮爾遜站在觀念論立場上而否認自然科學的論斷：現象世界存在於觀察者的精神之外 (p. 185)。而賴爾 (R. J. Ryle, 1854-1922) 則在同年同一雜誌上稱讚皮爾遜的書：我們也許第一次在英國學者的著作裡看到對康德學說的基本真理的完全承認，對康德學說所作的簡短而明晰的說明(p. 186)。可是，本特利(M. Bentley, 1870-1955)在1897年的《哲學評論》中則撰文指出，皮爾遜學說的矛盾是無法調和的，因為他起初認為心智存在於空間中，然後又認為空間存在於心智中⓫。諾斯克 (G. Noske, 1868-1946)在1897年的《思想》中揭示出，皮爾遜的學說不過是貝克萊的真正偉大的學說的回聲。羅狄埃(G. Rodier, 1848-1910)則在1898年的《哲學評論》中指明，皮爾遜是一個十足的觀念論者。(p. 228)辛格(E. A. Singer)在1900年的同一雜誌中，批評皮爾遜把感覺印象轉化為形而上學的物自體，以及求助於正常人之觀察者在主觀的感覺印象的不牢固基礎上建立客觀的和非私人的科學⓬。詹姆斯(W. James, 1842-1910)卻把科學家馬赫、皮爾遜、奧斯特瓦爾德和彭加勒列入他的同盟軍之中，認為他們的工作為他的實用主義提供了詮釋⓭。他在論述自然定律時，讓人們參考皮爾遜的《科學的規範》第三章⓮。

---

❿　同前注❾。

⓫　同前注❾。

⓬　同前注❾。

⓭　J. T. Blackmore, *Ernst Mach: His Work, Life, and Influence*, University of California Press, 1972, p. 126.

⓮　W. 詹姆斯：《徹底的經驗主義》，龐景仁譯，上海人民出版社（上海），1965年第1版，頁79。

　　皮爾遜後來也受到不少（科學）哲學家的關注，他們在論著中
曾不時提及他的思想和著作。例如，拉卡托斯 (I. Lakatos, 1922–
1974)似乎把皮爾遜視為證偽主義的先行者，他說：方法論證偽主義
是近代統計學一些有趣發展的哲學基礎，奈曼－皮爾遜方法完全依
賴於方法論證偽主義❶。漢森(N. R. Hanson)在論述物理學定律的邏
輯地位時，曾提及皮爾遜等人表明物理學家多麼容易隨動力學的語
句和公式而改變其思想，並認為奧斯特瓦爾德、馬赫、皮爾遜對待
原子概念的態度是很嚴謹的❶。巴伯(I. G. Barbour)評論了皮爾遜關
於理論是材料概括的實證論觀點，並引用了皮爾遜就原子所作的論
述❶。巴斯摩爾在他的哲學史著作中不下七八次論及皮爾遜，他稱
《科學的規範》具有廣泛的影響，並表明：

　　　　我們一直在考慮的其他著作家，例如馬赫、皮爾遜、克利福
　　　　德、赫茲、迪昂、彭加勒，由於這些人的共同努力，勾畫出
　　　　已引起當代哲學家注意的「科學哲學」的大部分內容。❶

雷謝爾(N. Rescher)引用了精明的皮爾遜的近似為真的論述，他認為
皮爾遜關於科學進步在於用越來越綜合的公式闡明越來越廣泛的現

❶　I. 拉卡托斯：《科學研究綱領方法論》，蘭征譯，上海譯文出版社（上
　　海），1986年第1版，頁35。

❶　N. R. 漢森：《發現的模式》，邢新力等譯，中國國際廣播出版社（北
　　京），1988年第1版，頁101, 231。

❶　I. G. 巴伯：《科學與宗教》，阮煒等譯，四川人民出版社（成都），1993
　　年第1版，頁209。

❶　J. 巴斯摩爾：《哲學百年・新近哲學家》，洪漢鼎等譯，商務印書館(北
　　京），1996年第1版，頁365, 371。

象的觀點，清楚地抓住了「現象」一詞在科學中的使用及其意義之關鍵[19]。

　　科學史家好像也沒有忘記皮爾遜的科學貢獻和思想影響。例如，丹皮爾在他的有影響的著作中至少六七次提及皮爾遜，他論述了皮爾遜對生物統計學和優生學的貢獻和意義，分析了生物統計學派與對手的爭論，還評論了皮爾遜的社會達爾文主義和進化論的認識論思想以及對不可知論的批評。他在〈科學哲學及其展望〉一章中，詳盡而系統地敘述了從十九世紀物理學的樸素實在論，直到馬赫和皮爾遜的感覺論（後者主張科學僅能提供一個概念上的現象模型），最近又發展到羅素和懷特海(A. N. Whitehead, 1861–1947)的數學的半實在論。他指出，正是馬赫和皮爾遜，重新引起科學家對認識論問題的注意，並且企圖把當時盛行的粗淺的實在論轉變為感覺論或現象論[20]。梅森(S. F. Mason)在他的科學通史中引用了皮爾遜的《從科學的觀點看民族生活》，評論了皮爾遜的社會達爾文主義思想[21]。拜納姆(W. F. Bynum)等人也在他們編寫的科學史工具書中多處提到皮爾遜，肯定皮爾遜創辦了世界上第一個應用統計學系和《生物統計學》雜誌，形成了皮爾遜學派，使倫敦一度成為世界上統計學的科研和教學中心[22]。

[19]　N. Rescher, *Scientific Progress*, University of Pittsburgh Press, 1978, pp. 51, 145.

[20]　W. C. 丹皮爾：《科學史及其與哲學和宗教的關係》，李珩譯，商務印書館（北京），1975年第1版，頁425, 434, 439, 465, 425, 631, 608。

[21]　S. F. 梅森：《自然科學史》，周煦良等譯，上海譯文出版社（上海），1980年第1版，頁396。

[22]　W. F. 拜納姆等：《科學史詞典》，宋子良等譯，湖北科學技術出版社（武漢），1988 年第1版，頁69–70, 640–641。

　　進入1990年代，關於皮爾遜研究的專著似未問世，但零散的評論卻不時在各種書刊中出現。現將我順便查找到的文獻按出版年代列舉如下。加德納(M. Gardener)在書中披露，哈佛天文學家格雷戈里(B. Gregory)遵循皮爾遜等人的步伐，認為物理學家不是發現而是發明自然定律；他們不否認存在我們與之相互作用的外部世界，但是除了我們經驗到的東西，我們不知道它，從而不能認真談論關於獨立於人的精神的「在那之外」(out there)的結構㉓。科克爾曼斯利用兩頁篇幅概述了皮爾遜的科學貢獻和哲學思想，認為皮爾遜是關心自然科學基礎的主導的經驗論哲學家㉔。巴茨 (R. E. Butts) 指出，皮爾遜的《科學的規範》是對科學的實證論研究，皮爾遜的哲學是建構論的觀念論和感覺論；劍橋的赫歇耳和惠威爾在1840–1860年代對歸納哲學的強調，後來被以皮爾遜、杰文斯、貝爾福(A. J. Balfour, 1848–1930)和其他人為代表的對科學持不同態度的人的主張代替了㉕。里杰特(H. Reget)認為皮爾遜的著作是令人讚美的，他贊同斯卡格斯塔德對皮爾遜的工具論哲學的綜述：

> 科學僅能發現經驗論的概括。除非可以充分地被還原為經驗論的概括，從而只是作為概念速記為概括服務，否則便說明它們本質上超越了科學的範圍。㉖

㉓　M. Gardener, *On the Wild Side*, Buffal, New York, 1992, p. 78.

㉔　J. J. Kockelmans, *Ideas for a Hermeneutic Phenomenology of the Natural Sciences*, Kluwer Academic Publishers, 1993, pp. 4, 29–30. 與皮爾遜相提並論的有赫歇耳、穆勒、杰文斯、(皮爾遜)、坎貝爾、石里克和布里奇曼(P. W. Bridgman, 1882–1961)。

㉕　R. E. Butts, *Historical Pragmatics, Philosophical Essays*, Kluwer Academic Publisher, 1993, pp. 336–337.

布雷斯韋特(R. B. Braithwaite)提出，像馬赫和皮爾遜這樣的許多科學家隱含地回答了電子之類的理論概念以什麼方式成為經驗的概念（通過否認電子是經驗概念無法回答），而羅素則在「邏輯建構」學說中明確給出了答案。他表示與從馬赫和皮爾遜到杰弗里斯 (H. Jeffreys) 就科學哲學寫作的大多數科學家一樣，都贊成休謨論題的原則部分——定律的共相客觀上恰恰是事實的共相，在自然界不存在必然關聯的多餘要素。也就是說，必然關聯的觀念是從我們關於性質的連續結合中推斷出來的，而不是由在本性上高於連續結合的任何東西中推斷出來的❷。

在近兩年出版的英語科學哲學著作中，我也幸運地找到了一些討論皮爾遜思想的資料片斷。韋納特(F. Weinert)評論了皮爾遜關於定律本性的工具論觀點：定律是人類精神強加於現象領域的描述形式，科學研究的目的是把現象組織成提供最經濟展示的首尾一貫的網絡。就其真正的本性而言，工具論與其說關心自然定律，不如說關心科學定律，因為作為規則性陳述的定律的起源似乎在於人的心

---

❷　Herman C. D. G. de Reget, *Representing the World by Scientific Theories*, Tiburg University Press, 1994, p. 6. 此外，斯卡格斯塔德在前注❹中把馬赫、石里克、詹姆斯、杜威(J. Dewey, 1859–1952)和皮爾遜作為工具論者相提並論。

❷　R. B. Braithwaite, *Scientific Explanation, A Study of the Function of Theory, Probability and Law in Science*, Thoemmens Press, 1953, Reprint 1994, pp. 52–53, 293–294. 羅素的學說是：「科學的哲學化的最高準則在於，無論在何處只要有可能，邏輯構造就被用來代替所指稱的實體。」也就是說，包含「電子」術語的每一個句子都能在不損失意義的情況下被翻譯為在其中僅出現指謂可以直接觀察的實體（事件、客體、性質）的句子。

智或人的語言的建構性能力。這種定律工具論觀點也可稱為定律觀念論，它是對康德超驗哲學的往事回憶：定律被視為人的精神的構象，是作為感覺印象的心理速記（皮爾遜）或對預期的限制（馬赫）起作用的。這種觀點在二十世紀對維特根斯坦 (L. Wittgenstein, 1889–1951)、沃森(W. H. Watson)、賴爾(G. Ryle, 1900–1976)、圖爾明(S. E. Toulmin, 1922–)、哈雷(R. Harré)和漢森頗有影響❷。拉維茨(J. R. Ravetz)似乎贊同皮爾遜對傳統科學觀（自然科學的結論是真的和必然的，人的判斷與它們無關）的反叛，因為皮爾遜看到，形而上學和教條曲解了科學的自我意識，妨害了科學的教導。他認為，皮爾遜關於科學先前與形而上學和教條進行的艱難戰爭已被其他人用文獻加以證明。他也注意到皮爾遜強烈強調科學方法和結果可以應用於社會問題❷。奧特(Otter) 在其評論後期維多利亞時代英國的哲學和社會思潮的著作中，把皮爾遜作為一個重要人物列舉出來，論述了皮爾遜的實證論的科學方法論和觀念論的殘餘，以及奠定在社會進化版本上的優生學理論❸。

❷　*Law of Nature Essays on the Philosophical, Scientific and Historical Dimensions*, Edited by F. Weinert, Walter de Gruyter: Berlin, New York, 1995, pp. 26–27.

❷　J. R. Ravetz, *Scientific Knowledge and its Social Problems*, Transaction Publishers, New Brunswick and London, 1996, pp. 18, 346.

❸　S. M. Den Otter, *British Idealism and Social Explanation, A Study in Late Victorian Thought*, Clarendon Press, Oxford, 1996, pp. 52, 70–71, 89, 138–139.

6.4　皮爾遜與馬赫和愛因斯坦

皮爾遜與馬赫無論從私人友誼還是思想關聯上講都是密切的 **❸**。皮爾遜在《精密科學的常識》出版後曾寫信給馬赫，說從細讀馬赫的《力學史評》中得到巨大支持 **❸**。他在《科學的規範》中多次提及馬赫(*GS*, p. 490)，引用了馬赫關於物理學領域與生理學或心理學領域劃分相對性的言論和畫圖以及思維經濟的言論，並把馬赫的《力學史評》和《感覺的分析》作為參考文獻列舉出來。

馬赫曾把《力學史評》題獻給皮爾遜，並在該書第三版序言中稱他們倆人的觀點在一切主要之點上一致，還把皮爾遜列入反對絕對運動觀念的相對主義者和高尚的研究者之列 **❸**。馬赫還把《感覺的分析》第三版題獻給皮爾遜，他在第二版的序言中提及，皮爾遜等人的言論表明他自己的書起到了應有的概要作用 **❸**。馬赫在《認識與謬誤》中表明，皮爾遜的觀點接近於他的觀點，他引用了皮爾遜關於科學定律的大段論述，並注明了出處 **❸**。

馬赫在科學思想和哲學思想方面對皮爾遜的影響（或二人共

---

❸　我們曾簡述過馬赫與皮爾遜的關係。參見李醒民：《馬赫》，東大圖書公司印行（臺北），1995年第1版，頁 261–262。

❸　同前注**❸**, p. 124.

❸　E. Mach, *The Science of Mechanics: A Critical and Historical Account of Its Development*, 6th Edition, The Court Publishing Company, LaSalle Illinois, U.S.A., 1960, p. 293.

❸　E. 馬赫：《感覺的分析》，洪謙等譯，1986年第2版，頁ii–iii。

❸　E. Mach, *Knowledge and Error,* D. Reidel Publishing Company, 1976, pp. 351, 361.

鳴）是全方位的。馬赫對經典力學（尤其是質量和力的概念）和機械論的批判、對絕對時空觀的否定、把動力學還原為運動學的嘗試，無疑啟發和感染了皮爾遜。馬赫的感覺論和實證論、反形而上學、統一科學、思維經濟原理、科學描述觀、進化認識論，以及馬赫哲學所流露出來的啟蒙和自由、懷疑和批判的精神氣質，也或多或少為皮爾遜所繼承，並加以發揚光大。

不用說，皮爾遜對馬赫哲學並非鸚鵡學舌，墨守成規。他像蜜蜂釀蜜一樣，在融會眾家（馬赫是其中之一）之長的基礎上也加進了自己的創造。與馬赫相比，既有背離和差異，也有深化和開拓。第一，皮爾遜沒有接受馬赫的要素說和要素一元論，他的哲學的邏輯起點是感覺印象。第二，馬赫極力避免觀念論，皮爾遜沒有馬赫那麼審慎和克制，他公開亮出自己的觀念論旗幟。第三，馬赫的哲學論述顯得零散。皮爾遜的哲學相形之下體系比較完整、邏輯比較嚴密、思想比較連貫、論述比較集中。它以感覺印象作為基石，以感覺論及其變種實證論、現象論、工具論為框架，把科學的認識論、方法論和科學觀、自然觀都恰如其分地囊括其中。第四，皮爾遜的反形而上學傾向比馬赫更為強烈，並把反神學、反迷信、反教條統統納入同一路向。第五，馬赫通過引入要素和清除形而上學統一科學，皮爾遜則更強調科學方法在科學統一中的巨大作用。第六，皮爾遜關於科學的社會功能、尤其是科學的精神價值的論述超越了馬赫。第七，馬赫是一位無神論者，皮爾遜並不主張無神論，但他的神又不是人格化的上帝，而是理性、真理和道德。第八，皮爾遜關於科學事實、科學概念、科學定律、時間和空間、原因和結果的觀點，也有不同於馬赫的諸多新意。

皮爾遜的思想在世紀之交也對科學家產生了舉足輕重的影響。

丹皮爾已經指出了這一點；霍耳頓(G. Holton)也注意到，許多國家有哲學頭腦的科學家在學生時代及此後不久，常常在他們發起參加的讀書俱樂部中著迷閱讀包括皮爾遜在內的許多作者的著作，它們向他們指出了通向新時代的道路❸。

　　愛因斯坦當時就是這樣的青年學子和年輕科學家。1902 年春，在索洛文(M. Solovine)的建議下，他們首先饒有興致地閱讀了皮爾遜的《科學的規範》。 此後，他倆和哈比希特(C. Habicht)組成了一個業餘學習小組——他們戲稱其為「奧林比亞科學院」(1902–1905)，認真攻讀和熱烈討論了諸多科學和哲學大師的著作❸。皮爾遜對經典力學中的質量、力、絕對時間和空間、絕對運動以及機械論的分析和批判，對重構牛頓力學定律的嘗試，無疑為愛因斯坦創立狹義相對論掃清了思想障礙，並且具有某種建設性的啟示。皮爾遜從馬赫和克利福德那裡繼承和發揚的把動力學還原為運動學、空間曲率可能是變化的、物質運動歸因於空間曲率、撤走客體空間不復存在、空間定域化、幾何學與物理學之關係的思想，恐怕對愛因斯坦創立廣義相對論也多少有所啟迪。不管怎樣，皮爾遜（還有馬赫和彭加勒）的懷疑和批判精神肯定對愛因斯坦具有巨大的感召力，激勵他衝破居統治地位的教條式的頑固，發動了本世紀初激動人心的物理

---

❸　G. Holton, *Science and Anti-Science*, Harvard University Press, 1993, p. 4. 霍耳頓提到的作者有馬赫、彭加勒、迪昂、還有亥姆霍茲、基爾霍夫、奧斯特瓦爾德、阿芬那留斯(R. Avenarius, 1843–1896)、海克爾、斯塔洛(J. B. Stallo, 1823–1900)、皮爾遜以及其他具有同類思想的人。

❸　《愛因斯坦文集》第一卷，許良英等編譯，商務印書館（北京），1976年第1版，頁568–571。他們當時閱讀的科學哲學著作有馬赫的《力學史評》、彭加勒的《科學與假設》、克利福德的《事物的本性》等近十種。

學革命。

愛因斯坦獨特而絕妙的多元張力哲學中包含著實在論、理性論、經驗論、約定論和整體論的因素❸。由此看來，他肯定不滿意皮爾遜的感覺論和觀念論哲學，但顯然從皮爾遜那裡汲取了經驗論和理性論的合理成分。尤其是他的科學概念是思維的自由創造和理智的自由發明、概念對於經驗的邏輯獨立性、概念是符號而非圖像的思想，與皮爾遜對於科學概念和定律的洞察確實會有某種聯繫。皮爾遜對科學方法的論述和強調，無疑也會給愛因斯坦留下深刻印象，愛因斯坦別具一格的科學方法❸中的邏輯簡單性原則、準美學原則和形象思維，也許明顯地受到皮爾遜所推崇的思維經濟和簡單性原理、科學的審美判斷、科學想像的影響。愛因斯坦的統一性、相對性和幾何化的科學思想和基旨，以及對宇宙的神秘感，對神秘主義、通神學、唯靈論的反對，對個人與社會的關係之思索，也有皮爾遜思想的影子。愛因斯坦在文章和公開講演中似乎從未提及並感謝皮爾遜，這也許是他所受惠的思想家和科學家太多了，而久負盛名的馬赫、彭加勒等人對他的印象又太強烈了。相反地，皮爾遜倒是注意到並幾次提及後起之秀愛因斯坦。《科學的規範》第三版新補寫的第十章專門列有「相對論」一節，其下所加的腳注中寫道：在這一節勾勒的觀念處於所謂的相對論的基礎，與該理論有關的主要人物是洛倫茲、愛因斯坦和閔可夫斯基❹。1922年，他在評論達

❸ 參見李醒民：《愛因斯坦》，東大圖書公司印行（臺北），1998年第1版，第一編，頁117–257。

❸ 參見李醒民：《人類精神的又一峰巔——愛因斯坦思想探微》，遼寧大學出版社（瀋陽），1996年第1版，頁147–186。

❹ K. Pearson, *The Grammar of Science*, Part Ⅰ—Physical, Third Edition,

爾文和愛因斯坦把哲學推向新階段時說：

> 幾乎沒有人說相對論扼殺了牛頓力學，但是他們並未附帶說，
> 現在和很長的年代，對力學和物理學問題——現在對我們日
> 常存在來說是基本的問題——達到99%滿意的答案將是牛頓
> 近似可以接近的。……
>
> 這些陳述輕視愛因斯坦嗎？相反地，作者相信，雖然相對論
> 現在修正十分微小的百分數的物理學問題的處理，但它將在
> 未來修正越來越多的處理。這是我們儀器的精確性的增長和
> 我們觀察能力不斷精心改進的問題。相對論在現時的根本重
> 要性在於，它正在改變而且必須改變我們對物理宇宙的態度
> 的方式。(KP, p. 126)

6.5　對維也納學派和邏輯實證論的影響

　　皮爾遜是現代實證論的一個重要的早期人物[41]，是邏輯實證論
的主要奠基者之一[42]，他早就發出了邏輯實證論的論題的先聲[43]。
在世紀之交，像皮爾遜這樣的具有新思想和新精神的哲人科學家，

　　New York: The Macmillan Company, 1911, p. 379.

[41]　P. Alexander, PEARSON, KARL, P. Edward, Editor in Chief, *The Encyclopedia of Philosophy*, Vol. 5 and 6, Macmillan, Inc., U.S.A., 1967, pp. 68–69.

[42]　同前註[8]。

[43]　同前註[18]，頁365。

開始對流行的傳統科學哲學觀點進行了廣泛的批判和修正，並力圖
為現代科學哲學的確立鳴鑼開道。亞歷山大評論說：

> 表面上看，這個時期的哲人科學家的工作似乎是把經驗論哲
> 學家的觀點密切地應用於科學家的工作，並嘗試說服科學家
> 相信他們。但是事實上，在哲學家和科學家兩方面占優勢的
> 關於科學的方法和目的大多觀點都被這些人及其在他們影響
> 下的後來人所質疑。在最重要的人物中，有馬赫、赫茲、彭
> 加勒和迪昂；毋庸置疑，他們大大有助於現在在英美所採納
> 的課題的進路，他們為這種進路內的各種觀點奠定了基礎。
> 我們能夠在卡爾・皮爾遜的工作中，在維也納學派對於赤裸
> 的感覺記錄和科學理論的形成以及他們對拒斥形而上學的興
> 趣中，在卡爾・波普爾及其追隨者的反歸納主義理論中，在
> P. W. 布里奇曼的操作論中，在 C. I. 劉易斯 (Lewis, 1883–
> 1964)概念論實用主義中，甚至在路德維希・維特根斯坦的語
> 言進路中看到。其對科學理論本身的影響，也許在量子論的
> 哥本哈根詮釋中顯著地表現出來。**❹**

---

❹　P. Alexander, The Philosophy of Science, 1850–1910, *A Critical
History of Western Philosophy*, Edited by D. J. Conner, Free Press, New
York, 1964, pp. 402–425. 亞歷山大之所以把皮爾遜排除在以馬赫為首
的名單之外，固然在於皮爾遜沒有馬赫等人的名氣大，更在於後人(包
括亞歷山大在內) 對皮爾遜沒有認真研究，所以無法準確定位。其實，
迪昂在相當長的時期內也無多大名氣，只是在1950年代尤其是1980年
代之後，其哲學地位才廣為人知。要知道，皮爾遜本來就是以馬赫為
首的批判學派的代表人物之一。

亞歷山大的評論從總趨勢上講是深中肯綮的，但有一個不容忽視的缺憾和偏差，這就是應把皮爾遜列入從馬赫到迪昂的名單之中。只有如此才顯得順理成章，又符合歷史事實。

確實，皮爾遜的思想對維也納學派有不可忽視的影響。維也納學派的組織者和發言人紐拉特 (O. Neurath, 1882–1945) 雖然在該學派的宣言 (1929) 中沒有把皮爾遜列入思想先驅者的名單，但卻在文章中承認:「我從馬赫的著作，從彭加勒、迪昂、恩里奎斯 (F. Enriques, 1871–1946)❹⑤、阿芬那留斯，後來又從杰文斯、阿伯爾·萊伊 (Abel Rey, 1873–1940)、威廉·詹姆斯、卡爾·皮爾遜和伯特蘭·羅素那裡獲知了許多東西。」❹⑥拉特 (H. Rutte) 的研究確認了這一點，他還給名單中添上了惠威爾的名字❹⑦。

維也納學派的領袖石里克研讀過《科學的規範》，他在1925年發表的〈自然哲學概覽〉中引用了皮爾遜的書（第三版）以及批判學派其他代表人物的論著作為參考文獻，其中所涉及的不少論題是皮爾遜討論過的❹⑧。石里克關於哲學不是命題體系而是分析命題的

---

❹⑤　恩里奎斯是意大利數學家、邏輯學家，羅馬大學教授。他在認識論上接近馬赫的立場，但在對於實在的認識方面則強調與感覺並列的意志的意義。他開創了符號邏輯，撰寫了以嚴密的邏輯形式化貫徹始終的幾何學教科書，並以邏輯史家為人所知。

❹⑥　O. Neurath, *Philosophical Papers 1913–1946*, Edited and Translated by R. S. Cohen and M. Neurath, D. Reidel Publishing Company, 1983, p. 217.

❹⑦　H. Rutte, The Philosopher Otto Neurath, Rediscovering the Forgotten Vienna Circle, *Austrian Studies on Otto Neurath and the Vienna Circle*, Edited T. E. Uebel, Kluwer Academic Publishings, 1991, pp. 81–94.

❹⑧　M. Schlick, *Philosophical Papers*, Vol. II (1925–1936), Edited by H. L. Mulder et., D. Reidel Publishing Company, 1979, pp. 1–90.

邏輯方法、形而上學不可能和形而上學是概念的詩歌、實在問題是形而上學問題等❹，似乎也有皮爾遜思想的痕跡。至於石里克的一些具體論述，如定律是描述而非規定，定律的必然性意味普遍有效而非約束，定律與法不同，力非原因，科學必須放棄因果原理的絕對真實性而滿足於概率性的預測等❺，則明顯地打上了皮爾遜思想的烙印。

維特根斯坦是二十世紀最有影響的定律工具論者。他認為把自然定律視為「自然現象的說明」只不過是「幻想」，並把牛頓力學這樣的科學理論與用來把宇宙描述引入一個統一形式的概念網相比較。他補充說，能夠存在不同的描述世界的體系，世界能夠用牛頓力學描述的事實「並未就世界作什麼斷言」。「因果律不是法，而是定律的型式」，「是對科學命題的可能型式的先天洞見」❺。不難看出，這些論述是與皮爾遜的思想相通的。此外，卡爾納普(R. Carnap, 1891–1970)曾在一本著作中把皮爾遜的《科學的規範》各版本及兩篇統計學論文作為參考文獻列出過❺。賴興巴赫 (H. Reichenbach, 1891–1953) 也在著作中多次提及皮爾遜❺。

---

❹ 洪謙:《維也納學派哲學》，商務印書館 (北京)，1989年第1版，頁3–19。

❺ M. 石里克:《自然哲學》，陳維杭譯，商務印書館 (北京)，1984年第1版，頁19, 57, 72。

❺ 同前注❷。也可參見: L. 維特根斯坦:《名理論》，張申府譯，北京大學出版社 (北京)，1988年第1版，(6.371), (6.341), (6.342), (6.32–6.34)。

❺ R. Carnap, *Logical Foundation of Probability*, The University of Chicago Press, 1951, p. 594.

❺ H. Reichenbach, *Logical Empiricism*, Edited by W. C. Salmon, D. Reidel Publishing Company, 1979, pp. 404, 422, 425, 741.

如前所述，艾耶爾和內格爾都就皮爾斯對皮爾遜的批評發表過評論，他們不用說是了解皮爾遜思想的。內格爾還就皮爾遜的現象論評述說，這種形式的現象論在貝克萊、休謨和穆勒的著作中有其歷史，馬赫也屬於這個群體，皮爾遜、羅素、布里奇曼和丁勒 (H. Dingle, 1881–1954)也是如此。他繼續寫道：

> 按照這種現象論的知識論，在心理學上原始的和明確的對象都是內省的和感覺的經驗之「感官內容」的即時「印象」。而且，如果固有地不可知的（因為在觀察上是不可接受的）事物的假設不得不被避免的話，那麼所有明顯涉及到這樣的假設的對象（這包括常識的物理對象）的表達都必須借助這些即時的資料來定義。因此，每一個包含標示這些資料（或資料的複合）之外的表達的經驗陳述，都必須原則上能夠在沒有在可證實意義損失的情況下，被翻譯為關於被指稱的即時的經驗對象的接續或共存的陳述。

內格爾還分析了皮爾遜對於在感覺印象彼岸的「外部世界」、「物自體」以及必然性的「主觀的」闡述[54]。費格爾 (H. Feigl, 1903–)數次把皮爾遜的《科學的規範》作為參考文獻列出[55]。亨佩爾 (C. G.

---

[54]　E. Nagel, *The Structure of Science, Problems in the Logic of Scientific Explanation*, Harcourt Brace & World, Inc., New York, 1961, p. 120.

[55]　例如 *Readings in Philosophy of Science*, Edited H. Feigl and M. Broadbeck, New York, Appleton–Century–Crofts, Inc., 1953. H. Feigl, *Inquiries and Provocations, Selected Writings, 1929–1974*, Edited by R. S. Cohen, D. Reidel Publishing Company, 1981.

Hempel, 1905–)評論說,一些科學家和哲學家——在他們之中有馬赫、阿芬那留斯、奧斯特瓦爾德和皮爾遜——堅持認為,科學力圖給世界以經濟的或異常節約的描述,意在表達自然定律的普遍假設是為思維的經濟方便,有助於把無限數目的特例壓縮到一個簡單的公式裡。從這種觀點來看,在幾個競爭的假設中採用最簡單的似乎是完全有理的 ❺❻。

　　以上只是微觀的概略考察。從宏觀上看,皮爾遜對維也納學派和邏輯實證論(包括語言哲學和分析哲學在內)的影響也是不可小視的。皮爾遜的徹底的經驗論原則 ❺❼、反形而上學的影響是不言自明的,加上他的科學統一思想,從而構成邏輯實證論的三個共同的主導取向 ❺❽。我們知道,皮爾遜認為,實證知識的分支緊密編織在一起,科學形成一個整體而不可分割,科學的統一在於方法;皮爾遜在科學分類時在三大分支中設置了兩個交叉鏈環,並且把自然科學、社會科學和人文科學納入統一的分類框架內。這些統一科學的理論和實踐,無疑對後來者是一種有益的啟示;巴斯摩爾注意到這一點,他說:「皮爾遜和他的後繼者一樣,堅持科學的統一性和包容一切性。」❺❾

---

❺❻　C. G. Hempel, *Philosophy of Natural Science*, Prentice–Hall, Inc., 1966, pp. 42–43.

❺❼　例如,巴斯摩爾指出,無論可證實原則源自何處——並且它只不過是把馬赫和皮爾遜的方法加以形式化——它很快就被認作邏輯實證論最重要的原則。魏斯曼(F. Waismann, 1896–1959)在1930年首次明確陳述了這一原則,隨後立即就引起了關於這一原則的性質、意義和合理性的爭論。參見前注❶❽,頁415。

❺❽　馬赫對邏輯實證論的影響也集中體現在這三個共同的主導取向上。參見前注❸❶,頁337–350。

　　皮爾遜對分析哲學和語言哲學發展的激勵和啟迪，也能由他的
思想和行動窺見一斑。皮爾遜把科學視為一個語言系統，十分重視
語言的正確使用和術語的精確定義。他強調：「《科學的規範》的目
標主要表明，缺乏明晰的定義如何導致近代科學的形而上學的朦朧
性。」(*GS*, p. 454) 他對近代物理學許多語言的形而上學特徵表示強
烈的不滿，認為其語言必須重新加以考慮和改造，以便用簡潔而精
確的語言方便地描述廣大範圍的現象。為此，他不僅仔細澄清物質
和力等術語的混亂，而且極力分析和釐清定律（法）、 機械論、因
果性乃至知識、信仰等概念。他對物理學中的形而上學術語侵入生
物表示憂慮，號召人們警惕「術語騙局」，重視「科學術語的詮釋」
和「科學語言的學習」(*GS*, pp. 71, 13)。此外，皮爾遜的自由思想
和社會主義主張，也許通過紐拉特對以紐拉特為代表的維也納學派
的「左翼」不無影響。要知道，紐拉特本人也是一位激進的社會主
義者。

㊿　同前注⓲，頁365。

第七章　皮爾遜思想在中國

峥嶸中山陵，中外負盛名。

虎踞紫金山，鳥瞰石頭城。

浩氣貫牛斗，流芳並柏松。

先生應笑慰，神州正東風。

——李醒民:〈南京中山陵〉

本世紀初葉，在中國一批先知先覺的知識分子篳路藍縷、慘淡經營下，西方現代科學和現代科學哲學（尤其是哲人科學家的科學哲學）逐漸進入國門。皮爾遜思想也應運西來，為中國學術界和思想界所熟知。其影響之大甚至超過大名鼎鼎的馬赫和彭加勒，這不能不使人擊節稱奇。（此外使人驚異的是，當時學術界對西方科學哲學的了解遠勝於1950–1970年代的中國人，當時學人對於科學精神和科學文化意蘊的理解遠高於今人。）皮爾遜❶思想是通過中國科學社的《科學》雜誌的介紹、科玄論戰和《科學的規範》的迻譯在中國傳播的，下面我們將分而述之。

---

❶ 「皮爾遜」在中文文獻中有多種譯法，如披耳生、皮爾生、皮耳孫、皮耳生、畢爾生、皮爾孫等。本章引用原始文獻時逕用原譯名，不再統一，請讀者留意。

7.1 中國科學社的《科學》雜誌的評介

中國科學社 (The Science Society of China) 是中國近現代規模很大、影響很廣的綜合性民間科學團體。1914年6月，在美國康奈爾大學等校留學的中國學生胡明復 (1891–1927)、趙元任、周仁、秉志、章元善、過探先、金邦正、楊銓（字杏佛，1893–1933）、任鴻雋(1886–1961)九人本著科學立國、傳播科學的志向，以「聯絡同志，研究學術，共圖中國科學之發達」為宗旨，發起成立科學社，創辦《科學》月刊。次年1月，《科學》雜誌在上海出版發行。1915年10月25日，由胡明復、鄒秉文、任鴻雋三人起草的新社章獲七十餘名科學社會員通過，科學社遂更名為中國科學社。在會員大會上，任鴻雋（社長）、趙元任（書記）、胡明復（會計）、秉志、周仁五人當選為第一屆董事會董事、楊銓任編輯部長。1918年中國科學社辦事機關移至國內，1920年定址在南京成賢街。到1949年，該社社員已達3776人，遍及科學技術的各個領域。該社在科學名詞審定、科學教育和普及、科學講演和展覽、科學出版、科學諮詢、對外科學交流、科學獎勵等方面殫精竭力，為推動中國科學事業的發展作出了不可磨滅的貢獻。

《科學》雜誌到1949年共出刊32卷（1950年停刊），除刊登研究論文、介紹各門科學知識的現狀和發展外，還發表了為數可觀的探討科學本性、科學方法、科學精神方面的文章，大多數出自胡明復、任鴻雋、楊銓之手，其中涉及到皮爾遜科學哲學之處頗多。這些文章後由中國科學社彙編為《科學通論》，於民國八年(1919)三月在上海出版❷，民國二十三年(1934)一月增補再版❸。

　　胡明復❹在其有名的〈科學方法論〉❺中討論了科學的範圍、方法和定律時，除偶爾借鑒了朴完卡雷〔彭加勒〕和馬赫的見解外，他多次引用皮爾遜的觀點，或在其觀點上加以發揮。在談到科學的範圍和材料時，胡明復說，顧科學範圍大矣：若質，若能，若生命；若性，若心理，若社會，若政治，若歷史。舉凡一切事變，孰非科學應及之範圍？雖謂之宇宙可也。披耳生曰❻：「夫科學之資材，蓋與宇宙齊限，非僅限於現今實在之宇宙而已也，凡幷宇宙以內生物所有過去未來之歷史盡屬焉。苟令過去未來現在之事變無一不經研究分析類別而與他事相聯絡矣，則科學可謂已造其極。然此非謂人生不絕，入史不輟，則科學其永無終期乎。」且夫事理之繁，變端之奇，種類之多，性質之異，在在增加科學之困難。學者目眩智迷，莫知所從，乃於無窮中取其同異，通其變化，溯其通則，不亦難乎。則其科學方法之重要，可想而知矣。

　　於是，胡明復順水推舟，轉入科學方法的議論。他進而寫道：「且夫科學何異於他學乎？謂其取材不同乎？則哲學與文學，皆取

---

❷　中國科學社編：《科學通論》，中國科學社出版（上海），1919年。

❸　中國科學社編：《科學通論》，中國科學社出版（上海），1934年。本節所引資料，大都出自該書。

❹　夏安：〈胡明復的生平及科學救國道路〉，《自然辯證法通訊》，第13卷（1991），第4期，頁66–76。

❺　胡明復：〈科學方法論一〉、〈科學方法論二〉，民國四年《科學》第二卷第七期。同前注❸，頁115–125，126–131。此文後曾以單行本刊印。胡明復引用皮爾遜的言論出自《科學的規範》第2版(1900)，文末列的參考書卻是第3版(1911)。

❻　胡明復在此加注：Karl Pearson, *The Grammar of Science*, Second Edition, 1900, p. 12.

材於自然，而皆不以科學稱。且科學之中，每有彼此之間猶南轅之與北轍，而有時反與非科學相關至密切者。夫取材相同而科學與非科學乃判然兩分，物質不類而反同列為科學，是何故歟？蓋科學必有所以為科學之特性在，然後能不以取材分。此特性為何即在科學方法。」他接著另起一段，引用了皮爾遜的關於科學方法的論述。披耳生曰❼：

> 苟科學方法能成習慣，則凡是皆可成科學，此為科學方法之特點。科學之範圍無限，取材無窮，舉凡自然之現象與社會之生活，文化發展之過去未來，皆為科學之資材。科學之主體在其特異之方法，而不在資材之為何種，有搜集事變而分析類別之察其關聯通理者，無論其事之為何物，概為應用科學方法，而以科學家名之。然此事變，可為人類歷史之過去，可為通都大邑之統計，可為極遠星球上之大氣，可為蠕蟲腹內之消化器，亦可為微生物之生活史。非所論之資材有以定其為科學與否，而其方法實為之。

胡明復由科學方法又因勢利導地轉入科學定律的討論，其中體現了皮爾遜關於科學定律的觀點和感覺論的哲學。他說，科學方法在徵集事變而求其通則。事變之通則，謂之科學律例。科學觀察事變，辨其同違，比較而審察之，分析而類別之，得其事之常，理之通，然後綜合會通成律例，此科學律例之由來也。科學律例，其即自然之真理乎，蓋大有研究之地。外界變動，侵及五官，五官復藉神經之媒介，傳入大腦，乃生感覺。故凡有事變，自其起于外界之

---

❼　胡明復在此加注：同前注❻, p. 12.

初，至其為吾人感覺之頃，其間所經媒介物層數眾多。是則吾人所謂事變，殆吾人腦中所有外物之影像耳，其非真正的事變可斷言也。第其諸層媒介之所用，各有定程，外界一舉一動，於內心必有相等之影像。故內外相應，無有錯亂，若吾不審，則且認為此影響為真物矣。然惟以其內外相應，無有錯亂，故吾人感覺中之事變之通則，於外界亦有相當之事理與之對應。誠如此言，則科學之律例〔定律〕例殆非真正之事理，蓋吾人意象中之真正事理也。至此，胡明復以十足的皮爾遜口吻說：「吾人之所謂科學事實與科學律例，其不得捨人類而言者，又昭然也。」「科學律例不特有待於人類，而且為人類之所產出。」「科學律例要為人造，人智之產物也。與其謂自然與人以律例，毋寧謂人與自然以律例矣。」

任鴻雋❽頻頻在《科學》上撰文。他深諳皮爾遜強調科學精神及其價值、反對科學功利主義和實用主義的真諦，結合中國國情和本人的理解，就科學精神、科學方法和科學教育發表了許多鞭辟入裡的見解。他說，以為科學者，即奇制與實業之代表。吾國近日朝野上下，知講科學矣。吾敢謂其對於科學之觀念，尚不出科學與功利之間也。夫奇制實業者，科學之產物。奇制實業不得為科學，猶鴞炙之不得為彈也。故以奇制實業求科學者，其去科學也千里。明乎科學之非物質的、功利的，則當於理性上學術上求科學矣。在任鴻雋看來，科學以自然現象為研究之材料，以增進知識為指歸，故其學為理性所要求，而為向學者所當有事，初非預知其應用之宏與收效之巨而後為之也。科學精神者何？以崇實貴確之態度求真理是已。真理之為物，無不在也。科學之所知者，以事實為基，以試驗

---

❽　樊洪業：〈任鴻雋：中國現代科學事業的拓荒者〉，《自然辯證法通訊》，第15卷(1993)，第3期，頁66–76。

為稽，以推用為表，以證實為決，而無所容心於已成之教，前人之言❾。針對有人把科學視為物質和功利主義，從而把科學家看作貪財好利、爭權徇名的人物，他一針見血地指出，這種見解的錯處，是由於但看見科學家的末流，不曾看見科學的根源；但看見科學的應用，不曾看見科學的本體。科學是學問而非技藝，科學的本質是事實而非文字。科學家是講事實學問以發明未知之理為目的的人❿。於是，他得出這樣的結論：

> 科學的影響完全在思想上，科學的根源完全在事實上，科學的方法可以應用到無窮無盡上。有了這幾層原因，我們說近世文化都是科學的，都是科學造成的，大約也不是過甚之言。⓫

如果說上面的宏論只是隱含地體現了皮爾遜的思想精髓的話，那麼任鴻雋的以下論述則是對皮爾遜觀點的直接發揮：「要之，科學之本質，不在物質而在方法。今之物質與數千年之物質無異也，而今有科學，數千年前無科學，則方法之有無為之耳。誠得其方法，則所見之事實無非科學者。不然，則盡販他人之所有，亦所謂邯鄲學步，終身為人廝隸，安能獨立進步之日耶。篤學之事，可以知所

---

❾ 任鴻雋：〈科學精神論〉，民國四年《科學》第二卷第一期。同前注❸，頁1–10。

❿ 任鴻雋：〈何為科學家〉，民國七年《科學》第四卷第十期。同前注❸，頁54–62。

⓫ 任鴻雋：〈科學與近世文化〉，民國十一年《科學》第七卷第七期。同前注❸，頁27–40。

從事矣。」❷尤其是，他關於科學教育的議論則是對皮爾遜言論的引述和引申：

> 要之，科學與教育上之重要，不在於物質上之知識，而在其
> 研究事物的方法；尤不在研究事物之方法，而在其所與心能
> 〔心智〕之訓練。科學方法者，首先分別事類，次乃辨明其
> 關係，以發現其通律〔定律〕。習於是者，其心嘗注重事實，
> 執因求果，而不為感情所蔽、私見所移。所謂科學之心能者，
> 此之謂也。此等心能，凡從事三數年自然物理科學之研究，
> 能知科學之真精神，而不徒事記憶模仿者，皆能習得之。以
> 此心能求學，而學術乃有進步之望。以此心能處世，而社會
> 乃立穩固之基，此豈不勝於物質知識萬萬哉。吾甚望言教育
> 者加之意也。❸

任鴻雋的這一切論述引起後來的研究者的注意，美籍學者郭穎頤曾對此作過引用和評論❹。但是，郭穎頤並不知道任鴻雋的諸多思想源於皮爾遜——這是用不著奇怪的。

楊銓在〈托爾斯泰(L. N. Tolstoy, 1828–1910)與科學〉❺中涉

---

❷　任鴻雋：〈說中國無科學之原因〉，民國四年《科學》第一卷第一期。
　　同前注❸，頁351–356。引文中的「物質」一詞，顯係譯自(*GS*, p. 15)
　　中的material一詞，該詞譯為「材料」較為確切。

❸　任鴻雋：〈科學教育〉，民國三年《科學》第一卷第十二期。同前注❸，
　　頁277–288。此段中的「物質」一詞譯為「材料」較妥。

❹　郭穎頤：《中國現代思想中的唯科學主義》，雷頤譯，江蘇人民出版社
　　（南京）， 1989年第1版，頁104–105。

❺　楊銓：〈托爾斯泰與科學〉，民國八年《科學》第五卷第五期。同前注

及到科學方法、科學與神學和迷信之區別時，沿用了皮爾遜的見解。他說，科學所研究之事物，以吾人官能知覺所能及為限，超乎官能知覺以外者，既非科學方法所能證驗解釋，則科學亦惟有自認不知而言。故披耳生曰：「科學對真正神學（此對自然神學如基督科學之類而言）與默示皆無所置答，以科學之事業完全在別一平面也 ⑯。……論科學涉及官能知覺以外事物之權利，實無爭點可言，以科學固明白自陳無此種權利也 ⑰。」他進而表示：

> 科學之要素在其方法，科學知識不過用此方法所得之結論耳，故披耳生謂：「一切科學之能和一，不在其材料而在其方法。」⑱ 何為科學之方法？即徵集事變類分之，簡析之，律之以假設，證之以實驗，假設與實驗符合，則律例成立。科學之知識可變，而方法不可變。……迷信與科學所異不在知識之廣狹，而在方法之有無，明矣。

此外，鄭宗海撰文指出：「科學教授，當以使學者能得科學精神為鵠。其進行之方，以圖表之如下：科學事實→科學定律→科學方法→科學精神。」⑲ 此言準確地把握了皮爾遜科學論的真諦和最高

---

❸，頁74–86。關於楊銓的生平和貢獻，可參見許為民：〈楊杏佛：中國現代傑出的科學事業組織者和社會活動家〉，《自然辯證法通訊》，第12卷(1990)，第5期，頁71–80。

⑯ 楊銓在此加腳注：*The Grammar of Science*, by Karl Pearson, p. 108.

⑰ 楊銓在此加注：Pearson, *Grammar of Science*, p. 110. 由此注和上注及下注的頁碼看，楊銓引用的是皮爾遜的《科學的規範》第三版(1911)。

⑱ 楊銓在此加注：Pearson, *Grammar of Science*, p. 12.

⑲ 鄭宗海：〈科學教授改進商榷〉，民國七年《科學》第四卷第二期。同

境界，其圖式是對皮爾遜思想的極簡極佳概括。梁啓超(1873-1929)
在批評有人把科學看得太低太粗、太呆太窄、太勢利太俗時說：

> 要而言之，科學是為學問而求學問，為真理而求真理。至於
> 怎樣地用它，在乎其人。科學本身只是有功無罪。我們摭拾
> 歐美近代少數偏激之譚，來掩飾自己的固陋，簡直自絕於真
> 理罷了。……有系統的真知識，叫作科學。可教人求得有系
> 統之真知識的方法，叫做科學精神。❷

這些主見與皮爾遜（以及彭加勒）的思想傾向和精神實質完全吻合，
顯然從中受到某種直接的或間接的啓迪。至於唐鉞在論述科學有益
於道德的七條精闢見解❹，也似乎能窺見到皮爾遜思想的蛛絲馬跡。

　　此外，《科學》還刊登了一些譯文，其中也直接或間接地涉及
到皮爾遜思想。唐鉞所譯的湯姆生(J. Thomson)〈科學之分類〉❷，
評介了培根、孔德、斯賓塞、貝恩(A. Bain, 1818-1903)和皮爾遜的
科學分類觀點，其中前三人也是皮爾遜在論述科學分類時評述過的。
在任鴻雋所譯的梅特卡夫（M. M. Metcalf，原譯梅加夫）的〈科學
與近世文明〉❷中，作者分析了社會主義和個人主義，認為二者分

　　前注❸，頁389-399。

❷　梁啓超：〈科學精神與東西文化〉，民國十一年《科學》第七卷第九期。
　　同前注❸，頁41-53。

❹　唐鉞：〈科學與德行〉，民國六年《科學》第三卷第四期。同前注❸，
　　頁289-298。

❷　參見民國四年《科學》第二卷第八期。同前注❸，頁135-170。該文
　　譯自J. Thomson, *An Introduction to Science*, Chapter 4.

❷　參見民國七年《科學》第四卷第四期。同前注❸，頁20-26。此文為

別代表保守和革新，皆社會進步所不可少之物也。易詞言之，前者篤附舊習，社會之所以可久；後者趣重新知，社會之所以前進也。他尋覓相當名稱把二者分別命名為習舊主義（traditionalism，今譯「傳統主義」）和科學精神(scientific spirit)。在他看來，保守與革新二主義，誠宜各據以宜，相互為用。如無此二主義者，常不易調劑而得其平，而且科學精神實含有大部分的有理的保守主義在內。如果說作者關於二主義的觀點與皮爾遜有顯著分歧的話，那麼他關於科學精神的議論則與皮爾遜如出一轍了，儘管文中並未注明：

> 助科學精神之長將奈何？徒意之固不可，師法他人亦有所未足。求厥要道，其在實行。日從事科學之研究，則科學精神不期而自至。故科學研究者，乃傳播科學精神之唯一方法也。……所謂科學精神者無他。即凡事必加以試驗，試之而善，則守之勿失，其審擇所歸，但以實效而不以俗情私意屬之是也。

7.2 「科玄論戰」中的皮爾遜

「科玄論戰」又稱「科學與人生觀」論戰，是中國現代思想史上不同哲學派別和思想流派關於如何看待科學以及科學與人生觀的關係之大論戰❷。1923年2月，張君勱(1887–1969)在《清華周刊》

Oberlin 大學教授梅特卡夫民國六年在中國學生會的演說辭，載美國《科學月刊》，由任鴻雋節譯在《科學》發表。

❷ 關於這場論戰，人們從歷史、政治和意識形態角度作了較多的探討，

發表了一篇人生觀講演。該講演把法國柏格森(H. Bergson, 1859–1941)的生命哲學和中國宋明理學調和在一起，主張自由意志和內心修養，宣稱「人生觀問題之解決，決非科學所能為力」[25]。地質學家丁文江（字在君，1887–1936）面對張君勱提倡玄學，與科學為敵，深恐有誤青年學生，遂本著為捍衛真理而戰之目的起而宣戰，在《努力周刊》（第48、49期）撰寫長文〈玄學與科學〉[26]予以批駁。其後，學術界和思想界的諸多名流紛紛參戰爭論，形成了以張君勱為首的玄學派和以丁文江為首的科學派。論戰的文章當年年底就被編輯成冊，以《科學與人生觀》和《人生觀之論戰》[27]刊行。

　　丁文江[28]在英國留學七年(1904–1911)，1908年入格拉斯哥大學攻讀動物學、地質學和地理學。他興趣廣泛，博覽群書，在英時

但從學理上尤其從科學思潮上的深入研究卻不多見。

[25]　張君勱：〈人生觀〉。參見亞東圖書館編：《科學與人生觀》（上、下），上海亞東圖書館印行（上海），1923年12月第1版，1935年6月第9版。

[26]　丁文江：〈玄學與科學——評張君勱的〈人生觀〉〉。同前注[25]。該文寫成於1923年4月12日，發表於4月15日和4月22日。

[27]　郭夢良編：《人生觀之論戰》（上、中、下），泰東圖書局（上海），民國十二年(1923)12月初版。本書與文獻[25]所收錄的文章略有不同。

[28]　關於丁文江的生平、貢獻和思想，可參見胡適：《丁文江傳》，海南出版社（海口），1993年第1版。胡適認為，丁文江是一個最有光彩又最有能力的好人；這是一個天生的能辦事，能領導人，能訓練人才，能建立學術的大人物。傅斯年認為，丁文江是新時代最善良最有用的中國人之代表，他是歐化中國過程中產生的最高菁華；他是用科學知識作原料的大馬力機器；他是抹殺主觀，為學術為社會為國家服務者，為公眾進步幸福服務者。羅素說：「丁文江是我所見中國人中最有才最有能力的人。」參見該書頁2, 1, 184。本段其他資料引自該書頁14, 34, 177–178, 179, 181–182。

對凱因斯 (J. M. Keynes, 1883–1946) 的經濟學書每本必讀，也熟悉邊沁 (G. Bentham, 1800–1884)、穆勒以及達爾文、赫胥黎、高爾頓、皮爾遜的著作和思想。丁文江回國後，曾用統計學研究過人體測量學、古生物學和中國歷史，可見他與皮爾遜的科學進路亦有合拍之處。據傅斯年回憶，他本人常讀的通論科學方法的書是彭加勒、馬赫、皮爾遜、羅素的，此外還有普朗克、愛丁頓 (A. S. Eddington, 1882–1944) 和金斯 (J. H. Jeans, 1877–1946) 的，丁文江說其中至少有三分之二的書也是他讀過的。由此可見，丁文江十分熟知皮爾遜，他在論戰中也確實是以馬赫、彭加勒，尤其是以皮爾遜的科學哲學和科學觀鍛造自己的思想武器的。

在〈玄學與科學〉中，丁文江揭示出，張君勱的議論的來歷，一半由於迷信玄學，一半由於誤解科學，以為科學是物質的機械的。針對張君勱等人附和梁啟超〈歐游心影錄〉中的觀點，丁文江強調說，縱使歐洲文化縱然是破產（目前並無此事），科學絕不負這種責任，因為破產的大原因是國際戰爭。對於戰爭最應該負責的人是政治家同教育家、玄學家，這些人仍然是不科學的。而他們卻絲毫不肯悔過，反要把罪名加到純潔高尚的科學身上，說他們是「務外逐物」豈不可憐。他義正辭嚴地斥責玄學真是個無賴鬼——在歐洲鬼混了二千多年到近來沒有地方混飯吃，忽然裝起假幌子掛起新招牌，大搖大擺地跑到中國來招搖撞騙。

如果說丁文江的上述言論繼承了皮爾遜的反形而上學和為科學的精神價值辯護的思想進路的話，那麼他在闡述科學本性和科學知識論時，基本上沿襲了皮爾遜的科學哲學。他在談到科學的範圍、材料、方法和目的、價值時說，我們所謂的科學方法，不外將世界上的事實分起類來，求它們的秩序。等到分類秩序弄明白了，我們

再想出一句最簡單明白的話來，概括這許多事實，這叫做科學的公例。不過若是所謂事實，並不是真的事實，自然求不出什麼秩序公例。他還說：

> 科學的材料是所有人類心理的內容，凡是真的概念推論，科學都可以研究，要求研究。科學的目的是要屏除個人主觀的成見——人生觀的最大障礙——求人人所能共認的真理。科學方法是辨別事實的真偽，把真事實取出來詳細地分類，然後求它們的秩序關係，想一句最簡單明瞭的話來概括它。所以科學的萬能㉙，科學的普遍，科學的貫通，不在它的材料，在它的方法。

　　丁文江完全贊同皮爾遜關於科學的教育價值的觀點。他表示，科學不但無所謂張君勱所說的「向外」，而且是教育同修養最好的工具，因為天天求真理，時時想破除成見，不但使學科學的人有求真理的能力，而且有愛真理的誠心。無論遇見什麼事，都能平心靜氣去分析研究，從複雜中求簡單，從紊亂中求秩序；拿論理〔邏輯〕來訓練他的意想，而意想力愈增；用經驗來指示他的直覺，而直覺力愈活。在這裡，他也贊同皮爾遜的優生學思想，認為近年來生物學上對於遺傳性的發現，解決了數千年來性善性惡的聚訟，使我們恍然大悟，知道根本改良人種的方法，其有功於人類的前途，正未可限量呢？

　　在論述科學的知識論時，丁文江用書櫃子代替皮爾遜的黑板為

㉙　這是丁文江對皮爾遜思想的過分發揮。皮爾遜認為科學範圍甚廣，科學方法有廣泛的適用性，但未說「科學萬能」的話。

例，闡明何謂物何謂質。他和皮爾遜一樣，也借用了摩根的術語「思構」〔構象〕**㉚**稱外部客體。他用刀子削鉛筆削破手指代替皮爾遜的膝蓋碰到桌子尖棱為例，闡明「覺官的感觸」〔感覺印象〕過程。他得出與皮爾遜相同的結論：無論思想如何複雜，總不外乎覺官的感觸。直接的是思想的動機，間接的是思想的原質。我從我的自覺〔意識〕現象推論起來，說旁人也有自覺，是與科學方法不違背的。科學中這樣的推論甚多。他進而表示：

> 心理上的內容至為豐富，並不限於同時的直接感觸，和可以直接感觸的東西——這種心理上的內容都是科學的材料。我們所曉得的物質，本不過是心理上的覺官感觸，由知覺而成概念，由概念而生推論。科學所研究的不外乎這種概念同推論，有什麼精神科學、物質科學的分別？又如何可以說純粹心理上的現象不受科學方法的支配？

丁文江在這裡顯然借鑒了皮爾遜的感覺論以及心理的東西和物理的東西並無嚴格的界限、科學的範圍也包括心理現象等見解。而且，他像皮爾遜一樣認為，凡常人心理的內容其性質都是相同的。覺官的感觸相同，所以物質的「思構」相同，知覺概念推論的手續無不相同，科學的真相才能為人所公認。藉於此，他借鑒皮爾遜的合法推理的準則，提出概念推理的三個原則。

丁文江把上述科學知識論概括為存疑的唯心論 (skeptical idealism)，並認為凡是研究過哲學問題的科學家，如赫胥黎、達爾文、斯賓塞、詹姆士〔詹姆斯〕、皮爾生、杜威以及德國馬哈〔馬赫〕

㉚　請讀者注意：今譯名均以中括號〔〕注於舊譯之後，以上及以下同。

派的哲學，其細節雖有不同，但大體無不持這種哲學。因為

> 他們以覺官感觸為我們知道物體的唯一的方法，物體的概念
> 為心理上的現象，所以說是唯心。覺官感觸的外界，自覺的
> 後面，有沒有物，物體本質是什麼東西，他們都認為不知，
> 應該存而不論，所以說是存疑。他們是玄學家最大的敵人，
> 因為玄學家吃飯的傢伙，就是存疑唯心論者所認為不可知的，
> 存而不論的，離心理而獨立的本體。

他接著（重複皮爾遜的話）說，這種不可思議的東西，伯克萊〔貝克萊〕叫它為上帝，康德、叔本華叫他為意向〔意志〕，布虛那〔畢希納〕叫它為物質，克列福〔克利福德〕叫他為心理質〔心理素材〕，張君勱叫它為我。它們始終沒有大家公認的定義方法，各有各的神秘，而同時強不知以為知。旁人說他模糊，他自己卻以為玄妙。他引用皮爾遜的電話局和接線員的例子評論道：「存疑的唯心論者說，人之不能直接知道物的本體，就同這種接線生一樣：弄來弄去，人不能跳出神經系統的圈子，覺官感觸的範圍，正如這種接線生不能出電話室的圈子，叫電話的範圍。玄學家偏要叫這種電話生說他有法子可以曉得打電話的人是什麼樣子，穿的什麼衣服，豈不是騙人？」在這裡，丁文江的評論也與皮爾遜的思想一脈相承，他用存疑的唯心論〔懷疑的觀念論〕概括皮爾遜的哲學也是可行的，只是皮爾遜的懷疑哲學既是一種精神，也是一種方法：它不僅懷疑感覺背後的形而上學的物自體，也懷疑一切神學、迷信和教條乃至陳規舊說。

　　面對丁文江的挑戰，張君勱隨即在北京《晨報副刊》發表長文❸應戰。他接過丁文江責備「今之君子……以其襲取之易也」的

話題，反唇相譏丁文江的「所謂科學的知識論，無一語非英人皮耳生之言，故君子之襲取，正在君之所以自謐也」。他列舉了七條，逐一與皮爾遜的言論進行比較。

⑴在君曰，玄學是無賴鬼。又有詛咒玄學家死完之語。皮耳生曰，玄學家為社會中最危險之分子[32]。

⑵在君引冒根〔摩根〕氏《動物生活與聰明》一書中「思構」之語。皮耳生亦引冒氏《動物生活與聰明》一書中「思構」之語。（皮氏書四十一頁）

⑶在君云，推論之真偽，應參考耶方思（丁譯戒文士）〔杰文斯〕《科學原理》。皮耳生曰，關於推論之科學的效力，應參考耶方思《科學原理》第四章至第七章，第十章至第十二章。（皮氏書五十五頁）

⑷在君曰，此種不可思議的東西，伯克萊叫它為上帝，……[33]。皮耳生曰，官覺背後之物，唯物主義名之曰為物質，伯克萊名之曰上帝，康德、叔本華名之曰意志，克列福名之曰心質。（皮氏書六十八頁）

⑸在君所用譬喻，曰書櫃，長方的，中間空的，黃漆漆的，木頭做的，很堅很重。皮耳生所用譬喻，曰黑板，亦曰長方的，黃色的，很堅很重。（皮氏書三十九頁）

---

[31] 張君勱：〈再論人生觀與科學並答丁在君〉，同前注[25]。

[32] 張君勱在此加括號並注（皮氏著《科學規範》十七頁）。經我查對，張君勱所引用的是 K. Pearson, *The Grammar of Science*, Part I—Physical, Third Edition, Revised and Enlarged, London: Adam and Charles Black, 1911.

[33] 此處文字與剛剛引用的丁文江的文字相同，故略去。

⑹在君說明覺神經腦經動神經之關係，以刀削左手指頭，乃去找刀創藥為喻。皮耳生說明覺神經腦經動神經之關係，以腳膝為書桌之角所撞破，乃以手壓住，乃去求藥為喻。(皮氏書四十二頁)

⑺在君以電話接線生比腦經。皮耳生以腦為中央電話交換所。(皮氏書四十四頁，四十五頁)

我們之所以冗長地引用上述對照，其意在於說明，丁文江在論戰中所持的哲學立足點（觀點乃至例證）是皮爾遜思想，同時張君勱對皮爾遜的名著也認真地作了查閱和研讀。張君勱與丁文江在見解上針鋒相對，他當然不會同意丁文江的「後臺」即皮爾遜的哲學和進路。於是，他把批駁的矛頭轉而對準皮爾遜——皮爾遜垮臺了，丁文江也就無立足之地，不攻自破了。

在張君勱看來，皮爾遜的科學的知識論其重要之點有三：⑴思想內容之所以組成，則在官覺之感觸。⑵因知覺或經歷之往復不已，因而科學上有因果概念。⑶科學之所有事者，即將此官覺之感觸，分類而排列之，以求其先後之序。他在批評皮爾遜的感覺論時首先引用了其一段言論：

> 就科學就吾人言之，此在外的世界之實在，即形、色、觸三者之結合，換言之，即官覺的印象而已。人類所得之印象，猶之電話接線生之所得之叫號。彼之所知者，但有叫號者之音；至叫號者之為何如人，非彼之所知。故腦神經它一端之本體如何，亦非吾人之所知也。吾人拘束於感覺之世界內，猶之接線生拘束於叫號之世界內，而不能越雷池一步。
>
> 《科學規範》六十三頁

張君勱也許是出於他本人的觀念論立場❸，他並未像物質論者或樸素實在論者那樣把批評的矛頭對準皮爾遜感覺論的要害——對物質實在或客觀實在的否定。他只是說：「皮氏以為分析世界之事物，其最終不可分之元素，必歸於官覺之印象。除官覺之印象外，無它物焉。然依我觀之，苟人類之始生，若其所得於外界者，只有感覺，則并感覺而亦不可能。」何也？他接著引用德國《思想心理學》之言論證說，名此為甲感覺，名此為乙感覺，此甲乙之分，已有一種論理〔邏輯〕之意義。此意義也，甲乙感覺所由以構成之分子也。吾人居此世界中，若所謂感覺僅有色之紅白，觸之剛柔，味之辛酸，形之大小，則所謂辨別性者安從而起？惟其不僅有色形觸三者，而尚有與覺俱來之物。譬之紅色，一至簡之感覺也，然與紅俱來者尚有二事：一曰紅色如此，二曰此真是紅；此二者，即所謂論理的意義也。惟其有此二者，而後有彼此之分，而後有真偽之辨，此則推理之所由以本也。一切感覺不能脫離意義，則皮氏純官覺主義〔感覺論〕何自成立耶？

張君勱得出結論說，蓋人類之於世界，既已以辨真偽求秩序為惟一要義，則與生俱來者，必有一種辨真偽求秩序之標準。此標準為何，即論理的意義也。他在贊同地引用了康德的先天綜合判斷學說（優於官覺接觸之後者，必有理性之作用）後斷言：

---

❸　張君勱自認為：吾駁皮氏之言，並非純守德國菲希德〔費希特〕以後唯心主義者之規矩矣；蓋唯心，唯物，唯理，唯覺，本為一種無聊之爭執。其實，張君勱的哲學是柏格森(H. Bergson, 1859–1941)的生命哲學和非理性主義、倭鏗(R. Eucken, 1846–1926)的觀念論以及宋明理學的混合物。

科學家推本人類知識於感覺之說，無自而成立。然此類言論
屢見而不一見者，皆自忘其立言之本也。譬之在君師法皮耳
生之言曰，事物之實在，皆感覺而已。不知此一語中已含有
非感覺的成分。何也？贊成感覺而排斥其他各物，則已有一
種是非之標準。是非之標準非感覺也。

在這裡，張君勱顯然沒有完整而準確地把握皮爾遜的知識論。皮爾
遜雖則沒有明確強調感覺或感覺印象——他的感覺論的基石和科學
素材的源泉——中的意義，但是他在界定即時的感覺印象和存儲的
感覺印象，記憶、聯想、意識和思維，知覺官能和推理官能的共濟
時，已隱含了張君勱所謂的意義和心智之作用，更不必說皮爾遜看
重邏輯和理性在科學和知識中的功能、意義和價值了。

　　針對皮爾遜最愛用的中央電話交換所之譬喻，張君勱引用美國
人羅杰斯(Rogers)的話評論說：「苟接線生之全世界，僅以叫號者之
聲音為限，則所謂電話交換所，將如空氣之騰於虛空中，不移時而
化為烏有。」他接著闡釋道：

羅氏之意，接線生不僅與聲音接觸；且嘗與世界實在相接觸，
故交換作用之依據，不僅限於聲音。誠如是，人類之所接觸
者，決不限於感覺。而感覺之後，必另有它物在，雖其為物
之本體如何，為哲學爭論之焦點，然吾人之知識世界，決不
僅以感覺充斥；則可以斷言。人心之辨是非也，別真偽也，
即為實在之一點，而豈感覺之所能盡哉？

其實，皮爾遜並未把人類所接觸者乃至科學限於感覺，他甚至認為

感覺未達至概念或至少未達至知覺水平，都不能作為科學的材料，他只不過是要把超感覺的、形而上學的東西排除在科學之外而已。這怎麼能說皮爾遜的知識世界為感覺充斥、被感覺所能盡呢？誠然，人們能夠通過感覺及其基於其上的推理和猜想，在某種程度上把握實在，但是這種實在的本來面目則是他無法斷定的──這正是皮爾遜比喻的本意和價值之所在。誠如愛因斯坦所說：我們企圖借助外觀、通過概念理解實在，這無異於一個人想了解無法打開外殼的鐘表的內部機構；他永遠不能把他的答案與實在的機構加以比較，而且他甚至不能想像這種比較的可能性或有何意義❸。作為實在論者的愛因斯坦的比喻和作為觀念論者的皮爾遜的比喻在精神實質上是一致的，是發人深省的，羅杰斯和張君勱顯然把問題想得太簡單了！張君勱說：「世間事物之『真』者，皮氏曰惟有感覺。我以為茍無辨別真偽之思想，則并感覺之彼此而亦不辨。故所謂『真』者，除感覺外必認思想，或曰論理的意義，此乃學術上之天經地義，不容動搖者也。」關於第一句話，只是張君勱本人對皮爾遜思想之理解，皮爾遜似乎沒有說惟有感覺為真的話。至於後面的議論，我們在上面已作了釐清。同樣地，張君勱指責皮爾遜在知識起於感覺抑起於理性問題上執一方（感覺），未辨明感覺和概念同為知識構成之分子，這簡直無異於唐吉訶德和風車搏鬥了。事實上，皮爾遜只是從發生學的意義上認為感覺是知識之源泉，而從知識構成上則認為二者缺一不可，他十分看重理性在科學中的巨大功能。

　　關於因果概念和皮爾遜的因果觀，張君勱是這樣評介的：英國學派以經驗或感覺為出發點，然反詰以感覺之中並無無形之因果概

---

❸　A. 愛因斯坦、L. 英費爾德：《物理學的進化》，周肇威譯，上海科學技術出版社（上海），1962年第1版，頁23。

念在，則彼必答曰，是由其事之屢屢出現，成為一種往復不已之態，
此因果之概念所由來也。惟如是，有因必有果者，非必然之真理也，
乃心理上之信仰或習慣為之也。此說也，出自休謨，今已成為傳統
的學說。他進而表明：

> 科學之所重者，厥在因果律之必然性。自馬哈〔馬赫〕以來，
> 以因果律必然性之說，不便於說明物理學一切現象，乃為因
> 果律重下一種定義，曰：因果律者，無所謂必然性也，不過
> 記現象之先後，且以至簡之公式表示之，以圖思想上之省事
> 〔思維經濟〕。如數學上甲為乙之函數，則乙亦甲之函數。故
> 因果之相依，亦猶甲乙之相依，此外無他意焉。皮耳生之書，
> 其論因果，一本馬哈之說。故其言曰：「科學上之公例〔定
> 律〕，乃以心理的縮寫法，記述知覺的先後之序。」「科學之不
> 能證明現象之先後中有內在的必然性。」

張君勘接著評論說：「然以吾人觀之，力學上之現象，如一物件上
左右各加一力，則其所行之路，為平行方形之對角線。夫物件路線
之方向，且能為之算定，則必然性之強可以想見。馬氏皮氏輩為維
持其唯覺主義〔感覺論〕故，乃擅改定因果律之定義。實則唯覺主
義本無成立之根據，而因果律之本意，初不以一二人之點竄而動搖
也。」誠然，皮爾遜在因果觀上借鑒了休謨與馬赫的思想，但並不等
同於他們二人。張君勘似乎不了解皮爾遜立足於概率論和統計學，
提出了比因果律更為廣泛和精緻的締合或相關概念，傳統的因果概
念只是其一個極端即絕對依賴；他也不知道皮爾遜關於必然性屬於
概念世界而非知覺世界的命題。他僅憑道聽塗說來的一點常識，就

憑空妄發議論，怎麼能不無的放矢呢？其實，無論是馬赫❸還是皮爾遜❸，都對因果性概念的發展作出了有意義的貢獻，張君勱即使看到二氏的有關文獻，依他的科學知識水平，恐怕也難以弄懂或領悟。

　　張君勱根據上述分析和批駁，斷定皮爾遜的知識論是「脆薄」的。他進而揣度皮氏亦自知僅恃唯覺主義之不能自存，乃有所謂推理之說，而其標準則有三：概念不能自相矛盾；以非反常的人的知覺為標準；各觀察者所得推論之一致。在張君勱看來，皮氏之承認此三標準不啻自棄其感覺一元論，而走入唯心派之先天範疇說矣。他還以牛頓持絕對時空概念而愛因斯坦持相對時空概念，馬赫不承認有所謂我而詹姆斯承認之等對立為例，反問到底誰算正常，誰為瘋子？在這裡，張君勱又顯露出對皮爾遜思想把握不確。其實，皮爾遜既未拋棄其感覺印象之基石，也未墮入先驗範疇——他持進化認識論的觀點。至於張君勱的例舉，他顯然沒有弄清：哲學家的無休止的爭論屬形而上學，早已被皮爾遜排除在科學領域之外；科學家的分歧在於概念層次的不同或概念進化，並非牛頓和愛因斯坦的知覺官能和推理官能不一致，而且具有相同官能的人也會承認愛因斯坦的時空概念比牛頓的高明和進步，而且愛因斯坦的概念也只是暫定的而非最終的。

　　張君勱還批評皮爾遜關於知識和非知識的劃界觀點。他在引用了皮爾遜的有關論述後斷言，皮氏毅然劃一條界線，凡科學方法所適用者，名之曰知識，並指斥皮爾遜眼界「狹小」，把吾日三省吾身的道德知識和樂之美不美的審美知識都排除在知識之外。誠然，

---

❸　李醒民：《馬赫》，東大圖書公司印行（臺北），1995年第1版，頁189–192。

❸　參見本書第五章第二節。

皮爾遜認為用科學方法獲得的都是知識，但是他關於知識的界定則是寬泛的❸：知識是對人的心智內容作理性分析所達到的結果，只是知識一詞不能用於不可思議之物或不能成為心智內容一部分的東西。他甚至把宗教定義為有限與無限之關係的知識，並認為科學知識只是其中之一部分。不用說，張君勱對皮爾遜的知識之內涵和外延一知半解，而他對後面的觀點則全然無知，因為他根本未讀皮爾遜的《自由思想的倫理學》。張君勱在文中還引用或轉述了皮爾遜關於社會變遷和科學的教育功能的論述，並指明丁文江所言與皮氏同一精神，唯不如皮氏之簡單明瞭。對此，我們就不一一評說了。

在對張君勱的答辯❸中，丁文江又多次引用和發揮了皮爾遜的思想和言論。他批評張君勱對科學的最大誤解是以為「嚴正的科學」是「牢固不拔」，公例是「一成不變」，「科學的」就是有定論的。他在引用了牛頓的自然哲學中的四條推理法則❹後說：

> 牛頓這種精神，真是科學精神，因為世界上的真理是無窮無盡，我們現在所發現的只不過是極小的一部分。科學上所謂公例，是說明我們所觀察的事實的方法，若是不適用於所發現的事實，隨時可以變更。馬哈〔馬赫〕同皮耳生都不承認科學公例有必然性，就是這個意思。這是科學同玄學根本不同的地方。

---

❸　參見本書第三章第四節。

❸　丁文江：〈玄學與科學──答張君勱〉，同前注㉕。該文發表於1923年5月27日和6月3日。

❹　H. S. 塞耶：《牛頓自然哲學著作選》，上海人民出版社（上海），1974年第1版，頁3–6。

丁文江在文中又涉及到他的科學萬能論：「我說『在知識裡面科學方法萬能；科學萬能，不是在它的材料，而是在它的方法。』我還要申說一句，科學的萬能不是在它的結果，是在它的方法。」 在這裡，丁文江把皮爾遜的「科學統一」用「科學萬能」置換了，顯然超越並違背了皮爾遜的本意。不過，他對皮爾遜的懷疑論的理解則是深中肯綮的：

> 所以存疑主義是積極的，不是消極的；是奮鬥的，不是旁觀的，要「嚴格地不信任一切沒有充分證據的東西」，「用比喻和猜想同我來說是沒有用的」。所以無論遇到什麼論斷，什麼主義，第一句話是：「拿證據來！」

針對張君勱指控他的知識論與皮爾遜一樣是唯覺主義〔感覺論〕，丁文江辯護說：我說它是「科學的」，並不是說已經「有定論的」——這是張君勱自己對「科學的」下的定義，與我毫不相干—— 是因為這種知識論是根據可以用科學方法試驗的覺官感觸〔感覺印象〕與正統派哲學的根據不同。新代的經驗主義是用經驗來講知識的，用生活手續來講思想，新唯實主義〔新實在論〕用函數來講心物關係，惟與唯覺主義的人地位不同，然而都可以說是科學的，因為都是用科學方法來研究知識論的。

丁文江還倡導用科學教育和科學方法改造宗教，這與皮爾遜的思想和精神是一脈相承的。他說：我們極力提倡科學教育的緣故，是因為科學教育能使宗教性的衝動從盲目的變成功自覺的，從黑暗的變成功光明的，從籠統的變成功分析的。我們不單是要使宗教性發展，而且要使它發展的方向適宜於人生。唯有科學方法在自然界

內小試其技，已有偉大的結果，所以我們要求把它的勢力範圍，推廣擴充，使他作人類宗教性的明燈；使人類不但有求真的誠心，而且有求真的工具，不但有為善的意向，而且有為善的技能！他進而表明：

> 情感是知識的原動，知識是情感的嚮導，誰也不能放棄誰。
>
> 我現在斗膽給人生觀下一個定義：「一個人的人生觀是他的知識情感，同他對於知識情感的態度。」

在這裡，丁文江的發揮和議論是很精彩的，是對皮爾遜思想的合理引申和發展。不用說，我們從中也不難窺見到皮爾遜關於科學的教育功能、科學與宗教、情感與知識、知識即道德諸觀點的蛛絲馬跡。可以看出，丁文江的論述已超出了《科學的規範》的內容，由此可以推斷他還讀過皮爾遜的其他論著。

其他有關參戰人物也涉及到皮爾遜及其思想。例如，站在張君勱一邊的張東蓀❹(1887–1972)指出，丁文江的調調本於皮耳生，但卻太無抉擇了。在張東蓀看來，科學乃是對於雜亂無章的經驗以求其中的「比較不變的關係」。這個即名為法式和法則（也許是暫定的）。所以科學並不十分注重於內容，而注重於方式，即是關係，即是關係的定式。他還認為，科學對於所取對象可以取各的方法，只由一個所謂的科學方法（即分類與歸納等）高懸於其上，決不能統一。科學的特殊方法雖是二次的，卻非常重要。若抽取各別的二次方法以成根本的方法，勢必愈普遍而失其獨到的精神。在這裡，張東蓀關於科學即關係定式的觀點也本於皮爾遜，但更多地則是本

---

❹　張東蓀：〈勞而無功──評丁在君先生口中的科學〉，同前注❷。

於彭加勒 ❷。至於所謂的二次的方法，皮爾遜雖未明確強調，卻也沒有否認其存在和意義。

科學派的王星拱 ❸(1888-1949) 論述說，我們承認，在感觸的世界之外，另有一個世界，羅素把它叫做形式的世界，皮耳孫把它叫做概念的世界。他倆的意思固然不同（皮耳孫的概念世界是有描寫作用的，而羅素的則無），然而有一點卻相同。就是這個非感觸的世界是由感觸的世界構造起來的，而且這個非感觸的世界是絕對地有規則的,這一點卻與玄學家所主張的超物質的自由的玄學世界，大不相同。所以皮耳孫說，概念世界是用感觸世界建築起來的。王星拱接著恰當地發揮道：

> 現在,我們就用皮耳孫的名詞概念的世界來陳述我們的意見。類的性質，是存在於概念世界的。科學事實，就是個體性質之表現。科學定律，就是類的性質之表現。類是不能脫離感觸世界而獨立的。科學定律也是不能脫離科學事實而獨立的。所以概念世界中有同因必生同果的定律，感觸世界中也必定先有同因必生同果的事實。

唐鉞 ❹贊同皮爾遜和丁文江的有關見解，認為天地間所有現象都是科學的材料。科學中的未知部分在京垓年代以後，或者可以望其漸近於零；但是，要使它等於零，恐怕是萬劫作不到的事。然而

---

❷　李醒民：《理性的沉思 —— 論彭加勒的科學思想和哲學思想》，遼寧教育出版社（瀋陽），1992年第1版，頁122-124。

❸　王星拱：〈科學與人生觀〉，同前注❷。

❹　唐鉞：〈科學的範圍〉，同前注❷。

吾人的知識卻是日有進步的，可以不必因此灰心，更不應該因此說科學方法不適用於研究某類現象。如果說唐鉞的這些言論是對皮爾遜思想的介紹和引申的話，那麼他的下述議論則是明顯對準張東蓀（當然也是為皮爾遜辯護）的：「有人以為各種科學，各自有各自的方法。既然各有各自的方法，那麼科學方法的種類繁雜，當然不能說用科學方法的研究，都是科學；因為一種材料不能適用許多方法的緣故。我的淺見以為各科學固然有各科學的方法，而同時有它們的共同方法。就是心理學同物理學也有共同的方法。……所以不能說一切科學沒有唯一共同的方法。既然有唯一共同的方法，那麼當然可以說凡用這種方法的研究都是科學。」

7.3　《科學的規範》的迻譯及其他

在科玄論戰前後，還有一些研究者在其論著中論及皮爾遜。例如，化學家和科學哲學家王星拱就是馬赫、彭加勒和皮爾遜思想在中國的主要評介者和傳播者之一。他在其享譽一時的《科學方法論》(1920)中說：

> 凡是經科學方法研究出來的，都可以叫做科學；因為科學之所以為科學非以其資料之不同，正以其方法之特異。宇宙間的資料，總不外乎天地日月，草木鳥獸，政教風俗，愛憎苦樂，等等。便是在非科學的學術（如文學宗教之類）之中，所用的也是這些資料。從這些資料中，若是探求真實出來，那就成為科學了。科學方法，就是探求真實之具啊！ ❹⑤

❹⑤　王星拱：《科學方法論》，水牛出版社（臺北），1973年版，頁3-4。該

不用說，這是在皮爾遜關於科學方法的觀點之上的拓展。在《科學
概論》(1930)中，王星拱也數次提及皮爾遜的論述。書中這樣寫道：
皮耳孫認為，我們有兩個世界，一是感覺的世界，二是觀念的世界。
感觸世界裡的東西，是個別的；概念世界裡的東西，是普遍的。但
是概念世界，是由於抽象的作用，建築在感觸世界的上面；那就是
說，它沒有單獨存在之性質。該書在論及記憶和感覺的關係時說：
記憶是過去的感觸，感觸就是現在的經驗。我們把現在所感觸的叫
做感觸，把過去所感觸的叫做記憶或經驗，不過是取其實用的方便。
其實，記憶和感觸之間，並沒有一個劃分的界限❹。

　　在科玄論戰後，丁文江還在有關文章中繼承和延伸皮爾遜的思
想。他在〈我的信仰〉❹(1924)中說：「我相信不用科學方法所得的
結論都不是知識；在知識界內科學方法萬能。科學是沒有界限的；
凡百現象都是科學的材料。凡是用科學方法研究的結果，不論材料
性質如何，都是科學。從這種知識論所得的結論是：舉凡直覺的哲
學，神秘的宗教，都不是知識，都不可以做我們的嚮導。我不相信
有主宰世界的上帝，有離身體而獨立的靈魂。」 如果說丁文江不相
信那樣的上帝和靈魂恰好是與皮爾遜共鳴的話，那麼他的下述觀點
和主張卻明顯地打有皮爾遜的社會哲學（道德標準、社會主義和婦
女解放）的烙印：

書初版於民國九年(1920)。

❹　王星拱：《科學概論》，商務印書館（上海），民國十九年(1930)九月初
　　版。

❹　丁文江：〈我的信仰〉（該文原載於民國23年5月6日天津《大公報》和
　　《獨立評論》第100號），中國科學化運動協會北平分會編：《科學與
　　中國》，民國二十五年(1936)五月初版，頁86–91。

我說善的行為要以有利於社會的情感為原動。凡能夠滿足最
大多數人最大部分的欲望的行為就是有利於社會的行為。拿
這個標準來測量目前的許多問題，我們不難得到具體的結論
了。譬如男女問題，階級問題，都可以拿這塊試金石來驗一
驗的。為滿足男子的欲望而犧牲女子的欲望，為滿足少數資
產階級的欲望而犧牲多數勞動者的欲望，都與上面的定義不
符，都不是有利於社會的。

丁文江在另一篇文章❹中談到科學劃界問題時說：所謂「科學」與
「非科學」是方法問題不是材料問題。凡世界上的現象與事實都是
科學的材料。只要用的方法不錯，都可以認為是科學。所謂科學方
法是用論理的方法把一種現象或是事實作系統的分類，然後了解它
們的相互關係，求得它們普遍的原則，預料它們未來的結果。

　　這個時期的胡適 (1891–1962) 的科學觀也滲透了皮爾遜的思想
因素。胡適不信仰上帝萬能，而信仰科學的方法是萬能的。在他看
來，西洋近代文明的精神方面的第一特色是科學，而科學主要是一
種方法，科學的基本精神是尋求真理。他還把科學一般地看作是教
育人、訓練人進化能力的系統推理：科學的文明教人訓練我們的官
能智慧，一點一滴地去尋求真理❹。

　　關於皮爾遜科學哲學名著的迻移，在中國1930和1940年代先後
出過兩個中譯本。中譯本《科學規範》❺作為《科學叢書》之一，

---

❹　丁文江：〈科學化的建設〉，同前注❹，頁99–106。

❹　〔美〕郭穎頤：《中國現代思想中的唯科學主義》，雷頤譯，江蘇人民
　　出版社（南京），1989年第1版，頁79–80。

❺　皮耳生：《科學規範》（上中下），譚輔之、沈因明譯，辛墾書店（上

分上、中、下三冊由上海辛墾書店出版。上冊為「概論之部」，由譚輔之、沈因明譯，1934年7月20日出版；內容包括緒論——科學的範圍和方法，科學的事實，科學的法則，原因與結果——概然性，偶然與交互關係——因果性的不完備，科學的分類共六章。譚輔之在「譯者小引」中對皮爾遜及其成就作了簡短的介紹，並說明上冊是依據英文1911年第三版翻譯，參考了平林初之輔的日譯本，而日譯本則是按1899年的第二版翻譯的㉛。這樣，上冊的六章就由1911年英文第三版頭五章和「科學的分類」㉜（第六章）構成。譚輔之在談到翻譯的動機和原因時說：

> 本書見解既有觀念論的錯誤，我們又為什麼要譯它呢？一方面是因為概論科學的書像《科學規範》的，確是很少，這書在科學上自有它特殊的價值；其次就是它在目前中國所生的影響太大了，我們把它批判地介紹出來，也有重大意義。

沈因明在「校後記」中表明，丁文江在科玄論戰中，胡明復在《科學方法論》中都闡發過皮耳生的思想。皮耳生的科學哲學觀點是人所悉知的柏克萊〔貝克萊〕的感覺主義——丁在君呼為存疑的唯心論，其目的在於把科學整個地觀念論化。這種傾向，不是皮耳生一人才有，這差不多變成了近代科學上的一種極有力的傾向。自然，這也是有其社會根據的（市民社會），所以它在各國都有有力的科學

海)，1934–1936 年初版。

㉛ 這裡有誤。事實上，英文第二版出版於1900年。

㉜ 因為英文第三版無這一章，譯者未明確講是按英文第一版(1892)譯的，還是按日譯本轉譯的。

家為其代表人物，而且幻化為各種名稱，如所謂極端經驗論、經驗
象徵〔符號〕論、經驗一元論、不可知論等，科學家和哲學家方面
如馬哈〔馬赫〕、赫胥黎、克里弗〔克利福德〕、潘加萊〔彭加勒〕、
摩爾甘〔摩根〕、 杜威等莫不是一丘之貉。在這裡，沈因明撇開學
科自身的發展邏輯，僅從外部環境關注新哲學傾向的根據，顯然是
丟掉西瓜去抓芝麻（不難看出他受到列寧的《唯物主義和批判主義》
的影響）。 不過，他公開表白：他是維護科學——特別是科學方法
——的人，用中國人的術語來說，即是主張「科學萬能」的人。在
科學方法（自然我不完全贊成 Pearson 的單純的歸納法）並不為一
般人所熟悉，科學精神並不普及的我們中國，如皮耳生倡導科學方
法訓練市民，亦有極深刻而迫切的意義。他繼續說：

> 皮耳生終究是近代的大科學家，他的豐富的科學知識，及其
> 對特殊的科學問題的理解，亦有其精神獨到之處，終有不愧
> 其為科學概論之古典名著之處。……皮耳生能將科學方法與
> 哲學方法、科學觀點與哲學觀點熔為一爐，雖則他的觀點犯
> 有觀念論的錯誤，但他能以觀念論的哲學統馭科學，全書徹
> 始徹終，首尾一致，足見其推理之強韌，思想之縝密，亦即
> 科學涵養之充分，科學方法運用之靈熟，在訓練我們自己的
> 思想上，極有可資取法之處。

沈因明最後的結論是：作者是位聰明的觀念論者，這本書也是一本
優秀的著作，我們還是有讀它的價值的。

中冊為「物理之部」， 由譚輔之譯，1934年9月5日出版。其內
容包括空間與時間、運動的幾何學、物質、運動的法則、近代物理

學的觀念共五章，是按英文第三版後五章譯的。譯者在「譯者小引」中寫道：一般的物理教科書，都不過提供一些物理學上的問題而已，對每一問題的來源從未加以深刻的追究。本書是皮氏以他的哲學來貫穿物理學的根本問題的，並且對於每一問題都是理論地和歷史地論證了的，同一般物理教科書迥然不同。相對論、量子論等新的發明，固然值得介紹；但在中國，作為科學概論上的物理學概論那樣的書，可說還沒有。本書之迻就本此意。在「校後記」中，譚輔之這樣評論皮爾遜的哲學：皮耳生把認識論上的感覺論變為本體論，成了一個觀念論者，所以科學落在他手裡就觀念論化了。皮耳生以他一貫的感覺主義，把物質、運動、時空等也看作感官之一的式樣。總之，皮耳生是把一切東西都歸結為感覺印象及知覺經驗的。在這裡，譯者認為皮爾遜的說法是不對的，他建議讀者參證恩格斯的《反杜林論》和《自然辯證法》中涉及物理學的章節，頂重要的是參證伊里奇〔列寧〕的《唯物論經驗批判論》，作為正確的反證。他強調後者是專門對付經驗論者馬哈〔馬赫〕的，借來答覆感覺主義的皮耳生再好沒有了。其中所謂「何謂物質，何謂經驗」、「空間與時間」、「無物質的運動是可思議的嗎」諸節，有最精到透闢的理論，再不為皮耳生的狡辯所迷惑了。不過，譯者最後還是指出：

> 雖然皮耳生是觀念論者，但是他對於科學卻盡了他偉大的力量。他在這本書上，把他以前的科學家所研究的結果都通統蜜蜂式地咀嚼了，並釀成了他自己的蜜。對於物理學上亦即是哲學上的許多根本命題，作了深刻的鑽研，而給以理論的根據。並以他自己的觀點和造詣把前人的說法都給以批判和鑑定。他之認真、強固、卓越，其研究精神和科學態度都是

值得贊成的。

　　雖然譚輔之在中冊「譯者小引」中已申明，下冊為「生物學之部」，不久即可出版。但是，由於皮爾遜擬議中的第三版擴大的第二編（生物學編）不僅未在原計劃的 1911 年完成，而且直至他 1936 年 4 月 27 日去世時亦無蹤影。在這種情況下，加以譚輔之本人找不到英文第二版，只好由平林初之輔的日譯本❸轉譯。中譯本下冊包括生命、進化（變異與淘汰）、進化（生殖與遺傳）共三章，於 1936 年 9 月初版。

　　第二個中譯本譯名為《科學典範》❺，由陳韜翻譯，商務印書館作為漢譯世界名著於 1941 年 11 月於長沙初版。全書共 386 頁，內容包括十章，分述科學之範圍及方法，科學上之事實，科學定律，因與果——或然性，列聯與相關——因果性之不充分，空間與時間，運動幾何學，物質，運動定律，近代物理學思想，書末有五個附錄。我在北京圖書館、中國科學院圖書館及北京大學和清華大學圖書館均未找到此中譯本，看來這些圖書館從未收藏過此書，這也許與當時抗日戰爭的嚴峻局勢有關（南京與北平均在日偽統治之下）。 上述有關《科學典範》的資料是我從《民國時期總書目》❺看到的，由其內容推斷該中譯本是按英文第三版（第一編）譯出的。

　　　　　　　　　　1998 年 1 月 26 日上午完稿於北京中關村

---

❸　日譯本的書名為《科學概論》， 由日本春秋社出版，收入世界思想家全集。日譯本是由英文第二版(1900)譯出的。

❺　〔英〕皮耳生：《科學典範》，陳韜譯，商務印書館（長沙），1941 年初版。

❺　北京圖書館編：《民國時期總書目》（自然科學・醫藥衛生），書目文獻出版社（北京），1995 年第 1 版，頁 2。

後　記

　　人生若飆塵，中途迷學壇。

　　湖湘夙願了，京華舊夢圓。

　　誠邀凌雲筆，永結生死戀。

　　文章千古事，豈敢聽陳言?!

　　　　　　　——李醒民：〈賀《中國科學哲學論叢》出版〉

　　當我寫完本書最後一句話，正值牛年將逝、虎年在即。雖說適逢「新桃換舊符」純粹是一種巧合或機遇，但這畢竟使我得到雙倍的歡愉，故「陶陶然樂在其中」❶矣！

　　然而，樂後思之，卻平添了憂悒之情——「心之憂矣，如匪浣衣」❷。君不見，眼下在中國大陸，一大堆迷戀國學的國粹派和一小批涉足西學的後現代派有形或無形地結成「神聖同盟」，向他們所謂的科學主義（實則是向科學）展開了真正的討伐。其勢雖未達到「黑雲壓城城欲摧」❸的境況，但確實也是夠能蠱惑人心的。

　　可是，平心而論，反科學主義無論在學理上還是在實踐上，都

---

❶　唐・楊炯：〈登秘書省閣詩序〉。

❷　《詩經・邶風・柏舟》。

❸　唐・李賀：〈雁門大守行〉。

是站不住腳的、行不通的❹。尤其是，它把自然科學混同於自然技術，又把自然技術固有的和潛在的善惡兩面性所導致的「現代病」，統統歸咎於自然技術，乃至怪罪於自然科學，而絲毫也沒有意識到這是社會技術或社會工程不完善、不發達所致，未能有效地預測和遏制惡用自然技術的人——而這恰恰是我們這個手段日益完善、目標每每混亂的社會的痼疾。這個道理再淺顯不過了：刀子是我們日常生活和生產中不可或缺的器具，但刀子也可以用來殺人、殺珍稀保護動物。更何況在我們這個經濟不發達、文化仍落後的國家，把反對的矛頭對準科學（和技術），也是不明智的和不合時宜的。加之中國傳統文化中本來就缺少科學文化的因子，我們怎能跟在西方後現代派的屁股後面鸚鵡學舌、邯鄲學步呢？我們有反科學的那份「資本」和「福氣」嗎？我們能受用起那種「瀟灑」的「精神高消費」嗎？胡適先生當年(1923)批駁玄學鬼攻擊科學時的昌言，至今依然具有發聾振聵的力量：

> 我們要知道，歐洲科學已到了根深蒂固的地位，不怕玄學鬼來攻擊了。幾個反動的哲學家，平素飽饜了科學的滋味，偶爾對科學發幾句牢騷話，就像富貴人家吃厭了魚肉，常想嘗嘗鹹菜豆腐的風味：這種反動並沒有什麼大危險。那光焰萬丈的科學，決不是這幾個玄學鬼搖撼得動的。一到中國，便不同了。中國此時還不曾享著科學的賜福，更談不上科學帶來的「災難」。我們試睜開眼看看：這遍地的乩壇道院，這遍地的仙方鬼照相，這樣不發達的交通，這樣不發達的實業——我們那裡配排斥科學？至於「人生觀」，我們只有作官發財的人生觀，只有靠天吃飯的人生觀，只有求神問卜的人

❹　李醒民：〈反科學主義思潮評析〉，《哲學動態》(北京)，1990年第11期，頁25–26，17。

生觀，只有《安士全書》的人生觀，只有《太上感應篇》的人生觀 ——中國人的人生觀還不曾和科學行見面禮呢！我們當這個時候，正苦科學的提倡不夠，正苦科學的教育不發達，正苦科學的勢力還不能掃除那迷漫全國的烏煙瘴氣 —— 不料還有名流學者出來高唱「歐洲科學破產」的喊聲，出來把歐洲文化破產的罪名歸到科學身上，出來菲薄科學，歷數科學家的人生觀的罪狀，不要科學在人生觀上發生影響！信仰科學的人看了這種現狀，能不發愁嗎？能不大聲疾呼出來為科學辯護嗎？❺

　　說起來也是令國人難堪的：五四運動至今已近八十年了，但是先賢和先哲們當時從西方請進的「德先生」(Mr. Democracy) 和「賽先生」(Mr. Science) 卻始終未能在古老的神州大地和國人的意識裡生根。時至今日，上自國家巨頭，下至平民百姓，幾乎都把科學視為「財神爺」，把民主主義視為民本主義（「民惟邦本」）。作為一種文化和智慧的科學就這樣被消解為發財致富的工具，科學之道淪落為技術之用——這實在無異於買櫝還珠！

　　二十一世紀中國的現代化不僅僅是經濟的現代化，在某種程度上，更在於文化的現代化和人的現代化。未來的中華新文化的重建和新道德、新人格的重塑，既不是國粹派抱殘守缺所能擔當的，也不是後現代派嘩眾取寵所能奏效的。中國傳統文化雖有瑰寶，但也有嚴重的先天缺陷（這也是由其經濟基礎決定的）；西方後現代思潮雖有睿智，但亦有明顯的後天失調。把西方科學、民主（以及自由）的基因注入中國傳統文化，剔除後現代主義反文化、反理性、反科學的偏執，而汲取其強調生態倫理、多元化、主體性、人文情

❺　胡適：《《科學與人生觀》序》，張君勱、丁文江等著：《科學與人生觀》，山東人民出版社（濟南），1997年第1版，頁12–13。

趣和終極關懷等等神智，在改造中國傳統文化的同時發掘和弘揚其
菁華，這才是中華新文化發展的必由之路。在這裡，根本不存在彼
吃掉此或此取代彼的問題。把西方文化視為洪水猛獸，力圖拒其於
國門之外，是神經衰弱、膽小如鼠，也是螳臂擋車、無補於事；把
中國傳統文化當作靈丹妙藥、包治百病，並想入非非地夢囈二十一
世紀是中國文化的世紀，無非是一枕黃粱、一廂情願，最終只能貽
笑大方。崇洋媚外固不足取，但盲目地煽動反西方情結，人為地製
造對抗，狂熱地鼓吹狹隘的「愛國主義」，也是有背於時代潮流和中
華民族根本利益的。要知道，政治是暫時的，而邏輯則是永恒的。
健康的文化心態面對異域文化或異質文化，應該懷虛若谷，安之若
素。

在新舊世紀交替的千年之交，在五四運動八十周年的前夕，每
一個有社會良心和責任感、有自主和批判意識的中國知識分子，都
應該義不容辭地沿著五四賢哲們的思想啟蒙和思想解放的不歸路奮
進，把民主與科學的未竟事業進行到底，使中華民族真正屹立於世
界的東方。以廟堂話語的代言人或喉舌搖唇鼓舌、狐假虎威，以時
髦話語的追隨者或尾巴沾沾自喜、自鳴得意，既與知識分子之名號
不相容，也為正直的學人所不齒。知識分子的生命全在於他的獨立
人格、自主意識、理性良知、科學良心和自由心靈，一句話，在於
他有從道而不從勢的「本心」——只有如此他才能承擔起無立場的
批判者的使命和天職。在此刻，我情不自禁地想起唐人「草木有本
心，何求美人折」 **❻** 的詩句，遂口占一絕：

春樹桃李夏得陰，萬物夢醒有本心。

---

❻ 唐·張九齡：〈感遇〉。

莫道下民能奈何，試手閑章覓知音。

李醒民

丁丑年除夕(1998.1.27)擱筆

【作者附識】

　　因篇幅限制，應「世界哲學家叢書」編輯部之請，作者在出版前刪去了原稿中的第六、七、八章（原處本書第五章和第六章之間）論述皮爾遜的社會哲學之部分，其正文將近七萬字。為使讀者對皮爾遜的社會政治觀點和歷史研究等概況有一個提綱挈領式的了解，作者願在這裡借「補白」之一角，列出各章節的標題，並順附題記詩如下：

　　第六章〈社會學說和歷史觀念〉：6.1社會達爾文主義者的視野；6.2優生學的理論和實踐；6.3重視素質培養的教育思想；6.4歷史研究和歷史觀。

人生無定居，風來雨裡去。

肩背輕簡裝，胸懷天下事。

誓願一顆籽，幻化千粒實。

數語表寸心，惓惓無限意。

——李醒民：〈送別〉

　　第七章〈社會主義和婦女解放〉：7.1社會主義及其興起的原因；7.2關於社會主義的諸多關係和主張；7.3婦女問題和婦女解放。

仲夏興致濃，故人伴我行。

久慕藥王山，今臨太元洞。

古木藏蔭翳，幽徑遺仙蹤。

應念孫思邈，濟世益蒼生。

——李醒民：〈游耀縣藥王山〉

第八章〈自由思想和研究的熱情〉：8.1自由思想和自由思想者；8.2自由思想與宗教和道德；8.3市場的熱情和研究的熱情。

生性殊倔強，羞學如磬腰。

門寒志愈堅，身微氣益豪。

豈慕陽關道，情鍾獨木橋。

縱然墜激流，猶喜浪滔滔。

——李醒民：〈自畫像〉

此外，本書第一章開頭出現的 EF 是下述文獻的簡稱：K. Pearson, *The Ethic of Freethought and Other Addresses and Essays*, Second Edition (Revised), Adam and Charles Black, New York, 1901. 該書全名為《自由思想的倫理學和其他講演及文章》，一般簡稱為《自由思想的倫理學》。特此說明。

作者1998年8月19日於北京

年　表

1857年　3月27日生於倫敦。

1866年　進入大學學院中學學習。此前在家接受啟蒙教育。

1873年　因病從大學學院中學休學。

1874年　在希欽與家庭教師度過一年時光。

1875年　以第二名獲劍橋國王學院獎學金，學習數學。

1876年　拒絕參加強制性的大學神學講演。

1879年　以數學優等生接受文學士(B.A.)學位，並獲劍橋數學榮譽
學位考試一等合格者第三名。

赴德國求學和遨遊，學習物理學、形而上學、羅馬法、達
爾文主義等。此後五年是廣泛閱讀和緊張的智力活動的時
期。

1880年　在1880–1886年間，由國王學院提供研究會員基金，頻頻
出訪德國，研究德國民俗學、史前語言、中世紀和文藝復
興史、宗教史和德國人文主義、馬克思和社會主義等。

11月在倫敦內殿法學協會攻讀法律。

1880–1883年就斯賓諾沙和邁蒙尼德發表學術論文。

處女作《新維特》（署名Loki）出版。

1881年　取得律師資格（但從未開業），並獲劍橋法學士學位(LL.B.)。

代替數學教授德魯為倫敦國王學院和大學學院的高年級學生講授數學。

1882年　春，就「德國社會生活和思想」在南城會社作了十次系列講演。

年末，就「十六世紀德國社會生活和思想」在漢普斯特德作了十二次講演。

從事第一個數學研究：球在液體中的脈動理論。

出版匿名著作《三位一體：十九世紀的耶穌受難劇》，布雷德肖幫其收集資料。

獲文學碩士(M.A.)學位。

1883年　發表〈德國的人文主義〉等文章。

兩篇數學論文付印。

3月6日，在南城會社發表系列講演的第一講〈自由思想的倫理學〉，後結集出版。

1884年　6月，被任命為倫敦大學學院應用數學和力學講座教授。

夏，受劍橋大學出版社理事會委託，編輯、補寫托德亨特的《彈性和材料強度理論的歷史》。

發表論文〈明斯特市的上帝的天國〉、〈馬丁·路德：他對德國物質和智力財富的影響〉等。

發表演說〈理論和實踐中的社會主義〉。

1885年　編輯克利福德未完成的《精密科學的常識》，大改和撰寫了其中諸多章節，當年似出兩個版次。

發表〈市場的熱情和研究的熱情〉的講演。

積極參與小俱樂部活動，就〈婦女問題〉、〈社會主義和性〉講演。

1886年　《彈性和材料強度理論的歷史》I卷（924頁）出版。

為布雷德肖逝世傷感。

發表講演〈物質和靈魂〉。

1887年　《聖容之布：論中世紀耶穌受難像的歷史》出版，題獻給布雷德肖。

1888年　《自由思想的倫理學》在倫敦初版。

1889年　《巴雷德·聖弗納特的彈性研究》出版。

1890年　11月，被任命為倫敦格雷欣學院幾何學講座教授。

與瑪麗婭·夏普結婚，生一子二女，共同生活三十八年。

12月12日，在格雷欣學院發表講演〈幾何學在實際生活中的應用〉。

開始研究統計學。

1891年　3月和4月，以〈近代科學的範圍和概念〉為總題目，在格雷欣學院發表了七次講演，為《科學的規範》一書勾勒了藍圖。

從11月起，以〈統計學的幾何學〉為題發表三個系列共十二次講演（每系列四講）。

1892年　《科學的規範》初版。

1月和5月，繼續〈統計學的幾何學〉講演。

11月和次年4月，作三個系列講演〈機遇定律〉（共十二講，每系列四講）。

《倫敦的新大學：它的歷史和對它的批評指南》出版。

1893年　秋，長系列論文〈進化論的數學論稿〉中的第一篇發表在《皇家學會哲學會報》上。

《彈性和材料強度理論的歷史》II卷（第一編762頁，第

二編546頁）出版。

11月和次年5月，以〈機遇的幾何學〉為題發表系列講演。

1894年　繼續發表〈進化論的數學論稿〉長系列專題論文。

1895年　生物統計學實驗室建立。

1896年　被選為皇家學會會員。

發表關於相關的第一篇論文〈退化、遺傳和隨機交配〉。

1897年　《死亡的機遇和進化的其他研究》兩卷本在倫敦出版。

1898年　接受皇家學會達爾文獎。

發表論文〈論頻數常數的可幾誤差和變數與相關的隨機選擇〉等。

1900年　《科學的規範》再版。

發表〈論特徵標的相關不是定量可測量的〉等數篇論文。

1901年　與高爾頓和韋爾登創辦《生物統計雜誌》。

《自由思想的倫理學》擴大再版。

出版《從科學的觀點看民族生活》。

1902年　在《不列顛百科全書》第九版32卷發表序言文章〈科學在現代國家中的功能〉。

發表論文〈論自然選擇對器官變異和相關的影響〉、〈論判斷誤差的數學理論〉等。

1903年　發表論文〈祖先遺傳定律〉、〈論頻率常數的可幾誤差〉等。

1904 年　 發表論文〈特別依據孟德爾定律論選擇遺傳的廣義理論〉、〈論磚石壩穩定性中的某些被忽視的方面〉等。

高爾頓建立優生學檔案室。

1905年　發表論文〈論斜相關和非線性回歸的一般理論〉等。

1906年　韋爾登逝世。在《生物統計雜誌》發表長篇紀念文章。從

此興趣轉向優生學。

開始管理高爾頓交付的優生學檔案室，易名為高爾頓優生學實驗室。

編輯、出版《民族退化研究叢書》(1906–1924)。

1907年　高爾頓優生學實驗室遷入大學學院。

年初，任應用數學系主任。

編輯、出版《優生學實驗室研究報告》(1907–1935)，《人類遺傳文庫》(1907–1935)。

發表論文〈論磚石壩的實驗研究〉、〈肺結核的統計學第一研究〉、〈精神病和精神病先天素質的遺傳之統計學第一研究〉等。

1908年　發表論文〈肺結核的統計學第二研究〉、〈關於恒星特徵標相關的進一步考慮〉、〈關於變星光波動的一些觀點〉等。

1909年　發表論文〈論決定可測量的特徵標A和特徵標B之間相關的新方法〉、〈對培育和本性問題最近的一些誤解〉等。

1910年　發表論文〈雙親酒精中毒對後代體格和能力的影響〉的系列研究等。

1911年　《科學的規範》第三版（第一編：物理學）出版。

在生物統計學實驗室和優生學實驗室基礎上成立應用統計學系，出任系主任。

高爾頓逝世。讓出應用數學系教席，任第一任高爾頓優生學講座教授。

發表論文〈人的白化病〉等。

1912年　首次被授予韋爾登生物統計學紀念獎，謝絕接受，建議授予年輕人。

發表論文〈結核、遺傳和環境〉等。

1913年　就白化病、肺結核、孟德爾主義和心理缺陷、相關、人口
　　　　出生率與社會價值之關聯、頻率常數的概差發表研究論
　　　　文。

1914年　出版《弗朗西斯·高爾頓的生平、學問和工作》第一卷，
　　　　《統計學家和生物統計學家用表》上編。

　　　　第一次世界大戰爆發，研究計劃被迫停頓，為政府有關部
　　　　門作計算工作。

1915年　發表論文〈論小樣本標準離差的分布〉、〈均方列聯係數的
　　　　概差〉等。

1916年　就斜變量、列聯係數的概差、多重列聯、擬合良度等論題
　　　　發表論文。

1917年　1917–1919發表論文〈英國人骨骼的長骨研究〉、〈論小樣
　　　　本相關係數的分布〉等。

1919年　戰後處於調整階段。

　　　　《計算者手冊》出版。

1920年　應用統計學系大樓正式使用，重新開始新的研究計劃。

　　　　在英國協會 H 組（人類學組）作主席講演。

　　　　發表論文〈實踐統計學的基本問題〉。

1921年　春，就生物統計學和優生學作了十次講演。

　　　　秋，開始就十七和十八世紀統計學史講演，持續到1933年
　　　　秋，後由兒子伊岡編輯出版(1978年)。

　　　　開始裝備人類學實驗室。

　　　　發表系列論文〈論膝關節籽骨〉。

1922年　《不完全 γ 函數表》出版。

發表紀念文章〈弗朗西斯・高爾頓：誕辰百年評價〉。

1923年　視力開始下降，影響部分工作。

就頭蓋骨和肖像研究發表論文。

1924年　出版《弗朗西斯・高爾頓的生平、學問和工作》第二卷。

就貝葉斯定理、人的頭蓋骨生物統計學常數發表論文。

1925年　創辦《優生學年鑑》。

陸續發表論文〈通過審查俄國和波蘭的猶太兒童說明遷入大不列顛的外國移民問題〉三篇 (1925, 1927, 1928)。

1926年　夏，白內障手術成功，但妻子久病不愈。

發表論文〈論種族相似性係數〉、〈論喬治・布坎南的頭蓋骨和肖像〉等。

1927年　發表外國移民問題論文第二篇。

1928年　3月30日，妻子瑪麗婭・夏普逝世。

就樣本特徵標、種族相似係數、達恩利勳爵的頭蓋骨和肖像發表論文。

1929年　最終完成高爾頓的傳記寫作。

發表論文〈狗的白化病〉。

1930 年　出版《弗朗西斯・高爾頓的生平、學問和工作》第三卷（上、下冊）。

8月5日，與本系同事蔡爾德結婚。

發表論文〈論進步的進化之新理論〉。

1931年　《統計學家和生物統計學家用表》下編出版。

發表論文〈論心理疾病的遺傳〉。

1932 年　作為第一個外國接受者榮獲柏林人類學學會 Rudolf Virchou 獎章。

1933年　夏，從大學學院退休。

《不完全 β 函數表》出版。

5月，在牛津大學人類學會作最後一次公開講演。

就頭蓋骨坐標圖和標準平面發表論文。

1934年　中譯本《科學規範》（上、中冊）在上海出版。

4月23日，倫敦大學學院慶祝其任教五十周年，在宴會上發表答謝演講。

發表論文〈論決定擬合良度的新方法〉。

1935年　發表關於人的頭蓋骨形態測量的特徵標的研究論文。

就統計檢驗在《自然》發表兩封信。

1936年　4月27日去世，享年七十九歲。

發表論文〈矩量法和最大似然法〉。

發表文章〈在劍橋的榮譽學位考試的舊歲月〉。

中譯本《科學規範》（下冊）在上海出版。

主要參考書目

專著

〔1〕W. K. Clifford, *The Common Sense of the Exact Sciences*, Second Edition, Kegan Paul, Trench, & Co., London, 1885.

〔2〕I. Todhunter, *A History of the Theory of Elasticity and of the Strength of Materials, From Galilei to the Present Time*, Edited and Completed by K. Pearson, Vol. I, Cambridge: At the University Press, 1886.

〔3〕K. Pearson, *The Grammar of Science*, Walter Scott, London, 1892.

〔4〕I. Todhunter, *A History of the Theory of Elasticity and of the Strength of Materials, Saint-Venant to Lord Kelvin*, Vol. II, Cambridge: At the University Press, 1893.

〔5〕K. Pearson, *The Chances of Death and Other Studies in Evolution*, Vol. I, Vol. II, Edward Arnold, London and New York, 1897.

〔6〕K. Pearson, *The Grammar of Science*, Second Edition, Revised and Enlarged, Adam & Charles Black, London, 1900.

〔7〕K. Pearson, *The Ethic of Freethought and Other Addresses and Essays*, Second Edition(Revised), Adam and Charles Black, New York, 1901.

〔8〕K. Pearson, *National Life from the Standpoint of Science*, Second Edition, Cambridge University Press, 1901.

〔9〕K. Pearson, *The Scope and Importance to the State of the Science of National Eugenics*, Second Edition, Published by Dulan and Co., London, 1909.

〔10〕K. Pearson, *Nature and Nurture, The Problem of the Future*, Published by Dulan and Co. Ltd., London, 1910.

〔11〕K. Pearson, *The Grammar of Science*, Part I: Physics, Third Edition, Revised and Enlarged, The Macmillan Company, New York, 1911.

〔12〕K. Pearson, *The Academic Aspect of the Science of National Eugenics*, Published by Dulan and Co. Ltd., London, 1911.

〔13〕K. Pearson, *The Groundwork of Eugenics*, Second Edition, Cambridge University Press, 1912.

〔14〕K. Pearson, *Tracts for Computers*, Cambridge University Press, 1919.

〔15〕《科學通論》, 中國科學社編輯出版（上海）, 1919年3月初版, 1934年1月二版。

〔16〕王星拱:《科學概論》, 商務印書館（上海）, 1920年9月第1版。

〔17〕《科學與人生觀》（上、下冊）, 上海亞東圖書館編輯出版, 1923年12月初版, 1935年6月九版。

〔18〕郭夢良編：《人生觀之論戰》，泰東圖書局，1923年12月初版。

〔19〕K. Pearson, *The Grammar of Science*, Fourth Edition, J. M. Dent & Sons Ltd., London, 1937.

〔20〕E. S. Pearson, *Karl Pearson, An Appreciation of Some Aspects of His Life and Work*, Cambridge at the University Press, 1938.

〔21〕W. K. Clifford, *The Common Sense of the Exact Science*, Edited and With a Preface by Karl Pearson, Newly Edition, Alfred A. Knopf, New York, 1946.

〔22〕*Karl Pearson's Early Statistical Papers*, Edited by E. S. Pearson, Cambridge at the University Press, 1948.

〔23〕K. Pearson, *Tables of the Incomplete Beta-Function*, First Published 1934, Cambridge, Published for the Biometrica Frustees at the University Press, 1956.

〔24〕*Collected Papers of Charles Sanders Peirce*, Vol. VIII, Reviews, Correspondence and Bibliography, Edited by A. W. Burks, Cambridge: Harvard University Press, 1958.

〔25〕K. Pearson, *The History of Statistics in the 17th and 18th Centuries*, Lectures by Karl Pearson Given at University College London During the Academic Sessions 1921–1933, Edited by E. S. Pearson, Charles & Company Limited, London & High Wycombe, 1978.

〔26〕*Eugenics Laboratory Lecture Series, The Francis Galton Laboratory for National Eugenics*, Edited by C. Rosenberg, Garland Publishing, Inc., New York. London, 1985.

〔27〕K. Pearson, *The Grammar of Science*, With a New Introduction by Andrew Pyle, Thoemmas Antiquarian Books Ltd., Bristol, 1991. This is reprint of the 1892 edition.

⟦28⟧ S. M. Den Otter, *British Idealism and Social Explanation, A Study in Late Victorian Thought*, Clarondon Press, Oxford, 1996.

論文

⟦29⟧ J. B. S. Haldane, Karl Pearson, 1857–1957, *Biometrika*, 44 (1957), pp. 303–313.

⟦30⟧ P. Alexander, PEARSON, KARL, *The Encyclopedia of Philosophy*, Editor in Chief P. Edward, Vol. 5 and 6, Macmillan, Inc., U.S.A., 1967, pp. 68–69.

⟦31⟧ H. M. Walker, PEARSON, KARL, *International Encyclopedia of the Social Science*, Vol. 11, The Macmillan Company & The Free Press, New York, 1968, pp. 469–503.

⟦32⟧ C. Einsenhart, PEARSON, KARL, *Dictionary of Scientific Biography*, Vol. XI, C. C. Gillispie Editor in Chief, Charles Scribner's Sons, New York, 1970–1977, pp. 447–473.

⟦33⟧ 李醒民：〈世紀之交物理學革命中的兩個學派〉，《自然辯證法通訊》(北京)，第3卷(1981)，第6期，頁30–38。

⟦34⟧ P. Skagestad, Peirce and Pearson: Pragmatism vs. Instrumentalism, *Language, Logic, and Method*, Edited by R. S. Cohen and M. W. Wartofsky, D. Reidel Publishing Company, 1983.

⟦35⟧ 李醒民：〈卡爾・皮爾遜：著名科學家和自由思想家〉，《自然辯證法通訊》(北京)，第12卷(1990)，第2期，頁65–78。

〔36〕 李醒民：〈論批判學派〉，《社會科學戰線》(長春)，1991年第1期，頁99–107。

〔37〕 李醒民：〈簡論皮爾遜的科學哲學〉，《自然辯證法研究》(北京)，第7卷(1991)，第3期，頁60–65, 59。

〔38〕 李醒民：〈論皮爾遜的科學觀〉，《大自然探索》(成都)，第13卷(1994)，第1期，頁93–98。

關於本書經常引用的參考書目在正文中的縮寫表示：

〔3〕*GS*，〔5〕*CD1*和*CD2*，〔7〕*EF*，〔8〕*NL*，〔20〕*KP*。

索　引

二至三畫

四　畫

五　畫

十　畫

十一畫

十二畫

十三畫

十五畫

十六畫

十七畫

十八畫

十九畫

二十至二十五畫

世界哲學家叢書（一）

書　　　　名	作　　者	出　版　狀　況
孔　　　　子	韋　政　通	已　出　版
孟　　　　子	黃　俊　傑	已　出　版
荀　　　　子	趙　士　林	排　印　中
老　　　　子	劉　笑　敢	已　出　版
莊　　　　子	吳　光　明	已　出　版
墨　　　　子	王　讚　源	已　出　版
韓　　　　非	李　甦　平	已　出　版
淮　南　子	李　　　增	已　出　版
董　仲　舒	韋　政　通	已　出　版
揚　　　雄	陳　福　濱	已　出　版
王　　　充	林　麗　雪	已　出　版
王　　　弼	林　麗　真	已　出　版
郭　　　象	湯　一　介	排　印　中
阮　　　籍	辛　　　旗	已　出　版
劉　　　勰	劉　綱　紀	已　出　版
周　敦　頤	陳　郁　夫	已　出　版
張　　　載	黃　秀　璣	已　出　版
李　　　覯	謝　善　元	已　出　版
楊　　　簡	鄭曉江　李承貴	已　出　版
王　安　石	王　明　蓀	已　出　版
程顥、程頤	李　日　章	已　出　版
胡　　　宏	王　立　新	已　出　版
朱　　　熹	陳　榮　捷	已　出　版
陸　象　山	曾　春　海	已　出　版
王　廷　相	葛　榮　晉	已　出　版

世界哲學家叢書（二）

書　　　　　名	作　　　者	出　版　狀　況
王　　陽　　明	秦　家　懿	已　　出　　版
方　　以　　智	劉　君　燦	已　　出　　版
朱　　舜　　水	李　甦　平	已　　出　　版
戴　　　　震	張　立　文	已　　出　　版
竺　　道　　生	陳　沛　然	已　　出　　版
慧　　　　遠	區　結　成	已　　出　　版
僧　　　　肇	李　潤　生	已　　出　　版
吉　　　　藏	楊　惠　南	已　　出　　版
法　　　　藏	方　立　天	已　　出　　版
惠　　　　能	楊　惠　南	已　　出　　版
宗　　　　密	冉　雲　華	已　　出　　版
永　明　延　壽	冉　雲　華	排　　印　　中
湛　　　　然	賴　永　海	已　　出　　版
知　　　　禮	釋　慧　岳	已　　出　　版
嚴　　　　復	王　中　江	已　　出　　版
康　　有　　為	汪　榮　祖	已　　出　　版
章　　太　　炎	姜　義　華	已　　出　　版
熊　　十　　力	景　海　峰	已　　出　　版
梁　　漱　　溟	王　宗　昱	已　　出　　版
殷　　海　　光	章　　　清	已　　出　　版
金　　岳　　霖	胡　　　軍	已　　出　　版
張　　東　　蓀	張　耀　南	已　　出　　版
馮　　友　　蘭	殷　　　鼎	已　　出　　版
湯　　用　　彤	孫　尚　揚	已　　出　　版
賀　　　　麟	張　學　智	已　　出　　版

世界哲學家叢書（三）

書　　　　　名	作　　者	出　版　狀　況
商　　羯　　羅	江　亦　麗	已　　出　　版
辨　　　　　喜	馬　小　鶴	已　　出　　版
泰　　戈　　爾	宮　　　靜	已　　出　　版
奧羅賓多·高士	朱　明　忠	已　　出　　版
甘　　　　　地	馬　小　鶴	已　　出　　版
尼　　赫　　魯	朱　明　忠	排　　印　　中
拉達克里希南	宮　　　靜	已　　出　　版
李　　栗　　谷	宋　錫　球	已　　出　　版
道　　　　　元	傅　偉　勳	已　　出　　版
山　鹿　素　行	劉　梅　琴	已　　出　　版
山　崎　闇　齋	岡　田　武　彥	已　　出　　版
三　宅　尚　齋	海老田輝巳	已　　出　　版
貝　原　益　軒	岡　田　武　彥	已　　出　　版
石　田　梅　岩	李　甦　平	已　　出　　版
楠　本　端　山	岡　田　武　彥	已　　出　　版
吉　田　松　陰	山　口　宗　之	已　　出　　版
中　江　兆　民	畢　小　輝	排　　印　　中
柏　　拉　　圖	傅　佩　榮	已　　出　　版
亞里斯多德	曾　仰　如	已　　出　　版
伊　壁　鳩　魯	楊　　　適	已　　出　　版
柏　　羅　　丁	趙　敦　華	已　　出　　版
伊本·赫勒敦	馬　小　鶴	已　　出　　版
尼古拉·庫薩	李　秋　零	已　　出　　版
笛　　卡　　兒	孫　振　青	已　　出　　版
斯　賓　諾　莎	洪　漢　鼎	已　　出　　版

世界哲學家叢書（四）

書　　　　　名	作　　　者	出　版　狀　況
萊　布　尼　茨	陳　修　齋	已　　出　　版
托　馬　斯・霍　布　斯	余　麗　嫦	已　　出　　版
洛　　　　　克	謝　啟　武	已　　出　　版
巴　　克　　萊	蔡　信　安	已　　出　　版
休　　　　　謨	李　瑞　全	已　　出　　版
托　馬　斯・銳　德	倪　培　民	已　　出　　版
伏　　爾　　泰	李　鳳　鳴	已　　出　　版
孟　德　斯　鳩	侯　鴻　勳	已　　出　　版
費　　希　　特	洪　漢　鼎	已　　出　　版
謝　　　　　林	鄧　安　慶	已　　出　　版
叔　　本　　華	鄧　安　慶	已　　出　　版
祁　　克　　果	陳　俊　輝	已　　出　　版
彭　　加　　勒	李　醒　民	已　　出　　版
馬　　　　　赫	李　醒　民	已　　出　　版
迪　　　　　昂	李　醒　民	已　　出　　版
恩　　格　　斯	李　步　樓	已　　出　　版
馬　　克　　思	洪　鐮　德	已　　出　　版
約　翰　彌　爾	張　明　貴	已　　出　　版
狄　　爾　　泰	張　旺　山	已　　出　　版
弗　洛　伊　德	陳　小　文	已　　出　　版
史　賓　格　勒	商　戈　令	已　　出　　版
韋　　　　　伯	韓　水　法	排　　印　　中
雅　　斯　　培	黃　　　藿	已　　出　　版
胡　　塞　　爾	蔡　美　麗	已　　出　　版
馬　克　斯・謝　勒	江　日　新	已　　出　　版

世界哲學家叢書（五）

書　　　　　名	作　　者	出　版　狀　況
海　　德　　格	項　退　結	已　　出　　版
高　　達　　美	嚴　　平	已　　出　　版
哈　伯　馬　斯	李　英　明	已　　出　　版
榮　　　　　格	劉　耀　中	已　　出　　版
皮　　亞　　傑	杜　麗　燕	已　　出　　版
索　洛　維　約　夫	徐　鳳　林	已　　出　　版
費　奧　多　洛　夫	徐　鳳　林	已　　出　　版
別　爾　嘉　耶　夫	雷　永　生	已　　出　　版
馬　　賽　　爾	陸　達　誠	已　　出　　版
布　拉　德　雷	張　家　龍	已　　出　　版
懷　　特　　海	陳　奎　德	已　　出　　版
愛　因　斯　坦	李　醒　民	已　　出　　版
皮　　爾　　遜	李　醒　民	已　　出　　版
玻　　　　　爾	戈　　革	已　　出　　版
弗　　雷　　格	王　　路	已　　出　　版
石　　里　　克	韓　林　合	已　　出　　版
維　根　斯　坦	范　光　棣	已　　出　　版
艾　　耶　　爾	張　家　龍	已　　出　　版
奧　　斯　　丁	劉　福　增	已　　出　　版
史　　陶　　生	謝　仲　明	排　　印　　中
馮　·　賴　特	陳　　波	已　　出　　版
赫　　　　　爾	孫　偉　平	排　　印　　中
愛　　默　　生	陳　　波	排　　印　　中
魯　　一　　士	黃　秀　璣	已　　出　　版
詹　　姆　　士	朱　建　民	已　　出　　版

世界哲學家叢書 (六)

書　　　　　名	作　　　者	出　版　狀　況
蒯　　　　　因	陳　　波	已　　出　　版
庫　　　　　恩	吳　以　義	已　　出　　版
史　蒂　文　森	孫　偉　平	已　　出　　版
洛　爾　斯	石　元　康	已　　出　　版
喬　姆　斯　基	韓　林　合	已　　出　　版
馬　克　弗　森	許　國　賢	已　　出　　版
尼　布　爾	卓　新　平	已　　出　　版